李岩说亲子

李 岩 著

中国商业出版社

图书在版编目（CIP）数据

李岩说亲子 / 李岩著. -- 北京：中国商业出版社，2020.7（2021.5重印）

ISBN 978-7-5208-1191-0

Ⅰ.①李… Ⅱ.①李… Ⅲ.①家庭教育 Ⅳ.①G78

中国版本图书馆CIP数据核字(2020)第118690号

责任编辑：于子豹　袁　娜

中国商业出版社出版发行
010-63180647　　www.c-cbook.com
（100053　北京广安门内报国寺1号）
新华书店经销
福建省天一屏山印务有限公司印刷

★

787毫米×1092毫米　16开　12.5印张　200千字
2020年7月第1版　2021年5月第2次印刷
定价：38.00元

★★★★

（如有印装质量问题可更换）

目 录

第一章　创设良好亲子关系的重要法则

第一节　高情商父母培养高情商孩子 2
第二节　正确的表扬，事半功倍 12
第三节　错误的批评，让孩子与你渐行渐远 16
第四节　亦真亦假的"儿童多动症" 19
第五节　孩子会叛逆，一定因为这三点 23
第六节　亲子沟通的十个重要法则 32
第七节　妈妈必读——最好的教育是妈妈情绪平和 38
第八节　爸爸必读——忙爸爸也可以做个好爸爸 47

第二章　如何培养孩子的情绪管理能力

第一节　情绪管理：我家有个爱哭鬼 58
第二节　处理孩子情绪问题的"小三步" 61
第三节　家长如何控制自己的情绪 65
第四节　孩子两岁不可怕 66
第五节　听话，是一种不好的教养 71

第三章　如何培养孩子良好的学习习惯

第一节　孩子不爱学习，一定因为这三点 76
第二节　陪孩子写作业的正确方式 78
第三节　四个方法让孩子远离网瘾 83

| 第四节 | 如何帮助孩子完美地过渡幼小衔接 | 89 |
| 第五节 | 如何帮助孩子完美地过渡小升初 | 93 |

第四章　如何培养孩子必备的品格精神

第一节	如何帮助孩子建立规则意识	98
第二节	孩子输不起，是什么在作祟	101
第三节	如何正确看待孩子的攀比心理	104
第四节	孩子有了拖延症怎么破	109
第五节	如何培养孩子的契约精神	112
第六节	你的孩子"精神断奶"了吗	117
第七节	如何培养孩子感恩的精神品质	120
第八节	远离伤害：让孩子学会自我保护	123
第九节	胆小敏感，是天性使然还是后天影响	125
第十节	孩子不自信，要从这三个方面来培养	128

第五章　怎样建立良好的家庭关系

第一节	二孩现象：老大与老二之间的战争	136
第二节	亲子游戏：良好亲子关系的纽带	139
第三节	常吵架的夫妻培养不出好孩子	143
第四节	安全感：每分离一次，便成熟三分	147
第五节	成熟分离：摆脱母子分离焦虑，孩子入园不再难	151
第六节	如何建立有效的家庭规则	156
第七节	营造良好家庭氛围的八个要诀	160
第八节	过于强势的母亲是家庭的灾难	163
第九节	隔代喂养：娇纵与蛮横的原罪	165

第六章　孩子成长必经的重要阶段

| 第一节 | 口欲期：孩子的这几种行为在表达什么 | 170 |
| 第二节 | 肛欲期：尿不湿该摘不摘，后患无穷 | 175 |

第三节　俄狄浦斯期："妈宝"是怎样炼成的 178
第四节　感知模式：江山易改，本性难移 182
第五节　父母必须抓住孩子必经的 24 个敏感期 189

第一章
创设良好亲子关系的
重要法则

第一节　高情商父母培养高情商孩子

为什么因为一点点的小事孩子就会情绪失控？

为什么我和孩子之间的关系总是特别紧张？

为什么孩子面对挫折的时候总是那么容易崩溃？

为什么每次我和他的谈话总是以吵架收尾？

……

其实这和情商有关系。

首先，我们看一下情商的定义。情商通常是指情绪的商数，也就是我们常常说的 EQ。它主要是指情绪意志，面对挫折，自我管理以及人际交往等方面的品质。通常情况下，从心理学的角度来说，情商和先天的因素没有太大的关系，主要源自家庭氛围的影响以及家长沟通方式的干预。也就是说，一个孩子处理情绪的能力大部分都受到家庭的影响。父母是陪伴孩子时间最长的人，孩子的学习对象也就是父母，父母平时处理情绪问题的方式会直接传递给孩子。

一个人的成功，20% 源自他的智商，而 80% 来自他的情商，尤其现在是一个要求协作能力、沟通能力、人际交往能力越来越强的社会，情商的高与低显得尤其重要。那么我们作为家长，在孩子成长的过程中，如何做才能正确培养孩子的情商呢？

下面先来分享一个故事。

你知道孩子为什么哭泣吗？

有一天，妈妈正在厨房里做饭，忽然听孩子在哭，她就跑到隔壁房间，看到孩子坐在地板上伤心地哭泣。

于是她赶紧询问："宝贝，怎么了？哭什么呀？"

孩子一边哭一边跟妈妈说："刚才爸爸用锤子往墙上钉钉子，一不小心锤子把手砸到了。"

妈妈听到这里，突然笑起来，心想孩子真是太有爱心了，爸爸被砸到了，他就哭成这样，我的孩子真是善良。于是，妈妈赶紧安慰自己的孩子说："别哭了，这有什么大不了的，不就一件小事吗？来来来，别哭了，给妈妈笑一个。"

她赶紧逗自己的孩子，结果孩子说："刚才我就是因为笑才被爸爸打哭的。"

相信家长们看到这个故事都会会心一笑，可是这个故事却值得我们思考，每一次当我们看到孩子有情绪表现的时候，你确认你已经完全理解这个情绪的含意了吗？你确认你已经走进孩子的内心，去感受孩子那一刻的情绪了吗？

你是不是像故事中的妈妈一样，还没有搞清楚孩子的真实想法，就用成年人的判断和标准推测孩子的行为了呢？

问题一：为什么孩子会因为一点点的小事就情绪失控

我们作为家长会把孩子的哭闹定义为失控。一旦孩子哭闹起来，我们就会觉得他非常情绪化。

有的时候，我们觉得孩子面对的明明只是一件微不足道的小事，可是孩子却觉得是一件天大的事情。我们越想尝试给他讲道理，他就越情绪化地和我们对抗。到底是什么原因呢？

其实我们看待孩子某种行为的时候，往往会有两个关注点。第一个是关注事件本身，第二个是关注事件背后的情绪。假如我们每一次关注的是事件本身的话，我们和孩子之间的关系就会显得非常紧张，他很容易进入失控的状态。但假如我们关注的是事件背后的情绪，那结果就完全不一样。

关注事情和关注情绪有什么区别呢？

举个例子：

孩子放学回到家告诉妈妈："妈妈，有人偷了我的新铅笔。"

A 妈妈的反应：

妈妈说："你确定不是你自己弄丢的？"

孩子说："不是的！我上厕所的时候它还在课桌上。"

妈妈说："谁让你乱扔东西的！你总是这样，这已经不是第一次了！告诉你多少遍了，东西要放到课桌里，你就是不听。你看，铅笔又丢了吧！"

最后，孩子气急败坏地对妈妈说了一句话："你别烦我了。"

B 妈妈的反应：

妈妈说："是吗？"

孩子紧接着说："我上厕所的时候它还在课桌上。"

妈妈紧接着点点头，对他说："哦，是这样啊。"

孩子又说："这已经是我第三次丢铅笔了。从现在开始，我离开座位的时候，一定要把笔放在课桌里，它就不会丢了。"

妈妈说："噢！你能想到这样做真的是很棒！"

两位妈妈处理问题的方式是截然相反的。A 妈妈只关注事情表面，总想给孩子分析出事情的原因，甚至给孩子讲道理，但是换来的却是孩子的反抗。

B 妈妈说话极少，只是用简单的语气助词，但是每一个语气却让孩子感觉到妈妈在接纳他的感觉，他说的每句话妈妈都在认真地倾听，并肯定他，最后孩子自己找到了答案。

再举一个关于宠物死去的故事。

一个小女孩对自己的爸爸说："我的小海龟今天早上死了！"

A 爸爸马上安慰自己的女儿说："别难过，宝贝！"

小孩子还是哭得停不下来，爸爸说："别哭了，不就是一只小海龟吗！"

孩子听到这句话，哭得更厉害了。

爸爸还是继续说："别哭了，我再给你买一个。"

可是孩子不依不饶地说："我要的就是这只小海龟。"

爸爸说："你真是无理取闹！"

这应该是生活中很常见的一个场景，因为家长过分关注事情本身，导致我们总是想规劝孩子，没想到孩子却被我们劝得情绪越来越激动。

同样是这样的事件，B 爸爸更关注事件背后的情绪。

爸爸马上蹲下来安慰她说："噢，是吗？真是没想到啊！"

紧接着孩子说："我还教他玩游戏了呢。"

爸爸马上对孩子说："是啊！你们在一起的时候真的很开心呢！"

小女孩紧接着又说："它是我的好朋友！"

爸爸紧接着说："失去朋友是挺难过的。"

"爸爸！我还每天给它喂食了呢。"

"宝贝！你还真的挺关心那只小海龟的！"

……

B 爸爸关注了事件背后的情绪，并没有把焦点放在解决孩子哭闹这个问题上，而是放在了如何接纳孩子的感觉上。最终孩子找到了自己解决问题的方式，当她的情绪被接纳时，整个问题也就迎刃而解了。

为什么一点点小事就会让孩子进入情绪化的状态呢？那是因为我们作为家长常常把事情和情绪混为一谈，我们试图通过处理事情来安抚情绪。其实孩子要的并不是这个，当他因为一件事情产生了情绪时，我们第一时间要关注到的是他的情绪，而不是这件事情本身！

下面继续分享一个案例。

案例中的小女孩六岁，正处于幼儿时期。一个六岁的孩子在家庭里经常会因为哭泣和父母产生各种各样的矛盾。有一天，她的爸爸和外公陪着这个小女孩在餐桌前玩。

外公说："我会折一种特殊的纸船，我可以教你。"

女孩说："好啊，好啊！"

于是，外公和爸爸还有小女孩三个人就围在桌子前，分别拿了一张纸折纸船。在折的过程中，外公每折一下都细心地教这个小女孩，但是小孩子性子比较急，她在折纸的时候忽略了很多细节，所以撕纸的时候，小女孩不小心把纸撕破了。

她非常不开心，于是就朝外公发脾气："为什么你们撕的时候都没事，我一撕就破了？这真是一张破纸！"

这时候爸爸就对女儿说："怎么回事？你怎么能这么跟外公说话呢？不就是一个折纸吗？至于发脾气吗？"

小女孩发脾气地说："这个游戏太无聊了，我不想玩了。"这时候爸爸马上就开始批评女儿："你看看你！明明是你没有做好才撕破纸的，你怎么能怪别人呢？"

外公说："哎呀，这没什么大不了的，这个折纸对于你来说还是有点难，没关系，咱们再折一遍不就行了。没必要因为这个生气。"

没想到小女孩听到爸爸和外公说的话之后反应越来越激烈，最后躺在地上哭作一团。

我们透过这个事件分析一下背后的真实原因。其实爸爸和外公用了三步点燃了孩子情绪的导火索。

第一步，爸爸说："不就是一个折纸吗？至于发脾气吗？"爸爸不但没有识别并接纳孩子的情绪，反而否定了孩子的情绪，认为孩子的情绪是不重要的。

第二步，爸爸又在翻旧账："明明是你没有做好才撕破纸的，你怎么能怪别人呢？"一说起这个，孩子往往就被推到了情绪化的风口浪尖上。

第三步，外公本来想安慰孩子，告诉孩子没有关系，这个本来就很难，这很正常。可是就是这一句话最终点燃了导火索，让这个孩子既没有找到自尊的感觉，也没有人理解自己的情绪，接纳自己的情绪，于是她只能用哭闹终止这一次和大人之间的互动与交流。

很多人会觉得孩子一哭闹，我马上去安慰她，去照顾她的情绪，是不是时间长了就培养不了孩子的抗压能力了呢？

抗压能力是什么呢？有两个很形象的比喻，举重和抗洪工程。举重是一次把一个重物举起来，这只能反映一个人单次能抗住多大的压力。而抗洪工程是什么？真正解决洪水问题的不是堵住它，而是学会疏导，学会了疏导才能解决洪水的灾害。所以抗洪工程更像是在面对孩子情绪的时候，让孩子有一种缓解压力的能力。

所以，当孩子哭闹的时候，一定是因为我们给他回应时，犯了以上三步错误。

问题二：为什么我和孩子之间的关系总是特别紧张

大部分的家长和孩子吵嘴，打骂责罚孩子，都发生在孩子无理取闹的那一刻，也就是我们认为他被情绪困扰的那一刻。所以错误地处理孩子的情绪，就会导致孩子跟着我们学会错误地处理自己的情绪。

下面分享四种错误处理孩子情绪的方式。

第一种，交换型。

当孩子发脾气闹情绪的时候，很多家长总是喜欢找一种更有价值的东西，把孩子眼前的情绪交换掉。

"不要哭了，待会妈妈带你去买雪糕！"

"别发脾气了，爸爸带你去逛超市，买玩具给你。"

……

每当此时，我们都会找一个更有吸引力的东西，把孩子的情绪置换掉，仿佛当时看到的效果是很好的，而实际上这不利于孩子疏解情绪，没有疏解出来的情绪就会郁结在孩子的内心深处。长期被这样对待的孩子，他的感受是迷茫、怀疑、不自信，他会认为自己所有的情绪感受都是微不足道，甚至会产生抑郁的倾向。

第二种，惩罚型。

一看到孩子发脾气，我们比他的脾气还大。我们总是希望用一种震慑的方式让孩子的情绪马上消失。很明显，这种情绪不会消失，只会继续内化到孩子的内心从而伤害孩子。这种家长常见的句式就是："你这个样子还像个男孩子吗？真是不争气！你再哭我就打你！"长期被这样对待的孩子，内心会生成强烈的耻辱感，他有一种强烈的被抛弃的痛苦，他会更加狂躁地处理问题，变得越来越极端，甚至会发展出躁郁的倾向。

第三种，冷漠型。

不少家长认为："他只是个小孩子，让他冷静一下，一会儿就好了，你越在这个时候跟他谈，他就会反过来蹬鼻子上脸！"这一类家长最常说的就是："要哭就回你自己的房间哭吧！等你冷静下来了再出来！"甚至有些家长会选择在孩子最难过的时候，离开孩子，把孩子推到一个空房间里去。实际上，当孩子被推到那个漆黑的房间时，他的内心也就被关闭到了一个冰冷漆黑的房间里。在那一刻，孩子内心的感受是非常难过的。长期这样处理孩子的情绪，忽视孩子的情绪，孩子会发展出一种不恰当处理情绪的方式，甚至自我伤害，自虐、自残的行为都有可能发生。这种冷漠型恰恰是三种类型里对孩子伤害最大的。

第四种，说教型。

这种类型的家长往往很招孩子的讨厌。说教型的家庭里，孩子往往不太愿意讲话，每当做错了事情，总是想逃离这个环境。"我像你这么大的时候，早就知道怎么处理这种问题了。"每当此时，孩子听到这种啰啰唆唆的说教时，他的内心感觉是孤单无助，不耐烦，愤怒，甚至是拒绝和所有人沟通。因为他觉得这个世界上没有人理解我。请记住，这个世界上没有哪一个孩子喜欢听道理，不管你跟他讲道理的出发点是什么，他都听不进去。

所以，孩子情绪自我管理的能力，完全习得于父母处理情绪的方式。

问题三：为什么孩子面对挫折的时候总是崩溃

什么叫挫折？其实挫折并不一定是指多么大的事情，有时候可能就是生活中的一件小事。可是即便是生活中的一件小事，也有很多孩子的表现让父母觉得特别不满意。

有这样一个案例。

小明现在上初一，有一天，他的妈妈打来电话，"李老师，我有一个困扰。

小明从小学五年级开始每天早上赖床，叫多少遍都不起来。为了不让他迟到，我每天早上都要叫上他十多遍，每次叫他的时候我都气不打一处来。经常是每天早上连早餐都来不及吃，我就带着睡眼惺忪的孩子开着车狂奔在北京的马路上。每次到学校都是刚刚打上课铃。每天都是这样，搞得我真是苦不堪言。我想了各种各样的办法，包括他爸爸因为这事打过他好几次，但是他就是不长记性，这该怎么办呢？"

听到这个妈妈焦虑的叙述，我告诉她一个最简单的方法："忍得住"！

我告诉她："忍住两件事情，第一，你要忍住，在处理这个问题的时候不能有情绪。回忆一下你以前在处理孩子迟到赖床这件事情的时候，你是不是特别焦虑、愤怒。那么从今天开始心平气和地去处理这个问题。你不能让他觉得你很在意这件事情。第二，你今天要告诉孩子，以后每天早上你只叫他两遍起床，两遍之后还不起床，所有责任自己承担，坚决不叫第三遍。

从今天开始，你不应该再为你的孩子承担任何结果，你应该让他慢慢体验自己承担结果的感觉。比如，起床晚了上学迟到，面对老师的训斥，面对学校的规定以及惩罚，应该让他自己成为体验承担结果的主角，而不应该是你。你不应该每天表现得比他还心急，不能每天都帮他摆平这些事情。所以你必须忍得住。以后再遇到类似的情况，孩子起床晚了，你只叫他两次，这两次以后如果他还是不起床，你就不要叫他，让他一直睡，直到自己醒了以后，让他去体验几次由于自己没能起床而迟到受到的惩罚。你可以试一试这个方法，但是要记住最关键的一点，你在做这件事情的时候不要带有任何情绪，不要向孩子抱怨，也不要让他感觉到你在指责他。你必须客观、平静地告诉孩子，规则是每天只叫醒两次，如果没有听到，就需要自己去面对迟到带来的结果。"

这位妈妈听完我的话以后还是很犹豫，但还是按照我的方法试了试。

过了几天，这位妈妈又打来电话，告诉我结果：

"李岩老师，我按照您教的方法做了。第一天的时候，孩子根本不以为然，我去叫了他两次，他还是没有起床，然后我就不再叫他了。我自己一个人坐在餐桌前吃饭。当还有十分钟就要上课的时候，孩子突然自己醒了，一看表，立马坐了起来。他开始向我发脾气，质问我为什么不叫他起床。当时我也没有生气，很平静地告诉他，我叫过他两次了，但是他还是没有起床，那么就要自己去面对迟到的结果了。孩子一路上闷闷不乐，但是我也没有跟他争吵。我一直在告诉他，这是他自己这个年龄必须要学会的规则。"

"晚上放学我去接他的时候,他显得非常生气,看到我以后就大喊:'都是因为你!我今天迟到了,被老师罚站半节课。都是因为早上你没有按时叫我起床。'

"我当时看着他,蹲了下来,告诉他:'我知道,你现在心里一定很难过,可是你必须要明白,这就是你必须要学会的规则。明天我还是只叫你两次,因为你已经上小学了,你应该有能力自己掌握自己的时间了。'

"第二天早晨,我又按照老师说的方法,叫孩子起床,第二次叫完之后孩子还是没有动。可是没过五分钟,孩子就好像忽然间想起一件什么事一样,一下子就从床上坐了起来,然后二话不说赶紧穿衣服,还对我说:'妈妈,快给我做饭,我要赶紧去学校,我今天不能再迟到了!'"

这位妈妈在电话里非常开心地讲述了孩子的改变,从那以后,她的孩子再也没有迟到过。

当我们看完这个案例以后要反思一下自己,我们在平时与孩子互动的过程中,是不是经常性地代替他承担责任呢?如果我们替他承担的责任太多,他自己完全没有体验过承担结果的感觉,那么他就不会对这件事情太过重视,最终导致孩子在面对任何一个小挫折时都会崩溃。

所以我们要让孩子体验到自己承担结果的感受,要让孩子知道,自己的责任需要自己承担。最后孩子发现,如果再不去改变,那么这件事情会让自己非常难堪,所以他就会主动地去克服这些挫折了。这种小挫折在孩子成长的过程中会有很多,如果每一次我们家长的态度都是对的,你就会发现,孩子会积极主动地做一些事情。所以请大家记住,处理这个问题的核心是家长的态度一定是温和而坚定的。

问题四:为什么每次我和他的谈话总是以吵架收尾

首先分享一个案例。

高一的女孩,有一天她放学回家以后,吃晚饭的时候闷闷不乐。于是爸爸就问她:"怎么了?今天感觉心情不太好啊?"

孩子忽然说了一句话:"我讨厌物理老师,我再也不想学物理了。"这句话说完之后,全家人面面相觑,大家都很担心、害怕。

她的外公说:"哎哟,你可不能这么想,你都高一了,学不好物理那就完了。"

她的爸爸摆出一副非常严肃的表情，跟女儿说："说什么呢！老师对你严格要求，那也是为了你好！"

她的妈妈又补了一句："再说了，你这孩子也太傻了，你不能因为一个老师严厉就放弃整个学科啊，你这么做多傻呀，最后吃亏的还不是你自己吗？"

全家人传递出来的就是一个概念："你错了，你不应该这么想，你也不应该有这个情绪。"毫无疑问，这一次谈话一定是以吵架收尾的。孩子面对家长的群起而攻之，显得非常焦躁。

孩子摔碗而去，大人们面面相觑，他们不知道自己哪里做错了，也不知道孩子为什么会如此叛逆，如此抵触自己。其实孩子没有错，错的是这些大人处理问题的方式。

为什么我们跟孩子之间的谈话最后总是以争吵结尾？就是因为我们太喜欢把我们的想法强加给孩子，没有人去体会孩子说这句话时的情境到底是怎么回事，也没人去理会背后的情绪到底是什么。

真正正确的做法分为以下三步：

第一步，接纳当下的情绪。

第二步，互动外化情绪。

第三步，简单地分享道理。

当我们听到孩子说出这种话时，我们的第一反应应该是先认真问孩子："怎么了？物理课上发生什么了吗？"

孩子说："物理老师太凶了，太严格了。今天上课的时候就因为我走了一下神，他就让我站了五分钟。"

这个时候我们要做的第一步，就是接纳孩子当下的情绪。跟孩子说："噢！原来是这样啊！这么凶的老师，难怪你今天显得这么生气！"

这时因为我们站在她的角度接纳了她，孩子就会愿意继续跟我们交流。

孩子说："可不是嘛！他不只对我一个人这样，全班所有的同学都很讨厌他，所有人都准备不上物理课了。"

这个时候就要做第二步，互动外化情绪。当一个孩子被情绪困扰的时候，其实是她的情绪没有得到很好的疏解。只要我们能够帮助她把情绪外化出来，孩子就不再受这个消极情绪的干扰。这时候爸爸，可以跟她说这样一句话："是啊！我特别能理解你的这种感觉。如果老师特别凶、特别严厉的话，上课真是提心吊胆的。你这么一说让我想起来，我当年在课堂上差点被老师吓哭了呢！老师大喊一声，吓得我浑身发抖！"

孩子马上就会对我们说的这句话感兴趣，她的焦点就转移到了我们的身上，她就会问："爸爸，你的物理老师也很凶吗？"

"不是物理老师，是我的语文老师，是我的班主任。我们给他起了外号叫狮子王，他一声咆哮，全班吓得都不敢动弹。当时因为我没写完作业，我的感觉就跟你今天一模一样。"

这时候孩子就会把注意力顺利转移到了我们的身上，于是孩子会说："不可能，还是我们物理老师凶！"

"不！一定是我们语文老师凶。"

"那你能学一学你的语文老师什么样子吗？"

……

我们在不断地聊这件事，不断地模仿老师凶悍模样的同时，甚至能把孩子逗乐，最终我们就帮助孩子把这种情绪外化出来了。

那么我们继续第三步，简单地分享道理。隔了一段时间，当我们再谈起这个话题的时候，我们还可以主动去问一问孩子："物理老师最近还那么凶吗？"孩子会说："对呀！上堂课他又发火了两次。"我们应该马上对她说："你先别说，让我猜一猜，一定是你们班的小刚，他又没写作业，对不对？"如果她说不是，那我们就继续追问："那就是你们班的小林，他肯定上课的时候又看漫画了。"这时孩子就一定会对我们说实话："也不是。是我们班的小李，他太过分了，竟然敢偷偷地睡觉。"

每当谈到这里的时候，我们就会看到孩子其实已经明白了我们在跟她交谈的过程中分享给她的一个简单道理，老师生气是有原因的，是因为有些孩子上课的时候没有遵守课堂纪律。

所以这三步才是正确的解决方法。我们要用这三个步骤，告诉孩子"你有情绪，我看见了，我能理解，我们一起想办法解决"。无论孩子多大，我们都要通过这样的方式不断地培养孩子面对情绪、管理情绪、处理情绪、识别情绪的能力。当一个人能够搞定自己的情绪问题，他就是一个高情商的人。

养育的目的绝不是为了打造适应孩子的环境，而是培养适应环境的孩子。所以，我们到底应该如何培养自己的孩子，才能让他的情商变得越来越高呢？那么就要反过来问问自己，我们是不是一个高情商的家长！

如果我们能准确地识别孩子的情绪，认真地接纳孩子的情绪，尊重孩子每一刻的情绪感受，那么我们在培养他的过程中，我们就是以一种高情商的方式在处理孩子的情绪，而孩子就会从我们身上习得管理好自己情绪的能力。

第二节　正确的表扬，事半功倍

在生活中，我们经常听到一些家长对孩子的赞美。

"宝贝你真棒！"

"宝贝你简直太聪明了！"

……

在教育领域，虽然我们一直在提倡"赏识教育"，但是如果孩子长期听到这些简单、空洞的表扬，他会变得骄傲，认为自己天生聪明，不用通过自己的努力就可以做好任何事情。错误的表扬、鼓励的方式，不但不会达到我们预期的效果，反而会不利于孩子的成长。

那么究竟如何做才是正确的鼓励、赏识和表扬孩子，并且起到相应的正向促进结果呢？

首先跟大家分享一个概念，叫作"罗森塔尔效应"。

"罗森塔尔效应"源自于古希腊的一个传说。传说中有一位著名的雕塑师，名字叫做皮格马利翁。皮格马利翁找到一块质地非常完好的石材，他非常希望把这块石材雕琢成自己心仪女子的样子。于是他每雕琢一下都包含了对这块石料的爱意，一点一点地雕琢……最后，他发现雕琢出来的作品真的和自己想象中的形象一模一样！最终他决定一辈子不再婚娶，要和这个石像永远生活下去。皮格马利翁的这种痴情和真诚感动了天神，于是天神就赐予石像生命，两个人幸福地生活在一起……心理学上把这种现象称为"皮格马利翁效应"。

在20世纪50年代的美国，有一位著名的心理学家叫罗森塔尔，他在一所学校中做了类似的一个实验，他为这个学校的120名学生做了一个系统的测试，然后告诉所有的学生以及老师，在这120名学生中，以下的20个学生，天赋聪颖，将来一定会成为举足轻重的人物。当他把这个结论告诉大家时，所有的人都觉得这20个孩子一定是天才。其实罗森塔尔只不过是随机选择了20个孩子。几年以后，毕业的那一天，大家惊奇地发现，这20个被罗森塔尔钦点的孩子成绩全部名列前茅，并且在学校各项表现最为优秀和突出。又过了二十几年以后，有人重新找到了罗森塔尔当年心理实验的那组数据，发现这20个孩子竟然都成为了各个领域卓有成就的人物。于是后人就把这种心理学效应叫做"罗森塔尔效应"。

这种正面的暗示就源自于正确的鼓励和表扬。我们作为家长也经常表扬自己的孩子，但是往往却没有任何意义，那是因为我们的表扬非常空洞。我们经常对孩子说，你表现得真棒、你真厉害、你真聪明……这些都是无效的，这样的表扬不但不会让孩子内心深处产生正向的激励，反而会让他变得骄傲。

表扬一个人要满足最基本的三个标准：真诚、发自内心、眼光独到。如果我们做不到这三点，所谓的表扬就无法产生作用。

曾有一位家长听完我的讲座之后，感触颇深，下定决心要不断地鼓励、正向引导孩子。可是过了几天，这位家长焦急地打来了电话，告诉我他失败了。他说："李老师，我坚持表扬鼓励了他好几天，可是他却一点改变也没有，最后我又生气地骂了他！他简直就是铁石心肠，一点也感觉不到我对他的好！"

我随即问他："你是怎么表扬鼓励孩子的呢？"

他如实描述了那几天的经历。

第一天，他回家后看到孩子在电脑前上网，没有像以往那样大发雷霆，而是看着孩子微微一笑说："儿子你在上网呢。那你待会过来，爸爸和你聊会天。"

第二天，他回家以后，看见孩子仍然坐在电脑前上网，没有发火，还是微微一笑说："儿子少上一会网，过来吃饭。我们聊一聊。"

连续这样坚持了一个礼拜，第五天的时候他在超市买了很多孩子喜欢吃的东西，想给孩子一个惊喜，可是没想到，回到家以后，孩子竟然还在上网，心里的火再也忍不住了！他如此真诚地鼓励孩子，孩子怎么一点都感受不到呢？难道他的孩子是铁石心肠吗？于是他没有压抑住心中的怒火，把前面几天积累下来的怒气全都发泄在孩子的身上，他们两个人的关系变得更僵了。

于是我联系上他的儿子，问他，"你感觉你的父亲最近有变化吗？"他回答说："有啊！我觉得他越来越虚伪了。他每天回来看见我在上网，本来心里很生气，可是他却强把自己的怒火压下去，还朝我微微一笑，我一看他的笑背后就是有阴谋的。于是我就以不变应万变，我看看他到底要干什么！果不其然，他根本没有变化，他还是和以前一样，于是我们两个又变成现在的关系了。"

通过这个案例我们可以看到，家长想鼓励孩子，但孩子并不接受，这是为什么呢？说明我们平时在表扬孩子的时候没有做到这三个标准：真诚、发自内心、眼光独到。

除此之外，表扬孩子一定要遵照正确的流程。每一次的表扬一定要完整，而不仅仅是"你很棒、你很优秀"就结束了。正确的流程包含四个环节：第一步，陈述事实；第二步，确认事实的可贵性；第三步，表达自己的感受；第四步，肢体动作。

第一步，陈述事实。举一个例子，假如有一天我们回到自己的家里，看到我们的孩子正在洗袜子，要不要表扬？当然要表扬。可是很多家长的表扬方式或许是这样的："哎哟，自己把袜子洗了！不错啊，不错！以后继续坚持啊，下次把自己的衣服也洗了。"其实这不是表扬。这完全是用一种高高在上的态度评价自己的孩子，仿佛自己口中的表扬、鼓励都是一种奢侈的赏赐。孩子渐渐会对这种行为产生非常强烈的反感，本来他可以做得更好，但是面对这件事情就慢慢地没有兴趣了。

所以，我们要学会用正确的表扬流程去做。首先，我们一定要表现得夸张，对孩子说："哇！我看到你的袜子洗干净了，这是你洗的吗？"孩子会说："是我洗的。"继续说："呀！你自己亲手洗的吗？太棒了！"这是第一步，陈述事实。

第二步，确认事实的可贵性。我们一定要找到孩子做这件事情的一个难能可贵的细节，要对他说："我看到这双袜子洗完了以后啊，洗得非常干净，上面一点肥皂泡都没有。你是怎么做到的呢？真是太难得了！妈妈像你这么大的时候，每次洗完袜子上面总是有各种各样的肥皂泡。"这时，孩子会得意地笑着说："这有什么难的呀！最后一定要把袜子在清水里多清洗几遍，泡沫就没有了。妈妈，你怎么这么笨。"这就是第二步，确认事实的可贵性。

第三步，表达自己的感受。这时，蹲下来对孩子说："妈妈今天看到你自己洗了袜子，觉得特别的高兴。虽然对你来说可能是一件小事，但是对妈妈来讲这件事的意义非凡。妈妈知道你慢慢地长大了，从这一件小事我能看出我的孩子未来会变成一个独立性非常强的孩子，所以妈妈非常地开心，非常地欣慰！"这就是表达自己的感受。

第四步，肢体动作。"来！妈妈抱你一下，嘉奖一下我的孩子！"随即送上一个拥抱。

这才是一个完整的表扬流程。只有我们把流程做完整了，孩子才能接纳我们对他真诚的鼓励，才会正向地引导他，让他更加有动力。

有时我们会发现，孩子做得很好，但是我们一旦表扬了他，他反而会觉得你越表扬我，我下次越不这么干了。这是为什么呢？因为我们的流程出了错！所以不要小看表扬，如果我们没有完全按照标准和流程去做，那么表扬就变成了一种虚无、空洞的行为，毫无效果。另外，最重要的一点就是，表扬一定要基于过程，而不是基于结果。

很多家长会咨询我，到底要不要给孩子物质奖励？有的家长认为，越奖励孩子，孩子的表现反而越糟糕！为什么会这样？那是因为我们的奖励方式出现了问题。

曾有一位家长咨询过这样一个问题：

他的孩子非常喜欢打篮球，于是他去美国出差时，买了一双限量版的运动鞋作为礼物送给孩子。他对孩子说："儿子，你看这是我在美国买的限量版运动鞋，只要你期末考了前五名，爸爸就送给你！"可是没想到，孩子听完这句话，面无表情地站起来说："收起来吧！我不想要！"他特别生气，问道："你不是喜欢运动吗？为什么不要啊！"孩子说："谁说的，我一点都不喜欢！"

这位父亲很委屈，本来想鼓励一下孩子，结果却是这样。其实，孩子说得根本没有错，为什么不愿意接受这双鞋？因为家长的表扬是有条件的。当我们对孩子的爱加上了条件，这就不再是爱，变成了一种因控制而生的交易。孩子考得好才奖励他，这是明显的交易。而且这种交易背后的逻辑是考得好是为了这双鞋。哪个孩子愿意因为一双鞋而背负起考试的压力呢？

如果是我送这双鞋，我会跟儿子说："儿子，你看这是我在美国买的限量版运动鞋，现在爸爸要送给你！"仅此一句！这时孩子会突然发懵，他会想："送这双鞋是什么意思呢？怎么也没有说考试？搞得我心里没有底！"这时，家长一定要学会装傻，对孩子说："你考试考第一名还是最后一名，跟我有什么关系呢？好像没什么关系吧。你考了第一名露脸，考了最后一名丢脸，这好像都是跟你自己有关的，跟我一点关系都没有。所以我不在乎，我送给你这双鞋只有一个原因，就是因为它很适合你！"

假如这位家长按照我的这种方式去鼓励孩子，我相信孩子一定会非常高兴，而且他也会因为这双鞋找到充足的学习动力。所以一件事情并不是你做了就代表有效,而是你选择正确的方式去做才会有效。

假如我们每一次表扬孩子都基于结果,就会发现孩子做任何事情时,畏难情绪都会显得非常严重,所以我们表扬孩子应该基于行为和态度。比如孩子努力把房间整理干净了,把书架全都梳理了一遍,此时要表扬他做事有条理性,表扬他对自己负责任的能力。比如孩子参加了运动会,即便没有得到名次,但全程坚持下来了,就要表扬孩子投入参与的精神;比如孩子和同学们一起玩的时候,主动做起了队长,主动承担起了责任,成为领袖,即便他搞得一团糟,我们也要表扬他,因为他具备了领导力。这些表扬在我们跟孩子的互动过程中非常关键。只要我们的表扬到位,强调的是孩子身上已有的优秀品质,而这种品质在我们的强调下就会进一步放大,孩子也因此会获得更充足的自信。

长期生活在一个不断获得父母表扬和鼓励的家庭氛围下的孩子,做任何事情都会非常有拼劲,不担心做事过程中会遇到各种各样的困难和挫折,这样孩子的抗挫折能力自然而然地就被培养出来了。只要我们能够做到不断地鼓励和表扬孩子,我们也能够像罗森塔尔先生那样,只是通过一个简单的心理暗示,就能让这些孩子在未来的社会中飞黄腾达。所以,作为父母,我们一定不要吝惜自己对孩子的表扬,平时一定要注重观察孩子身上的细节,把这些细节发现出来,及时地鼓励肯定,让孩子的行为固化下来,下一次孩子就会给我们一个非常大的惊喜。

第三节 错误的批评,让孩子与你渐行渐远

一个孩子在成长的过程中,会对世界不断地探索与尝试,这时一定会伴随着各种各样的犯错,我们作为家长千万不能剥夺孩子犯错的权利。

孩子犯错不可怕,关键在于孩子犯错时,我们是否及时地回应和干预,让孩子认识到错误,懂得从错误中总结教训,懂得让自己的行为得到提升,让自己的态度得到改善。因此,正确的批评显得弥足珍贵。

很多家长不愿意批评自己的孩子,担心批评孩子之后,孩子会站到自己的对立面,我们让他往东,他偏要往西,本来孩子可能不太听话,一旦批评了他,他就会更加叛逆!

为什么会出现这样的现象呢？是因为我们没有掌握正确的批评标准和流程。什么叫正确的批评标准？

首先，批评不是发脾气。很多家长批评完孩子之后，并没有达到预期的效果。这是为什么？因为家长的批评完全都是一些情绪化的否定。当父母向孩子发脾气时，孩子是体会不到自己的错误在哪里的，他只能感觉到父母在用情绪攻击自己。人有一种本能，当遭遇到情绪化的攻击时，自己也会以情绪化的方式回应给对方，所以很多家长朝孩子发脾气，不但没有办法让孩子改正错误，反而会让孩子变得更加暴力。假如在和孩子沟通的时候，家长总是把孩子当作出气筒，当作情绪发泄方的话，孩子也会反过来，以一种更为情绪化的方式与家长互动，久而久之，这个家庭的氛围就会非常糟糕，家长和孩子之间就会陷入激烈的对抗，无法扭转。

其次，批评也不是讽刺、指责和挖苦。如果我们在批评孩子的时候使用了讽刺、指责和挖苦这三种手段的话，孩子不但不会从这件事情里吸取任何教训，反而会用同样的手段与我们对抗。

所以，批评一个人要遵照批评的流程。批评的流程分为五个步骤。第一步，陈述事实；第二步，确认事实中令我们惋惜和遗憾的部分；第三步，表达自己的感受；第四步，不会因此减少对他的爱；第五步，肢体动作。

很多家长对孩子的批评是破坏性的，仿佛对孩子说："你再这样，妈妈就不爱你了！你再这样妈妈就不要你了，就不喜欢你了！"这样的话对孩子来说是一种纯粹的情绪化攻击，所以他的回应一定是下一次继续做错事。比如，第一天你刚给孩子讲过的一道题，第二天考试时他又做错了，这是他犯的一个错误，我们要及时批评他。步骤是这样的：第一步，陈述事实。先告诉孩子："这道题昨天晚上已经讲过了，当时你也练习了好几道题，我认为你已经学会了，你也跟我说你学会了，可是这次考试你仍然没有做对。"第二步，确认事实中令我们惋惜和遗憾的部分。这时可对孩子说："昨天晚上我认为你已经完全掌握了，这些题对于你来说没有问题了。没想到这次却因为审题不细心，再一次犯了和昨晚相同的错误，这让我觉得特别遗憾。如果你再细心一些，相信肯定不会出现这样的错误。我们又不是不会做，仅仅是因为读错了题就导致丢掉了十分，非常地可惜。"第三步，表达感受。"爸爸认为你是非常优秀的，我觉得你不比任何人差，你也不比任何人笨。只是我们在做事的时候，还需要再细心一点，只要能把我们的细致和细心做得更到位一点，我相信未来你不会再犯这样的错误。我觉得我的儿子不比别人差，但是你今天又因为这道题出错而扣了分，让我觉得有一点惋惜。"第四步，不会因此减少对他的爱。"你放心，爸爸不会因为你这一次的犯错而减少对你的爱，因为我知道我的孩子也想做得很好，只不过我们还需要更多的练习，我相信下一次再出现这道题时，你的印象一定足够深刻，你一定不会再忘记它了，对吗？"第五步，给孩子一个肢体动作。"来，没关系，不就是丢了十分嘛，也不要太往心里去。爸爸知道你是很想做好的，没关系，下一次我们继续努力，爸爸给你个拥抱。我相信我的儿子一定能够做得越来越好的。"

这个完整的五步批评流程做完以后，孩子就会明白，自己犯的错给家长带来的真实感受和体验是什么样的。之后他在处理这种事情时，就会自我总结、自我反省。所以我们要想正确地通过批评让孩子学会反省和总结，就需要把孩子变成事件的主动方。请大家记住这个概念，不是我们代替他来承担结果，而是我们提醒孩子：你自己明明可以做得很好，却没有做到位，自己要反思，要总结原因。如果每一次孩子犯错误以后，我们都给他这样一个环境，我相信孩子犯错误的次数就会越来越少。

首先，我们在看待孩子犯错这件事情上，一定要及时地调整好心态，每一次犯错误都是孩子的学习机会。孩子一辈子会走很多弯路，但每一次的弯路都是他自己选择的结果，我们要记住，不要代替孩子承担结果，不要用我们大动肝火的情绪，让孩子觉得这件事情与自己无关。否则孩子每做一件事情都会缺少足够的主动性。

其次，如果我们总是过分地强调孩子的不足和错误，就会使孩子产生严重的畏难情绪。当下这样的孩子非常多，由于家长对自己的要求太高，自己总是觉得不管怎么做也达不到要求，因此他就会产生强烈的厌倦，不愿意面对。他宁愿自己表现得差一点，不让父母有太高的期望。这是孩子一种非常真实的心理机制，比如他觉得做好这件事情难度很大，没有办法达到父母的预期，那怎么办？干脆自己表现得再差一点，这样才能让自己不至于陷入到深深的焦虑中。总之，孩子的出发点还是希望得到父母的首肯和认可，但我们作为家长又过度地强调结果，过度夸大犯错误的原因，过分强调犯错带来的后果，那么孩子就无法明白自己做错的部分是什么，反而变得畏首畏尾，畏难情绪越来越强烈。

所以我们平时在批评孩子时容易做错这几点：

第一，人前教子。很多家长认为在批评孩子的时候一定要当着别人的面，这样他才能长记性。其实这样对孩子的影响非常不好，孩子的自尊心和面子会受到伤害。一味地指责和挖苦，甚至当着全家人的面给孩子巨大的羞辱，把孩子的自尊心放到地上践踏，这种批评让孩子陷入无底的深渊。这种批评对孩子来说是一种伤害，家长千万不能这样做。要记住孩子的自尊心比一切都重要。

第二，翻旧账。这是一种令人讨厌的行为。批评一定要及时，翻旧账会让孩子非常反感和抵触。每次遇到批评，孩子就会把自己的大脑关闭，父母说的话就变成了唠唠叨叨的指责。

第三，上纲上线。所谓上纲上线是很多家长喜欢做的事，把孩子的行为上纲上线到非常严重的地步。孩子本来犯了一个小错，父母却把它上升到非常严重的问题。对于孩子来讲，问题越严重，孩子的反抗力度就越大。孩子非常讨厌别人给自己扣上大帽子，孩子会觉得："既然你给我扣这个帽子，那我就尽量往这个方向去靠拢，我偏要用这样的行为刺激你一下。反正你都觉得我不行，那干脆我就表现得更差劲一点，让你彻底对我失望好了。"所以这种行为会让孩子和我们家长之间变得越来越疏远。

第四，讽刺、挖苦和指责。为什么我一直在强调不要挖苦、讽刺孩子？为父母一定要记住，不要做不合时宜的批评，更不要讽刺和挖苦孩子，孩子幼小的心灵承受不了这些满满的负能量。

孩子有犯错的权利，任何人没有资格剥夺，如果我们剥夺了孩子这种基本的权利，那么孩子回馈的将是令我们更加失望的行为和表现。想要正确地批评孩子，就必须要掌握正确批评的五步流程，以及批评的四个关键原则。请所有的家长朋友们记住，批评孩子的时候，一定要控制好自己的情绪，不要向孩子发脾气，一定要按照正确的流程去做。要知道孩子的成长路上需要我们的支持，我们要学会扮演正确的角色，用正确的姿态支持孩子。

第四节　亦真亦假的"儿童多动症"

很多家长常常使用的一个词，叫做"多动症"。
我见过很多家长这样评价自己的孩子："我的孩子好像得了多动症！"
心理学上关于儿童专注力的缺失，有一个标准的定义，叫做专注力缺失症。

3到6岁正是孩子释放天性的阶段，孩子多动好动属于正常现象。跟大家分享一个真实的案例，通过这个案例我们可以了解一下什么是"儿童多动症"，孩子为什么会有这样的问题，家长应该怎么做。

在2014年的一个下午，我接到一位妈妈的电话。这位妈妈在电话中显得非常焦虑："李老师，我现在特别着急，因为我的孩子出了大问题！"她在电话里滔滔不绝地说着孩子各种各样的缺点和不足，这个孩子被她描述得简直一无是处。十几分钟过去了，这位妈妈并没有要停下来的意思。这时我打断了她，问道："孩子的情况我差不多了解了，你能告诉我孩子最大的优点是什么吗？"她在电话另一端停顿了差不多两秒钟的时间，告诉我："他没有优点，没有一个让我满意的地方！"

我继续询问她："那你觉得孩子现在最让你头疼问题是什么？"这位妈妈回答："他最让我头疼的问题就是多动。""那具体表现是什么呢？"这位妈妈说："他不管干什么事情都没有办法安静下来。比如老师经常打电话告诉我，孩子上课不认真听讲，一堂课就只有几分钟能够认真听讲，剩下的时间永远在动。动动书包、捅捅同桌……没有一节课可以安静地听讲。接到老师多次的反馈后，我开始观察他，发现这个孩子确实不管干什么事情都显得非常忙乱，他从来没有办法安静地看电视、看书、吃饭。每当孩子表现出烦躁不安时，我就会拼命地训斥他，结果发现越训斥，这种情况就越严重。所以经过我种种的观察，我断定他一定得了多动症！"

在过去十几年的时间里，我听过很多家长说自己的孩子有多动症，但是这位妈妈让我很震惊。因为她觉得自己孩子有病，就开始给孩子用医院开的镇静剂。成人剂量的镇静剂竟然用在自己孩子的身上！这让我特别无法理解，我问她："你觉得效果好吗？"她说："我觉得效果还可以，以前他好动我没有办法，现在只要他好动，我就给他用镇静剂，他就安静了。"我听到这里就再也听不下去了，我对她说："我做心理疏导这么多年，从来没有听说过多动症可以用镇静剂来解决的，请你不要再做这种伤害孩子的行为了，好吗？"这位妈妈还觉得很委屈："李老师，可是我真的没有别的办法了，如果你见到我的孩子，你就知道是怎么回事了。"当时，我就告诉这位妈妈让她第二天带着孩子来找我。

第二天上午，这位妈妈带着孩子来到了我的办公室。

孩子刚刚六岁，刚进办公室时，我就感觉到他的确与普通的孩子不太一样。

他对所有的事物都有强烈的好奇心。先是把书架上的书全部拿出来翻一翻，然后把桌面上所有的档案盒全部打开，他甚至好奇到连地上的每一根电线都拽出来。总之，没有一秒钟可以停下来。

在这个过程中，他的妈妈一直在不停地批评指责和谩骂孩子。而孩子却对此充耳不闻，完全忽略妈妈的存在。这是一种十分奇怪的家庭关系。于是我打断了他们，我带着孩子来到了另外一个房间，我问了他一个问题："孩子你几岁了？"他说："我马上六岁了。""那你会不会做十以内的加减法运算呢？"他很骄傲地说："我幼儿园都毕业了，当然会了。"随后，我给了他一张80道题的试卷，郑重地对他说："我想测试一下，看一看你多长时间能把这张试卷做完，好不好？"他很自信地接过试卷，蹲在那里开始写了。不到三分钟的时间，这个孩子像一个刚刚打过胜仗的将军一样，手里高高举着试卷，走到我和他妈妈面前，啪的一下把试卷拍到桌子上，转身就到处玩去了。我一看，80道题做完了，还没等我说话，他的妈妈就把试卷抢过去了，而且快速地通过目测批改了试卷。其中有四道题做错了。于是妈妈拧住孩子的耳朵，把他拽到试卷面前，开始批评、指责、谩骂："你看看这些题这么简单，幼儿园都毕业了，怎么这个题你都能做错！你说说你是不是就是马虎大意，我说了你多少遍，你就不能仔细认真一点吗？你怎么老改不了你这臭毛病？说了你多少回了？你就不能改一改吗？"这个时候，孩子的表情全程麻木。母子俩已经陷入一种非常扭曲的沟通模式里了。

我打断了这位妈妈，再次把孩子带到隔壁房间。我问他："孩子，你用了不到三分钟就写完了。你是在这半年时间里我所见过的用时最短的孩子，老师觉得你很棒。"当我这样说的时候，发现这个孩子的身体有明显的变化，他的身体开始安静下来，然后他第一次把目光投向了我，看了我一眼以后，马上又把眼睛看向别处。紧接着我对他说："三分钟就做完了，而且老师发现你在完成这张试卷时是一次性写完，并且没有涂抹勾画。老师觉得你很优秀，只要能再用心一些，你会做得更好，你会表现得更棒。"当我说完这句话以后，观察到这个孩子的脸上明显带着笑容，露出得意的表情。于是我继续跟他说："我想和你妈妈多交流一会儿，我这里还有很多类似的测试题，老师把它交给你。这次我想看看在最短的时间内，你能完成多少题，好不好？"我交给他以后，回到办公室开始和他妈妈交流。

看到这里，我相信很多人已经知道答案了。因为这位妈妈在和孩子沟通的时候，她的着眼点永远放在孩子的缺点和不足上。这就导致孩子从小的成长环境中严重缺少一样东西，那就是充分的鼓励和认可。如果一个人做一件事情，长期得不到别人的鼓励和认可，那么他做这件事情的动力就会严重下滑。这个孩子就是这样，从做试卷这件事情上，我们就可以推测出，妈妈平时在家里和孩子沟通时，都是采用批评责骂的方式，那么结果可想而知，孩子永远都无法体验到做这件事情带来的成就感和快感。所以导致这个孩子做事情时总是喜欢打破常规、利用挑战权威来博取别人的关注。孩子好动的原因有时就是缺少父母的爱。

人有什么样的信念，就会做出什么样的行为，收获什么样的结果，反过来用结果证明自己的信念是没错的。在刚刚这个案例中，这位妈妈的信念就是："这些题这么简单，做对了是应该的，做错了我要提醒你，你改正了以后就会变得越来越好了。"相信大多数家长平日与孩子沟通时也是这样的，习惯性地给孩子挑毛病，紧接着我们看到的就是孩子的缺点。当我们挑出毛病以后，发现孩子并不会因为我们的指正和提醒而改正缺点时，我们只会反过来印证自己的观点："你看我没有说错吧，你就是马虎大意。"

不知大家是否有这样的共鸣呢？平时我们跟孩子沟通的时候，会不会也走进了这样一个沟通怪圈和死胡同里？我们是不是一直在强调孩子身上的负面不足和缺点呢？当我们的出发点是这样的时候，就注定了我们的结局一定是这样的。所以家庭关系非常紧张的父母总盯着孩子的缺点和不足，就容易让孩子产生多动、好动的习惯，并且无法控制自己的行为。

在我和案例中的妈妈沟通的40分钟里，我一直在强调，她和孩子沟通的出发点是有问题的。而这位妈妈仍然半信半疑："李老师，你说的有道理，我是给他的肯定很少，但是他没有一样表现得好，我又怎么去给他肯定呢？"我告诉她："你觉得孩子没有表现好的地方，那是因为你没有一双善于发现的眼睛。"

各位家长朋友们，我们的孩子身上一定有各种各样的优点，为什么我们无法发现呢？那是因为我们没有善于发现的眼睛。通常我们会认为孩子做得好是应该的，没什么大不了，可是缺点在我们眼里看来却十分的严重。这就是我们的心态出现了问题。

当我和案例中的妈妈来到隔壁房间后，他的妈妈看到眼前的一幕彻底震惊了！她的孩子在这40多分钟里，一直蹲在椅子上认真地做试卷。在过去的几年时间里，她从未见过自己的孩子如此认真地做一件事情，她非常的震惊。其实这并不是我的技巧有多么高超,而是我做了这个家长从来没有做过的行为,那就是肯定和鼓励孩子。

所以,我想分享一句话,"有时多动源自缺爱"。假如我们发现自己的孩子有多动、好动的毛病,并且无法改正,就反思一下自己,平时我们营造的家庭环境是什么样的?我们和孩子互动的时候是不是一直盯着他的缺点和不足,每一次给他反馈时,说的都是不足?这是一种负面的强化,当我们不断地去强化这一点时,孩子渐渐就失去了扭转的可能性。

当一个孩子没有办法控制自己行为时,作为父母,我们一定要懂得反思自己平时跟孩子之间的互动是不是负面的。如果你发现孩子在3岁到6岁这个阶段,他的专注力缺失了,我们要从自身的家庭关系中反思自己,不要总是带着负面的观念去看待孩子的行为,多从正面鼓励他、肯定他,要让孩子一点一点地找到被认可、被肯定、被鼓励的存在感,这样他就不会频繁地以多动、好动这样寻求别人关注的方法来证明自己。

第五节　孩子会叛逆,一定因为这三点

很多家长会发现,孩子到了一定年龄段会变得很叛逆,让他往东,他偏要往西,让他干什么,他偏不干什么,总是对着干!这到底是什么原因,让孩子开始变得那么叛逆呢?

有不少家长问我:"我的孩子现在非常叛逆,是不是代表未来他就没有希望了呢?"其实,在孩子成长的过程中,我们要重点关注孩子叛逆的原因!

通常情况下,我们说一个孩子在青春期结束之前会经历三个重要的叛逆期,这三个重要的叛逆期分别是2到5岁幼儿期、7到9岁少年期、12到15岁青春期。这三个阶段产生叛逆的行为都有哪些特点?以及我们作为家长应该怎么做?

第一个阶段,2到5岁。

一个孩子成长到2到5岁这个阶段,他正面临着什么呢?首先,在孩子两岁之前,他的行为举止是受自然属性影响的,而两岁以后,他就开始具备了一定社会人的属性。比如,孩子开始学会正常地用语言交流,学会直立行走,学会观察与别人相处的规则。这时孩子会面临三个重要的变化。

第一，开始学会掌控自己的身体，自我意识开始觉醒。在两岁之前，孩子其实没有太多的自我意识，自我意识指的是孩子第一次开始觉得自己可以掌控一些事情。从儿童的心理成长机制上来说，两岁的孩子开始逐渐地掌控自己的身体，并产生巨大的成就感。

第二，大部分孩子开始挑战规则。很多家长在孩子两岁阶段能够明显观察到的一个现象，就是孩子不像以前那么听话了，你以前让他做什么，他能按照你的要求去做。但是到了两岁左右，他就开始用各种各样的方式挑战规则。

我们大脑在处理问题的时候，它是由神经元向树突发射一组电流形成一个链接，一条链接代表一个处理问题的思维方式，也就是说我们的大脑发达与否，主要看我们大脑中形成这样链接的多与少。所谓听话的乖孩子，每一次处理问题采用的都是相同的一个方法，也就是这个链接是不变的。而那些我们眼中所谓顽劣的孩子从两岁左右开始，他每做一件事就会想到各种不同的方法和途径，总是在不断地挑战规则，找到更多的可能性，也就是说他的大脑中形成了很多条链接。所以某种意义上来说，那些所谓的顽皮孩子，他们的大脑发育更加完整，他们的学习能力更强。只是极少有家长在这个阶段能够鼓励孩子天马行空地去想象，通常情况下，我们会给他很多的干预。

第三，萌芽规则意识。从2到3岁左右开始，孩子的规则意识开始萌芽，而在这个萌芽阶段我们会明显地看到孩子受到父亲的影响变得更多了。在两岁以前，因为对于母亲的依恋以及母亲提供给自己的爱和安全感，孩子受到母亲影响更多。而在2到3岁左右开始，孩子开始建立规则意识，所以在这个阶段，我们可以视为孩子人生中第一个叛逆期。他叛逆的主要表象就是孩子第一次学会说"不"。

分享一个案例，叫做"可怕的两岁"。在两岁左右的时候，我们会发现孩子会把所有的事情前面都加上"不"，然后用哭闹作为一个有用的武器迫使家长改变规则，迁就孩子，甚至妥协。这是他在这一阶段新学会的一种影响别人的方法。

比如，孩子在两岁的时候，我们看到他光着脚丫在地板上跑来跑去，我们跟他说："赶紧把鞋穿上，光着脚跑容易着凉感冒。"这时候他听到你说的话，他跑到了鞋的旁边，把两只鞋扔得老远，然后回过头看着你坏坏地笑，搞得你哭笑不得。为什么他会这样呢？他其实就是在用这样的方式去学习挑战规则会造成什么结果。

很多家长会说，为什么我的孩子一到了这个阶段就特别喜欢哭闹，喜欢满地打滚？因为这些都是他的武器，他用这个武器去挑战规则，他想通过这个武器知道自己会不会影响规则。其实在这一阶段，孩子就是在不断地用这样的方式，通过挑战规则去学习自己到底该如何做。

作为家长一定要意识到这一点，我们如何培养孩子的规则意识？如果孩子一哭闹，我们就妥协的话，那么最终孩子就无法学到真正的规则。我一直在强调家长必备的两种状态，无论你家的孩子多大，跟孩子沟通时一定要做到这两种状态兼顾，那就是"温和而坚定"。

很多家长面对孩子无理取闹时，想要通过武力的震慑让孩子乖乖听话，可是却反而助长了孩子的情绪化表现，为什么呢？因为当我们无法控制自己情绪，想通过武力、发怒震慑住孩子时，这时孩子反而会在我们身上学到情绪是一个有用的武器，他会应用到自己身上，继续与我们对抗。

还有另外一种情况，一旦孩子哭闹，我们就失去了原则，导致应该坚守的原则没有坚守。比如，孩子必须自己坐在餐桌上吃饭，可是孩子一哭闹，家长没办法了，还是喂孩子吃吧。这就是在孩子的哭闹下进行了妥协，当孩子每次不想自己吃饭时，都会利用哭闹让父母妥协。

针对这个阶段孩子叛逆有一种很好用的方法，也是一种非暴力的沟通技巧——转移。这个阶段的孩子，他的注意力很容易被转移，当他以哭闹、撒泼打滚这种方式吸引别人注意的时候，你要懂得把他的注意力瞬间转移到别处！举一个关于时间规则建立的例子。

有一天，家里来了客人，我们跟客人在谈一件很重要的事情。这个时候孩子跑过来说："爸爸，过来看看，我用积木搭了一个大恐龙。"这时父母会跟孩子说："等一下，我跟叔叔聊会天，大概十分钟，十分钟以后我就过来陪你看恐龙怎么样？"这时，孩子一般都会"人来疯"，他不但不接受父母的提议，还会拉着父母的衣袖，抱着父母的大腿，变本加厉地哭闹，父母越着急他哭闹得越严重。这时我推荐使用"转移"工具，父母可以告诉孩子："你看墙上那个时钟，秒针转一圈就是一分钟，我要跟这个叔叔聊十分钟，你现在盯着这个钟表，秒针转十圈，我就过去陪你看大恐龙。"

这个时候就会发现孩子的注意力被转移到钟表的秒针上，当父母跟朋友聊完天以后，父母会发现，孩子还在目不转睛地盯着秒针。这就叫做目标转移。在幼儿期，无论孩子因什么而哭，闹钟和秒表都是一个非常实用的工具。

第二个阶段，7到9岁。

7到9岁的孩子刚刚从幼儿园升入小学，正处于一个适应小学生活的阶段，这个阶段孩子的特点是情绪波动大，孩子的自我意识开始觉醒，他开始想要自己决定一些事情，开始越来越强调个人的观点和立场。

随着年龄的增长，孩子的学习压力变得越来越大，大多数孩子会觉得学习是一个任务性的工作，会觉得非常枯燥。孩子对于情绪外化的需求会增加，他想要把自己的情绪表达出来，所以我们会发现这个阶段的孩子会表现得患得患失，他总是希望用非常极端的语言表述自己的情绪，使得家长非常担心焦虑。

那么，在这个阶段有一个触发孩子叛逆的关键词叫做听话。我们会发现大部分家长从孩子上小学开始就会频繁地提到"听话"这个词，孩子对"听话"这个词也开始变得越来越反感。

很多家长爱提这个问题："我家孩子不听话怎么办？"

我想说，如果有以下三种状态，家长会选哪一种呢？第一种，孩子家长一样；第二种，孩子不如家长；第三种，孩子比家长强。

我相信大家一定会选择第三种，孩子比家长强。可是我们要求孩子听话，只能得到前两种状态。我们要求孩子所谓的听话，其实是我们希望控制自己的孩子。可是在这个阶段，所有的控制在孩子面前都会失效，你越控制他，他反抗得越厉害。

我曾经参与过这样一个案例。

2015年，有一天我正在上班，忽然接到一个妈妈打来的电话，她对我说："李老师，我现在遇到一个特别头疼的问题，我的孩子有攻击人的毛病，而且越来越严重。他从小就是一个喜欢攻击别人的孩子，自从上了小学，我发现这种情况越来越严重。他会无原则地攻击身边的所有人，他的攻击方式就是骂人，身边所有人都被他骂过。我们吓唬他也没有用，小的时候他爸爸吓唬他，他还能收敛一点，可是现在他越来越肆无忌惮了。在学校跟同学的关系也很差，目无尊长，经常跟老师发生冲突，也会骂老师。我们每天在家都吵架，真的苦不堪言。"

第二天，我让这位母亲带着孩子来到了我的咨询室。孩子到了咨询室，坐在我的对面，他对我说："我跟你说，我现在想清静一会儿，你最好不要讲话。"简直是傲气逼人。

于是我就看着他微笑，他说："你看我笑也没用，你们大人都是一样的。"

我继续看着他微笑，向他走近了一步。他又说："我不是刚才提醒过你了吗？你怎么还这样？"

我仍旧不动声色，看着他微笑，继续往前走。我每迈进一步，他就形成一层防御机制，然后开始骂人，说得脖子青筋暴突。他以为会激怒我，但是没想到我一直微笑地看着他，后来他骂的实在太累了，他就停下来，非常无奈地看着我说："你到底想干什么？"这时他看我一直不讲话，于是他坐在椅子上，低下了头。

我慢慢地靠过去，坐在他旁边，大概沉默了一分钟左右，我忽然对他说："其实你每天把自己伪装成这个样子，心里一定很难过，你的心里并不好受，对吗？"他原本坐在椅子上，腿一直颠来颠去，当我说完这句话的时候，他的腿就不动了。紧接着我跟他说："你想把自己扮演成一只刺猬，是不希望别人走进你柔软的内心。你用这样的方式让所有人放弃你，尤其是你的父母，是这样吗？"

"我不知道你曾经经历过什么，也不知道你心里承受过什么，但是我知道此时此刻的你内心也一定非常痛苦。"当我说完后，孩子开始落泪，大概五分钟左右的时间，孩子一直在默默地流泪，没有哭出声音。那天我们聊了大概有40分钟，孩子把从小到大的经历都向我倾诉了一遍，他的内心积压了大量的消极情绪。他觉得父母非常不理解自己、不尊重自己，但是他一直找不到一种正确的沟通方式。而爸爸妈妈平时只能看到自己的缺点。最终导致这个孩子只能用这种激烈的方式对待家人，他希望远离这样的家庭，他觉得家是冰冷的，没有任何温暖。

这个案例给我很大的启发，我们总是希望孩子在这一阶段能听话，却忘了我们应该反过来听一听孩子内心的话，如果不去倾听的话，我们就不知道他的困扰到底是什么，所以在这个阶段，我推荐给各位家长的非暴力沟通工具是"倾听"。有时，很多家长并不知道该如何与孩子沟通聊天，每次和孩子沟通，都是以发火结尾。这时，我推荐一个有用的工具叫"留言板"。

把留言板放在客厅里，把自己的心事和希望问孩子的问题写在这个留言板上，挂在卧室的门上。有了留言板这个媒介，孩子和家长之间就避免了面对面，直接说出自己心声的尴尬。有很多孩子到了这个阶段，不太愿意把内心的感受讲给家长听，他会觉得不好意思，再加上家长不恰当的沟通方式，这就导致孩子更不愿倾诉。而解决这个阶段孩子叛逆问题的最重要的途径就是让他倾诉，只要他把这种内心积压的负面消极情绪倾诉出来，问题自然也就得到了解决。

第三个阶段，12到15岁。

这个阶段孩子开始进入青春期，那进入青春期的孩子正在面临什么？

第一，第二性征开始出现，孩子开始接纳自己的身体，也就是说男女之间的差异开始逐渐地显露。

第二，自尊的需求增长，身份和角色的困扰变得越来越强烈。孩子到了这个阶段，开始思考自己与社会的关系，开始思考自己想要成为什么样的人。如果能做到，他会信心满满，如果觉得自己绝对做不到，则会自暴自弃。

第三，出现情感困扰。孩子开始面临与异性之间关系的处理，也就是我们通常说的"早恋"问题。这也是在这个阶段孩子最容易出现的叛逆行为。

其实，"早恋"是一个很令家长头疼的问题。孩子到底多大才算早恋。有的人觉得小学不能谈恋爱，有的人觉得是初中，有的人觉得大学之前都不能。对于这件事情，每个人的标准都不一样。"早恋"其实也是一个典型的贴标签行为。当我们给孩子贴上早恋的标签，往往就意味着我们正在采用错误的干预方式解决这个问题。

分享一个真实的案例。

2016年，江苏徐州的徐女士给我打来一个电话，说自己的女儿早恋了！她在替女儿整理书包的时候，发现了一封别人写给她的情书，这位徐女士看到后非常担心，怕早恋影响女儿的学习，也怕她受到伤害。

于是，当天晚上她就问女儿："你们班上有人喜欢你吗？"女儿一口否认。

她又说："我在你的书包里发现了一份情书。"

女儿马上就不高兴了："你怎么能翻我东西，那是我的隐私啊！你怎么能动呢？你太过分了！"

这次沟通很失败，因为我们做家长的太急于解决这个问题，导致我们没有给孩子倾诉的氛围和动力。

那么类似这样的情感困扰，作为家长到底该如何解决呢？

我推荐在这个阶段的非暴力沟通工具就是"共情"。我可以推荐的工具是"秘密胶囊"。

所谓"秘密胶囊"就是我们能够跟孩子之间形成一个平等的，相互承诺保密的沟通环境。这个阶段的孩子出于自尊心的需求，迫切地需要这样的沟通环境。

在沟通的过程中，大家要牢记情感沟通的32字诀。

环境私密，承诺保密；

主动倾诉，只谈感受；

真情实感，坦白真挚；

用心倾听，不做评价。

环境私密，承诺保密。首先，我们找一个绝对私密的环境，这个环境中只有妈妈跟女儿两个人。然后要对女儿说："今天妈妈想跟你聊一件事情，但是我跟你说之前，你要承诺保密，你绝对不能告诉这个世界上的第三个人，尤其是不能告诉你老爸，你能做到吗？"孩子听到这句话，她一定会觉得非常的有趣。于是她会说："妈妈，你放心，我肯定保密，我绝对不会对别人说的。"

主动倾诉，只谈感受。当她承诺保密之后，妈妈要主动跟她说："我今天想跟你说一说，我在跟你爸爸结婚之前，曾经有过三个男朋友，我今天跟你分别说说都是怎么回事，好不好？"相信孩子都是非常喜欢听爸爸妈妈的八卦历史，在这个过程中最关键一点是什么？只能谈自己，不能谈孩子。不要有任何说教的行为，只能谈自己真实的体验和感受。

真情实感，坦白真挚。谈一谈自己在谈恋爱的时候，走入婚姻殿堂的时候，是怎么想的，跟之前男朋友的交往都学到了什么。要记得站在当年自己的角度分享给孩子，而不是站在妈妈的角度给孩子说教。一旦这件事情变成了说教，孩子就不愿意接受了。

当我们的"共情"做得比较到位时，孩子自然就会产生向我们倾诉的意愿。

那么这时，我们要做到用心倾听，不做评价。不管孩子说什么，请相信孩子，千万不要用错误的方式去干预。网上搜索"早恋"关键词，出现的大多都是负面新闻，这是因为凡是我们贴上"早恋"这个标签，就意味着我们正在使用错误的方式干预。

面对孩子的情感困扰，我们要相信孩子，我们要用"秘密胶囊"的方式，让孩子把内心的情感困扰倾诉出来，这样他就能像朋友一样，在我们身上找到更多的共鸣，问题也就自然而然地解决了。

以上为孩子必经的三个叛逆期，这三个所谓的叛逆期，其实就是孩子成长过程中必经的心理和情绪波动的阶段！而孩子在这些阶段是否有极端的叛逆行为，完全由父母的状态来决定。当我们发现他有了类似的状况时，我们是否能用正确的方式解决呢？

分享一个案例。

最近网上流传一组图片，内容大概是，一个孩子拉着妈妈的手，他希望妈妈给自己买玩具，但是妈妈认为家里玩具很多了，不想再买了。孩子一开始哭闹，后来竟然掐住自己母亲的脖子，打了妈妈一巴掌！妈妈想要把他拉走，但任性的儿子开始抓妈妈的头发。妈妈央求道："快放手，很疼！"

其实，我们身边有很多的家庭正在上演类似的悲剧。这位妈妈很爱自己的孩子，但是当孩子进入叛逆期的时候，她没有帮助孩子形成必要的规则意识，没有教会他管理自己的情绪，这就导致孩子出现了这种极端行为。

所谓叛逆，是对父母错误管教方式的最直观回应。

所以引发孩子叛逆有以下三个原因：

第一，没有原则的快乐教育。很多家长都坚持快乐教育，尽可能地满足孩子，即使有原则，也总是被孩子的哭闹或者撒娇搞得朝令夕改。很多家长以为这是在尊重孩子，其实大错特错，尊重不是天生就应该拥有的东西，是孩子通过努力负责的行为争取来的权利！只有这样争取来的权利才值得尊重，盲目地满足孩子所有需求，对孩子的个性形成影响很大。自我意识过早地膨胀，试图去操控一切，这就会让孩子形成一种意识，"我就是这个世界的中心，我的原则就是世界的原则"，这也就是我们常说的"溺爱"。

溺爱就是一种无条件的快乐教育，对孩子所有的需求无止境地满足，就会让孩子觉得自己是世界的中心，而当他真的走到社会，就会悲伤地发现自己并不是这个世界的中心。于是孩子就会产生一种自欺欺人的行为，他还是会认为所有人都要让步，忍让自己，长此以往，他就无法和身边的人正常相处。当父母、老师对他提出各种要求时，他唯一能做的就是抗拒，他会抗拒所有对自己权利的压制。

第二，过度地保护孩子。我们在生活中经常见到这样的情景：公园里，两个小孩因为玩具发生了争执，刚要动手，一个家长就跑了过来，一把拉起自己的孩子，然后把另一个孩子推到一边，一边推还一边说："哎！你怎么回事！你父母呢？让他们过来，你凭什么打我们孩子！"这种行为就叫过度地保护。

孩子在成长的过程中，他需要通过学习体验了解和别人相处的方式，如果孩子身边永远都有父母这个无节制的保护伞，那么孩子的自主能力就永远得不到培养。在我们生活中经常会见到父母过度保护孩子的事例。比如在饭店里，我们经常看见家长询问自己的孩子：

"要不要再喝点汤啊？"

"快过来喝水，看你跑得一身汗。"

"再多吃点蔬菜。"

"把毛衣穿上，现在秋天早晚很凉了，别感冒了！"

……

这些对孩子的关心，如果过度的话，会使孩子对父母产生强烈的依赖感，无法通过自己的体验学会独立。这种孩子就会形成一种错觉，"一切自有爸爸妈妈帮我安排和照顾，我不需要承担任何责任"。这也是使孩子叛逆不听话的一个原罪。

第三，剥夺孩子犯错的机会。几乎所有父母都不愿意让孩子犯错，很多家庭往往会剥夺孩子犯错的机会。孩子每次犯错时，家长都会直接给出很多说教和建议，剥夺了孩子犯错以后自我总结、自我体会的机会。每一个错误的背后，其实也是孩子解决问题的尝试。我们作为家长应该有一个清醒的认识，哪些错误不能代替孩子去预防，哪些错误需要家长提前未雨绸缪。这些需要爸爸和妈妈两个人商量一个界限，而不是全部出手相助。很多时候父母预知到了风险和错误，提前帮助孩子，避免了错误，但是这也造成孩子永远体会不到自己行为的后果，他得不到教训也就不会吸取教训，将来闯出大祸的可能性会增高。

叛逆阶段的孩子一定会让我们焦头烂额。那么我们应该如何正确地解决呢？有两个策略可以帮助我们。

第一，把叛逆期看成探索期。

三个阶段的叛逆其实都是孩子对新环境的生理上的变化，这是心态变化的一种探索和感知。2到5岁的孩子在探索"我的世界有什么"；7到9岁的孩子在探索"我可以得到什么"；12到15岁的孩子在探索"我可以怎样做"。

所以，当我们发现孩子有类似行为时，不要再把"叛逆"挂在嘴边。要记得这是他在探索自己的人生边界，探索自己人生新的能量。

第二，培养孩子正确的界限意识。

叛逆的所有原因都是因为孩子界限感的缺失！我们要懂得用正确的方式去培养孩子的界限意识：第一，不放任孩子，让孩子去了解世界的规则。我们一定要用温和而坚定的方式告诉孩子，事情就该这样去做。这个规则并不会因为你的叛逆情绪而被动摇。父母一定要坚守原则，并且给予足够的耐心。第二，不包办，让孩子自己承担挫折和后果。越到叛逆期，孩子越容易搞砸事情，那么这时，就应该让他自己体验挫折和后果，坚决不替他买单。第三，不剥夺权利，让孩子去探索自己的生活。当一个孩子走上一条从未走过的路时，最好的方式就是让他自己去尝试，而不是提前给他规划好。我们应该站在孩子的身后，让孩子自己去探索，而不是站在孩子的前面，一直告诉他，这边才是对的，却忘了聆听孩子内心想对我们说的话。

"在教育过程中有任何一方感觉到不舒服，就说明沟通方式出现了问题。"这是我在课堂上常常说的一句话。不管是孩子还是家长，只要有一方感觉到心里不舒服，那就说明我们的沟通方式需要调整，双方的状态都需要调整。当我们有一天能够陪伴自己的孩子顺利度过叛逆期的时候，我们的亲子关系会被拉近。

所谓的叛逆只不过是我们给孩子一种状态的判定，它是一个伪命题。当孩子有叛逆行为的时候，请记得这是孩子需要你的一个信号。

第六节　亲子沟通的十个重要法则

亲子谈话是我们在和孩子沟通的过程中一个非常重要的项目，通过亲子谈话，我们能更好地了解孩子的想法，接纳他的情绪，最终用我们的方式更好地影响他、干预他。

在孩子成长的关键阶段，有效的亲子对话能够使我们和孩子之间的关系变得更加融洽。可是，实际生活中却经常出现这样的画面：不管我们说什么，孩子给我们的回应都不是我们想要的结果。每一次跟孩子的沟通，最后总是闹得不愉快。

这时，我们就需要反思一下，平时我们在和孩子沟通的时候，是不是方法用错了？是不是做了让孩子抗拒与我们沟通的行为？

孩子的沟通模式往往是家长沟通模式的复制，也就是说我们现在如何与孩子沟通，未来孩子和别人沟通的模式也会受到我们的影响。所以作为家长我们不得不思考一个问题，我们每一次在和孩子沟通的时候，其实都在影响他养成属于自己的沟通模式。而在未来的社会中，一个孩子的成功有25%是由他的专业能力决定的，有75%是由他的沟通与人际交往能力决定的。培养一个孩子良好的沟通能力是家长非常重要的一个职责，所以我们每次在跟孩子沟通的时候一定要用对方法。

在心理学上有一个词叫做"习得性无助"。什么叫习得性无助呢？比如，人们如果想要驯化大象，让大象按照驯兽师的要求表演一些节目的时候，就会采用这样一个方式：在大象很小的时候，在它的脖子上系上一根绳索，小象每天的行为都会受到这根绳索的束缚，它没有办法挣脱。时间长了，它就渐渐地习惯这条绳索的存在，绳索对它的束缚也慢慢变成了它的生活方式。而当小象慢慢地长大成为一头成年的大象时，驯兽师仍然会用绳索系在它的脖子上，尽管这个时候，大象已经拥有了轻易挣脱绳索的能力，但是它并不会这样做。

这种现象在心理学上被称为"习得性无助"。假如我们每一次在跟孩子沟通的时候，向他传导的都是一种错误的方式，时间久了孩子的沟通模式就会受到家长影响，未来他在和别人相处时就会产生一系列的消极影响。

那么，我们在和孩子沟通的时候，一定要遵循以下十个重要的法则。

第一，平等。我们常常听到孩子和我们交流的时候会说这样一句话，"我觉得这不公平！"几乎在孩子成长的过程中，"不公平"这个词是孩子内心非常大的诉求，经常说这种话的孩子，意味着平时他在与家长沟通的时候，没有体验到平等沟通。

平等的背后是什么？其实是孩子在不断地要求自己做决定。所以我们作为家长在跟孩子沟通的时候，不要总是扮演居高临下的角色，也不要总是说"不听老人言，吃亏在眼前"这一类的话。

我们来分享一个案例，有一档综艺节目，孩子站在天台上，鼓足勇气喊出自己心里的故事。曾有一名初一的女孩鼓足勇气站在天台上对自己的妈妈"喊话"，因为妈妈总是拿她跟自己的好朋友比，因为好朋友是全校第一的学霸，妈妈总会问她："你看你成绩这么差，她为什么会跟你做朋友呢？"

这个女孩站在天台上越说越委屈，含着泪大喊："孩子不是只有别人家的好，你自己的孩子也很努力，为什么你不看一下，你从来都没有看到过。你老是这样打击我，我会觉得自己很差！"

可是妈妈却很严肃地答复："我认为我是比较客观的，你没有领悟到重点，有些东西你一定要改……"

当孩子听到妈妈说这一番话的时候显得非常无奈，哭着跑下了天台，这是一次失败的"喊话"。

其实孩子呼唤的公平并不是其他的，而是家长在跟自己沟通的时候，是否能够设身处地地站在自己的角度，站在自己的年龄段，站在自己的情绪中和自己沟通！当然我们不否认，父母和孩子之间有一个天然的身份差异，但是越聪明越有智慧的父母往往越懂得放下自己的身段，不管你的孩子年龄多大，跟他沟通的时候，至少你要变成和他同龄，这样你才能走进他的内心。

第二，正向。所谓正向就是我们在跟孩子沟通的时候，一定要从正面去描述我们希望的状态，不要做任何负面的暗示。家长在教育孩子的过程中，往往过于焦虑，常常喜欢对孩子说出一些指令性的话语，比如"不许玩手机，不许看电视"等等。然而这些指令性的语言不但没有效果，反而会激起孩子的叛逆。比如，我们对自己说不要想一只兔子，可是这时我们的大脑里却一定会出现一只兔子。当我们跟孩子说不许做某件事情的时候，他的脑海中想象的恰恰就是这件事情。所以我们要学会正向地跟孩子谈话。

假如我们希望他做到某种状态，就一定要从正面描述这种状态，正面告诉孩子，我们希望他能做成这个样子。只有这样，孩子才能够明确了解我们希望他做到的状态是什么，并且愿意去做。

分享一个小故事。

有一次，著名的教育家叶圣陶老先生参加一个家庭教育讲座，他走上讲台讲了这么一席话："有的时候我们在教育孩子时，就是因为我们太喜欢给他下一些负面的指令，总是要求他去做一些事情。这种高期待带给孩子巨大的压力，由此就激起了他的叛逆精神，所以我们的孩子不听话是有原因的。"我们是不是应该反思一下，平时我们在跟孩子沟通的时候，是不是也经常这样做呢？

第三，接纳。接纳什么呢？接纳的是孩子的情绪。无论孩子有什么样的情绪都值得我们接纳。换句话说，在你跟孩子谈话的过程中，事件本身并不重要，背后的情绪以及如何看待它才是最重要的。

举个例子，我们会发现孩子偶尔会跟我们说这样一句话："我不太想跟你说了，我说了你也不懂。"当我们发现跟孩子谈话的过程中，这句话出现的频率越来越多的时候，就说明孩子和我们的隔阂越来越深。这个隔阂来自哪里？来自我们没有接纳孩子的情绪与感受。

我常常说家长跟孩子聊天最喜欢做的两件事情是判断和评价，却很少接受孩子的情绪与感受。当孩子偶尔被负面情绪困扰的时候，我们一定要记住，第一步要做的就是接纳他的情绪。只有接纳他的情绪和感受，孩子才有向我们倾诉的意愿。

第四，换位思考。所谓换位思考，就是我们要学会站在孩子的角度处理和思考问题。往往有时候身为家长的我们很难做到这一点。我们不但没有站在孩子的角度，还经常站在成年人的角度给孩子各种各样的指导，回想一下，我们有没有经常对孩子说过这样的话："不听老人言吃亏在眼前""你必须按照我说的去做""你绝对不可以这样做""你最好""不可以" 等。这些都是绝对性的词汇。

假如我们跟孩子沟通的时候，经常说这些绝对性的词汇，会让孩子非常反感。因为我们说这些绝对性词汇的时候，就相当于一个高高在上的权威发布者，给孩子提出直接性的意见。孩子往往不需要我们的意见，他需要的是有人能站在自己的角度一起想办法解决问题。所以请家长们把给孩子建议中的"你"全部都换为"我们"或者"咱们"。当我们每一次和孩子沟通的时候说的都是"咱们一起想一想"或者"我觉得咱们可以这样"这些话语，孩子就会感觉到你和他站在同一个角度，他自然就不会强烈地反抗我们。要记住，凡是孩子找到我们跟我们沟通或向我们求助的时候，他往往都希望有人能站在自己的角度替自己考虑。直接性的建议、绝对性的词语会让孩子离我们越来越远，渐渐地孩子就不再愿意向我们分享内在的情感。

第五，允许有情绪。有很多家长不允许孩子有情绪，哪怕孩子有了情绪，就会马上告诉他，把情绪丢掉，这是不好的！其实情绪如何能够丢掉呢？我们应该告诉孩子的是，人人都有情绪，人人都会被情绪困扰，这非常正常，不是什么大不了的事。我们要允许孩子在我们面前暴露情绪，某种意义上来讲，孩子在我们面前暴露的情绪越多，说明他和我们之间的关系越亲密，他越信任我们。

很多家长害怕和担忧孩子常常陷入情绪中，以后就会变成一个情绪化的孩子。恰恰相反，如果孩子一直把情绪隐藏起来，那才是最可怕的。我经常分享一句话叫做"看见就是最好的治愈。"孩子表现出来的情绪状态被我们看见了，这就是对他最好的治愈。所以我们要允许孩子有情绪！

第六，允许差异。所谓允许差异就是我们要尊重孩子所有的观点、看法和见解。我们要听孩子讲完，不要总是反驳孩子。反驳久了以后，孩子渐渐地就不再愿意跟我们说了。因为我们不允许差异的存在，我们只允许他按我们的方式去做。

那应该如何做？比如，我们可以经常在跟孩子聊天的时候说这样一句话，你有你的看法，这很好，我不反对。可是我想谈一谈当年我遇到这件事情的时候，我的真实感受是什么。

允许差异会让孩子感觉受到巨大的尊重，他会觉得获得了自由。

分享一个案例。

有一次在一个全家人的聚会上，有一个亲戚问一个八岁的小女孩："你长大了以后有什么梦想啊？"当时小女孩觉得这个餐厅的饭特别好吃，于是就说："我想当一名厨师！"这时，所有的亲戚都觉得孩子很稚嫩，很好笑。马上有两个亲戚跟她说："哎哟！别做厨师啊，要找一个更远大一点的理想。要么做个科学家，要么像你妈妈一样成为一个优秀的医生，多好啊！"

小女孩听到亲戚们那些笑声和对自己的回应，她低下了头，内心非常惭愧、难过。她的妈妈看到孩子这种变化的时候，马上就制止了亲戚的笑声。"我不觉得厨师有什么不好！"她低下头对女儿说，"你的理想是什么并不重要，那只是一个目标，重要的是要怎样实现这个目标！就好像做厨师，厨师也有水平高低，水平高一点的厨师可以在五星级酒店做主厨，甚至去做国宴。那个时候你可是我们全家至高无上的荣耀了！所以关键的问题是在实现理想的路上会碰到很多的问题和困难，你到底要怎么去做！只有找到了正确的方法，坚持下来才能实现，只要有一丝的退缩和不坚定，什么理想都只是空谈，所以不管你的理想是什么，妈妈都会支持你的！"

这个妈妈当下对女儿说的这一番话，第一时间让女儿的自尊心得到了保护，同时也让女儿感觉到自己的妈妈是一个非常民主的妈妈。这在家庭沟通中我们把它称为允许差异。

也许孩子给我们的答案并不是我们想听到的，可是孩子只能对自己的人生负责，我们身为父母是无法代替他成长的！不管他的想法是什么，我们能做的其实也仅有支持而已，无论孩子给了我们一个什么样的答案，请大家记住，要允许差异的存在。每一个人都是独一无二的，这个世界上没有两片完全相同的叶子，世界上永远只有一个第一名，无论我们的孩子的理想是什么，不管他在我们面前强调的是什么，我们都要学会以一种恰当的方式鼓励他和支持他。

第七，开放。所谓开放，就是我们每一次跟孩子谈话的时候，要把孩子作为分享的主动方，我们要多去鼓励孩子，把话题谈得越开放越好。我们作为家长要有一个开放的心态，孩子说的一切我们都能接受，都能理解。

所以我们要经常在谈话的过程中多问孩子这样几个问题。

"然后呢？"

"是什么原因让你这样想的？"

"你说得很棒！还有什么想法吗？"

这样的鼓励与认同会让孩子跟我们分享得更多。作为父母，我们最担心的就是孩子不愿意跟我们沟通，那么我们就要想办法去帮助他，支持他。所以，我们要把握每一次跟孩子谈话的机会，让孩子成为谈话的分享主动方。

第八，不说教。坚决不做任何说教的行为，天下没有哪个孩子喜欢听大道理，孩子只喜欢听一件事情，就是感受和故事。最棒的谈话就是用一个故事来说明一个道理。孩子最喜欢听的就是这样的谈话，可以引用古今中外优秀人士的故事，也可以讲述发生在自己身上的故事，这些都可以成为非常好的谈话内容。

第九，不要打断对方讲话。这是非常重要关键的一个原则。我们举一个例子，有一次在美国的一个脱口秀节目上，一个主持人采访现场的一个小孩子："你长大以后要做什么职业呢？"

小孩子说："我要当一名飞行员。"

主持人马上又问："那如果有一天你驾驶的飞机飞在天空中，忽然间飞机没油了，而飞机上只有一个降落伞，你会把这个降落伞给谁呢？"

孩子不假思索地说："我自己背上降落伞，让乘客系好安全带。"刚说到这里全场哄堂大笑，主持人也笑了。在节目散场之后，主持人发现这个小男孩坐在座椅上伤心地哭泣，主持人安慰他说："没关系，你只是个孩子，大家会原谅你的。你说的这件事情大家不会往心里去的，不要这么难过了。"可是这时候孩子说了一句话："我刚刚本来想说，我自己跳降落伞下去找油，然后回来救大家。"

这个故事告诉我们一个非常重要的道理，那就是不要打断孩子讲话。很多家长非常喜欢打断孩子说话，孩子才说了一半，我们就急于去评价，急于下结论，急于讲道理。这时候孩子就会把后半句隐藏在自己心里，不愿意再去分享。

第十，尊重。无论何事，无论何时，在跟孩子沟通的时候，尊重都是最重要的。

请所有的家长朋友们一定要牢牢地记住亲子谈话的这十个原则，和孩子谈话是我们对他成长过程中最好的支持。每天有人接纳他的情绪，听他分享心事，能够给他一些自己的感受和体验，让孩子得以借鉴，孩子就会乐于和我们交流，和我们的关系也会变得更加稳固。我们和孩子的每一次谈话，其实都是最有效地拉近我们和他之间的距离的一个工具，所以我们作为家长一定要做一个会谈话的人，把握住每一次跟孩子谈话的机会，用心地去支持他，让他感觉到我们给他的爱是无条件的，让他感觉到我们是真心真意愿意陪伴他成长的。

假如我们现在发现跟孩子的沟通不太顺畅，那么请看一下谈话的十个法则中哪一点没有做到吧！假如我们在跟孩子沟通的时候都能时刻注意这十个法则，相信和孩子的沟通会变得越来越顺畅，孩子会越来越愿意向我们倾诉，最终家庭中很多因沟通引起的矛盾就会变得越来越少。

第七节　妈妈必读——最好的教育是妈妈情绪平和

家庭成员中非常重要的一个角色是谁？是母亲！然而当下的母亲都有一个共同的状态，那就是对孩子教育所表现出的焦虑情绪！

为什么当面对孩子的教育，看待孩子的学习问题以及每次跟孩子沟通的时候，作为妈妈都会显得非常焦虑呢？那是因为我们会对自己比较在乎的事情产生焦虑。一个人对一件事情产生焦虑的情绪和感受，一定是因为他对这件事情特别地看重和在乎。天下没有哪一个妈妈不在乎自己的孩子，所以才会对孩子产生一种焦虑的情绪。

我见到过很多妈妈在描述孩子的状况时，都处于一种焦虑的情绪中。"我的孩子身体不好怎么办？""不爱说话怎么办？""胆子太小了，没信心怎么办？""不爱学习怎么办？""叛逆怎么办……

很多妈妈都是带着这样的焦虑感陪伴孩子长大的，所以我希望妈妈们看完本书，能够实现两点：第一点，知道怎样摆脱这种焦虑的感觉，怎样对孩子产生正确的影响；第二点，希望每一位妈妈都能活出更加轻松的人生。

伴随着孩子的长大，妈妈和孩子之间其实是经历了一个从共生到分离的过程。什么叫共生？共生指的就是两个人亲密无间，一个人的举动严重影响着另一个人，这种行为就叫做共生。我们可以想象一下，一个孩子在他出生之前，他生活在哪里？他生活在一个绝对安全的身体里。这是一个无时差回应的环境。孩子生活在妈妈肚子里时，当他饿了，他不需要说"我饿了"，母体就会输送给他营养，他的所有要求会第一时间被看见。所以一个小婴儿在母体的时候，体验到的是完全地被照顾，完全温暖安全的感觉。

当孩子降临到这个世界上的那一刻，我们都知道孩子发出的第一个声音是哭泣。这一声哭泣包含了很多含义，但其中最重要的一点含义就是孩子伴随着巨大的恐惧感来到这个世界上，一切都在改变，甚至包括他自己呼吸的方式都发生了改变。面对这种改变，他觉得非常无助。所以这时候他仍然希望身边能有一个人时时刻刻地看见他的需求。毫无疑问，这个人就是自己的妈妈。这个世界上最伟大的一种情感就是孩子对待母亲的一种情感，反过来，也是母亲对待孩子的一种情感。不管是动物还是人类，在不断发展的历史上，我们都能看到很多孩子与母亲之间的可歌可泣的感情，这些都是甚于这种共生关系产生的。

共生的关系大概会持续到孩子三岁左右。在三岁之前，孩子甚至不知道自己和妈妈是两个人，他觉得妈妈就是自己，自己也是妈妈身体的一部分，虽然他已经离开了母体，但是他仍然愿意成为妈妈的一部分。所以这种共生的关系使孩子对母亲有着非常大的依赖。在这一阶段，你给孩子带来的高质量陪伴越多，对孩子未来成长的帮助就越大。也就是说我们要想尽各种办法，让孩子即便脱离了母体，仍然能够感觉到他的所有需求第一时间会被看见。所以我一直在提倡，0到3岁之内，父母一定要给孩子最充足的陪伴。

但三岁以后，孩子渐渐地学会了独立，他开始强调自我意识，开始想要自己去探索这个世界。这个过程对于妈妈和孩子之间的关系来说就是分离的开始。我们看到妈妈和孩子第一次分离的标志性事件就是孩子上幼儿园。在孩子去幼儿园之前，他所生活的环境里都有妈妈的身影。但是到了幼儿园以后，他第一次挑战一整天见不到妈妈，这就是我们常说的人生第一次体验分离的感觉。每到这个时候就是检验在0到3岁之间，你作为妈妈给孩子提供的高质量陪伴是否充足，是否到位的一个关键标志。也就是看你的孩子进入幼儿园的那一天会不会抗拒。如果他非常抗拒，就说明过往的日子里，妈妈跟他共生的关系没有处理好。孩子能够快速地适应幼儿园的生活，说明我们培养了孩子成熟的分离能力。

孩子三岁以后，我们应该慢慢地学会站到孩子的身旁，甚至站到孩子的身后。渐渐地我们要看着孩子慢慢长大的背影，在他的身后注视着他就可以了。可是在十几年时间的咨询案例中，我却发现有不少的妈妈从孩子很小开始一直到初中甚至高中，仍然没有摆脱共生的状态。它呈现出两种现象，第一种现象是孩子对母亲过度地依赖，第二种现象是妈妈对孩子迟迟不愿意放手。

也就是说亲子之爱应该在合适的阶段，以合适的形式呈现，0到3岁之内，不管有多忙，都不要占用自己和孩子共处的时间，因为父母与孩子需要共生。可是三岁以后就要学会一点一点地退出孩子的成长舞台。如果作为一个家长没有能够及时地培养孩子这方面的能力，渐渐地就会发现孩子对自己的依赖性变得越来越强，他不但没有随着年龄的增长而慢慢地学会分离，反而出现了分离焦虑。所以我想告诉所有的妈妈们一句话："有时候不是孩子离不开我们，而是我们放不下内心那个孩子。"

我们从小对孩子非常在乎，导致我们该放手的时候舍不得。而这种舍不得其实没有给孩子创造一个独立的环境。所以由焦虑妈妈的这个词引发出来很多我们与孩子之间沟通的问题。

到底如何摆脱焦虑妈妈这个标签呢？

一个人只有对自己过分在意的事情才会产生焦虑的感觉，那么这种过分在意往往让我们对其他所有人的建议都不放心，只有我们自己来搞定才会觉得心里比较踏实。所以在孩子的成长过程中，我们习惯了替他做各种各样的决定。孩子小的时候他是需要我们帮助他做决定的，因为他还没有是非观，还没有独立的能力。但一旦孩子到了三岁左右，我们就应该知道孩子的很多人生选择，最终承担结果的人应该是他自己，而不是我们。所以我们帮他包办的时候，只是在阻碍他学会独立而已。

分享一个案例。

有一次我在一个商场长椅上休息，我看到一个妈妈领着一个四岁左右的小女孩。经过蛋糕店的橱窗时，发现橱窗里摆着很多精美的蛋糕。于是妈妈跟小女孩说："给你买个蛋糕吧！你喜欢吃哪个口味的？"

小女孩马上就指着其中一个蛋糕说："妈妈，我想吃那个巧克力的。"

这时候我就听到这个妈妈看着她的女儿说："你别吃巧克力的，巧克力吃多了不好，那么甜。买那个草莓的吧！你看那个草莓多新鲜啊！草莓下面还有奶油，旁边还有抹茶。你一定喜欢吃这个。"

这时小女孩就很不高兴，央求道："妈妈，我今天不想吃草莓蛋糕，我吃过草莓蛋糕了，但是我没有吃过这么多巧克力的蛋糕，你让我尝一个巧克力蛋糕吧！"

妈妈说："你呀！我还不知道你？你根本就吃不了几口，那东西太甜了。你吃不了几口就会扔了。你最适合吃的就是草莓蛋糕，别争了，今天就吃草莓蛋糕。"

看到小女孩一路都不高兴，甚至中间还有几次甩开妈妈的手说："算了，我不想吃蛋糕了！"可是妈妈一直说："你看你这傻孩子，妈妈给你挑的蛋糕一定是最适合你的。一会吃到了你就知道了，我给你选择的所有东西都是最适合你的。"

我当时坐在长椅上，听到妈妈说的这句话，看着小女孩的表情，我有一种隐隐的担忧。这是生活中的一件小事，看起来微不足道，可是我们却能看出小女孩的妈妈习惯了替孩子选择所有事情，这种包办行为会持续很久，也许未来就会发展成："我给你报了一个兴趣班，我觉得你适合弹钢琴，就算你再喜欢跳舞，我也不觉得适合你。""我替你报了一个学校，我觉得你学这个工科是最好的。""我帮你找了一个男朋友，我觉得他才是最适合你的。"……

想想看，这种持续地替孩子做决定的行为会持续多久呢？持续的时间越长，对于孩子独立能力的养成越是一种阻碍。当一个孩子习惯了母亲的包办，那才是最可怕的。所以当我们对孩子过度焦虑的时候，其实往往都是因为我们控制孩子失败。简单地说，就是因为孩子没有听我们的话，没有按照我们的规划去做，我们就认定了他一定会出问题。所以我们给孩子的成长加上了很多我们自以为是的正确规划，我们太担心了，所以我们习惯了掌控。这个世界上没有所谓的应该和不应该，每个人都应该有选择自己人生的权利！从选择一块小小的蛋糕到选择自己的人生，这都应该是一个人的基本权利，我们做父母的不应该剥夺，而反过来应该尊重，应该在孩子能选择了以后，我们就一直鼓励他自己做选择。

"孩子的过度依赖一定来自父母对孩子的过度保护。"

什么叫过度保护？就是在孩子做事的时候，我们总是不希望他犯错，总是希望把风险规避到最低。而往往这个时候就是我们一步一步包办孩子一切的开始。

分享一个案例，"破碎的奶瓶，完整的心"。

有一天，一个八岁的小男孩从冰箱里拿出一瓶牛奶，他刚把这个牛奶瓶拿出来，关好冰箱门，一不小心牛奶瓶重重地摔在了地上，一下子就摔碎了，满地都是玻璃碎屑，牛奶也洒得满地都是。听到了孩子的尖叫声，还有瓶子碎裂的声音，妈妈赶紧从隔壁房间跑过来。来到厨房一看，孩子被吓得愣愣地站在那里，惊恐地看着妈妈，看着满地的玻璃碎屑，不知道该怎么去处理。

通常情况下，妈妈看到了这个场景会如何来处理呢？

相信在很多家庭里，父母的第一反应就是说教和批评。有不少的妈妈会马上跟自己的孩子说："你看看你啊！你拿不了牛奶瓶，你就叫我帮忙啊！你怎么自己去弄呢！你看满地的玻璃碴，牛奶也洒了，也浪费了。你也喝不成了吧！下次再有这种事不要自己动手，让妈妈来帮你做。"

一旦说出这句话，孩子内心深处就会对今天打碎牛奶瓶这个行为产生深深的内疚，下一次他就不再愿意去尝试做这样的事情了。一件小事能反映出一个孩子的行为机制，如果凡事他都不去尝试，直接让父母代劳的话，慢慢地他就会产生依赖感。

还有一种父母更不靠谱，一看到孩子做错了事，马上就开始上纲上线："你看看你啊！这么大了，都八岁了，连个牛奶瓶都拿不住。说你多少回，你拿东西不能稳一点吗？你慌什么慌，毛手毛脚的。"

孩子听到这一番批评和说教，他的直接反应是非常反感的，他会觉得父母的唠叨非常刺耳。他不再愿意听妈妈的这种唠叨，进而他就会转化成一种非常情绪化的方式去对待自己的妈妈。所以我们会看到很多的孩子，家长朝他喊、朝他发脾气，他反过来比家长的脾气还大。

所以，究竟应该怎样正确处理这件事情呢？

一个有智慧的妈妈，一个经常学习家庭教育的妈妈应该运用如下方法来处理：

看到孩子站在满地碎屑面前发愣，妈妈马上问一个问题："儿子！现在牛奶已经掉到地上了，那我们就一起想一想，掉到地上的牛奶还有什么价值吗？"

当孩子在这种惊慌失措的情绪中时，只有一个办法能够让他摆脱现有的情绪状态，那就是转移。这个妈妈就用一个问题转移了孩子的注意力，孩子就会想牛奶摔在了地上，满地都是，还能有什么价值，肯定喝不了了。这时候妈妈就开始提醒孩子："前两天你不是折了很多纸船吗？你不是说非常想找一条小河去玩纸船吗？你看现在牛奶洒得满地都是，整个厨房就变成了一个牛奶的海洋。可以拿你的纸船在牛奶的海洋里玩一会儿啊！"

孩子马上就会跑回自己的卧室去拿纸船，在这个间隙里，妈妈就赶紧把玻璃碎片收拾好，免得一会儿划伤了孩子。紧接着孩子拿来纸船，母子二人就在厨房的地板上玩了 20 分钟。孩子一定非常地放松，非常地高兴。

紧接着妈妈就说："好了，现在牛奶已经实现它的价值了，我们一起把厨房的地板收拾干净，把牛奶清理掉吧。"母子二人就一起相互帮忙，把地板上的牛奶一点一点地擦干净了。

最后，妈妈找来了一个跟刚才打碎的牛奶瓶一样大的瓶子，在里面装满了水，然后告诉儿子："今天你把牛奶瓶摔坏了，是因为你没有掌握正确的拿牛奶瓶的方式。来，妈妈教你握牛奶瓶。首先你要用左手握住瓶颈，用右手托住瓶底。如果有把手的话，你就要用手紧紧地握住把手。这样做，你拿东西就变得非常稳了。来，我给你装满水，你现在试一下。"交给孩子以后，孩子拿着瓶子来回走了几步，妈妈再问他："你是不是觉得很稳，不会再掉了？"

孩子回答："是啊！"

"好，今天没事了，你可以去玩了。"

这个故事告诉我们一个道理，我们想让孩子学会什么，就一定要懂得正确引导。我们把一切都替他包办了，甚至把做事情的结果全都替他承担了。最终孩子什么都学习不到，他只能感觉到有妈妈在，这些事情都不需要他去处理，也不需要他去思考。所以如果我们事事都帮孩子去掌舵，就永远培养不出孩子自己主动思考的能力。所以说我们一定要学会忍住，不要去插手。然后看着孩子在做一些事情的时候，慢慢地去试错，哪怕孩子在做这件事情的时候显得很笨拙，我们一定要有耐心，要做一个陪练，而不是做一个比赛的主导者。你不可能一辈子永远替孩子做决定，也不可能让孩子一辈子依赖于我们的身边。

独立源自于充分的信任。

这是一个关于一个初二孩子的案例。他来自一个特别的家庭，小学的时候，他的父母离异了，他被判给了父亲，是父亲带着他一点一点地长大。在他初一这一年，他的父亲第二次组建了家庭，他有了一个新的家庭，可是他却迟迟不愿意接纳自己的继母。由此他的性格也发生了很大的转变。从最初的阳光自信，变得越来越内向，越来越内敛。面对这种情况，他的父亲还有他的继母都觉得非常担忧，不知道该如何处理。经过两个人的协商，他们想了一个帮助儿子和继母之间建立起良好的信任的好办法。

在暑假的时候，他们计划了一次旅行，预计十天的时间，开车去内蒙古自驾游。他们把制订旅行计划的任务交给了他，让他自己计划沿途去哪里，在哪里休息，什么时间干什么。然后由继母负责采购物资，爸爸负责驾车，三个人进行有效的分工。

没想到他听到这个决定的时候非常兴奋。不到三天的时间，他就拿来了厚厚的一个小本子，里边详细地制订了旅行的计划。他还把各个景点重点做了标注，需要购买的清单也罗列得很详细。于是三个人开开心心地按照这个计划完成了一次亲子旅行。

在旅行的过程中，沿途不管遇到什么问题，他都是第一责任人，由他来决定。尽管他们在旅行的过程中，由于他提前规划的线路有问题，出现了几次小小的失误，但是父亲和继母一直鼓励他，称赞他。父亲和继母发现，经过这十天的旅行，三个人的关系变得非常融洽，而且彼此之间也建立起了应有的信任。

其实这一次的旅行就是帮助孩子建立独立的意识。当我们不敢放手，也没有给孩子任何成长机会的时候，孩子总是感觉到自己生活在别人控制中。所以只有他自己掌控了自己，才能体验到自己在做事的时候获得的巨大成就感。

所以，请记住，永远也不要把孩子当成孩子，他拥有巨大的潜能，如果我们不让他去尝试的话，我们永远也不知道自己的孩子能做到什么样的程度。

担忧，是一种巨大的负能量。

2017年4月份的时候，我在上海讲课，忽然有一位家长给我发来了微信，她说："李岩老师，我想咨询一下，现在孩子大了，好像每天都不开心，一点点事情就烦恼。在学校还好，在家里就特别爱生气，是我的家庭出了什么问题吗？"

接着她详细描述了在孩子身上发生的几件事情：

有一次，他把零食拿到了学校，妈妈跟他说把零食拿到学校，就应该跟同学分享。对于这个问题他显得很苦恼，自己的东西不愿意跟同学分享，有的时候同学又偏要他的东西，为这个他很不高兴。

于是妈妈就问了他一句："难道你的同学没有带零食给你吃吗？"他说："带了，还给我吃了，但是我不想要，因为我不想欠别人的。"

妈妈听到这句话觉得很诧异，认为一个13岁的孩子不应该有这样的心态。

后来妈妈又偷偷地发现了儿子喜欢上了隔壁班的班长，于是妈妈就小心翼翼地问了他。孩子说："我们属于互相欣赏的那种。"妈妈发现他几乎每周回家都跟那个女孩聊天，其他时间就是玩游戏，很少和家人说话。妈妈也查看了他的聊天记录，也没说什么出格的，偶尔谈到喜欢的事物。其实儿子学习很不错，在班里都是前十名。尽管感觉孩子暂时也没有什么大事发生，但总觉得他有点不对，可又说不出原因来，也不知道孩子青春期是不是正常的，所以才想咨询我一下。

这个案例很有代表性。有很多家长在咨询的时候都会说："虽然孩子没有发生什么大事，但是我就是觉得很担心。"这种担心其实对于孩子来讲就是一种巨大的负能量。

我给这位妈妈分析了以下几点：

第一，不想吃同学的零食，不愿意以这种方式作为社交的手段，这并没有什么问题。如果孩子社交有问题，并且出现了困扰，明确地和我们说了，我们再给他提供支持也不晚。

第二，孩子13岁了，进入了青春期，对异性产生相互倾慕欣赏的感觉，这太正常不过了。这只能说明一点，孩子的身体发育很健康正常。等到孩子有了明确的情感困扰，我们再给他提供支持也不晚。

第三，作为母亲，一定要让自己放松下来，越是担心，就越应该让自己放松下来。否则会给孩子带来巨大的负能量。

往往有时候我们并不是因为孩子有什么样的问题而焦虑，而是我们左思右想都没有明白孩子到底哪里有问题。可是当我们总是盯着孩子问题的时候，时间长了，我们就会给孩子心理上造成巨大的压力。我们不可能解决孩子生命中的每一个问题，这也不是我们的使命，所以每一位妈妈都要学会放弃做一个完美的妈妈。

那么，我们应该如何摆脱焦虑这个标签呢？

我们要从以下三点着手。

第一，放下过度的控制，不要代替孩子做任何选择，给孩子自己选择的机会。

第二，停止过度保护，不要帮孩子买单。孩子不起床，迟到了，他就应该为自己的行为承担后果。

第三，充分信任孩子，不要妨害孩子的独立。在孩子做每一个选择的时候，给他充分的空间，让孩子知道自己的独立意识、独立能力，是可以发挥出来的。

如何让孩子体贴照顾父母呢？

我相信这是每一个妈妈梦寐以求的一种状态。其实我们只要做到以下三点，就容易培养出"小暖男""小棉袄"。

第一，要学会示弱，做回小女人。家里有儿子的家庭，妈妈要扮演一个小女人的角色，无论是在老公面前，还是在孩子面前都要学会求助。要让孩子知道，有些事情应该男人来做，妈妈是女人，妈妈做不了。这样就会让孩子从小有一种感觉，妈妈是需要被照顾的。

第二，在孩子面前要学会尊重自己的另一半，赞美自己的另一半。妈妈要让孩子感觉到她时时刻刻都爱着自己的爸爸，爸爸也要让孩子感觉到他时时刻刻都爱着自己的妈妈，夫妻之间这种相亲相爱的感觉，会使孩子的情绪变得特别温和。

第三，学会向孩子表达爱与感谢。当孩子替自己做了一件事情，或者关心自己的时候，妈妈要马上对孩子表达爱和感谢。这实际上就是给孩子付出的一种反馈，这种反馈就会让孩子觉得内心非常温暖。

最后，我想告诉所有的爸爸们，其实，妈妈们真的付出了很多，很辛苦，所以要在孩子面前学会照顾自己的妻子，学会给自己的妻子空间，让她做回一个小女人。

最好的教育就是妈妈的情绪平和，下面是要记住的几个关键词。

第一，控制情绪。无论家里遇到什么问题，妈妈都要控制住自己的脾气，都要在孩子面前波澜不惊。所以说，我们的情绪状态严重影响着孩子内心安稳的感觉。

第二，示弱。有多少妈妈尝试过向孩子求助呢？妈妈要多去创造求助的机会，让孩子学会照顾别人。

第三，包容。孩子做错了事情，爸爸应该出面去树立规则，该批评的时候爸爸可以出面批评，妈妈只要做一件事情就够了，那就是给孩子无限的温柔和包容。温柔跟父亲强调的规则并不冲突，孩子做错了，妈妈不能娇纵，但是一定要温柔，要让孩子感觉到妈妈的胸怀永远是温暖的，妈妈和这个家永远是孩子最温暖的港湾。

随着孩子慢慢长大，无论我们多么爱自己的孩子，也要学会慢慢放手，请大家记住一句话，"良好的亲子关系是一个逐渐分离的过程！"我们应该学会站在孩子的身后，慢慢地看着他的背影，与我们渐行渐远。所有的妈妈在培养孩子的道路上都付出了很多心血，母爱是世界上最伟大的一种爱，我们只需要用心地调整一下自己的状态，就能让一切关爱回到最初的美好！

第八节　爸爸必读——忙爸爸也可以做个好爸爸

"焦虑的母亲，缺席的父亲，不知所措的孩子"这可以说是当下家庭教育的现状。我们常常用一个成语来形容父爱，"父爱如山"。父亲在孩子的成长过程中，给他更多的影响和角色是关于力量的。

那么，当代家庭中,父爱为什么会缺失呢？父爱的缺失又会带来哪些影响呢？

在上个世纪，美国有一位叫乔治·曼斯尔的海员，在他的儿子出生不久，他就开始出海远航，三年没有回家。当他三年后回到家的时候，他吃惊地发现自己的儿子行为古怪，性格孤僻，自卑感非常强，一点都看不到三岁孩子天真烂漫活泼的形象。

人们把临床上的这种表现称为"父爱缺失综合症"。这不是危言耸听，专家甚至把这种病症做了临床的各种表征，并且定性。专家称，缺少父爱的孩子往往会出现多重的心理障碍：

第一，情绪不稳定，常常伴有忧郁、恐惧、紧张和焦虑的感觉。

第二，自卑心理极其严重，变得很不自信，不愿意与人沟通。男孩会变得缺少阳刚的气质，胆小怯懦。越是缺少父爱的孩子，性格越是偏执，越容易跟家庭其他的成员，包括学校里的老师、同学发生矛盾。

第三，意志力薄弱。他对生活上的事情显得力不从心。

所以，这都体现出父亲在孩子成长过程中起到的重要作用。假如我们没有在恰当的时机介入到孩子的成长过程中，那么产生的影响和后果可能会让我们一辈子追悔莫及。

美国一位著名的哲学家赫伯特·斯宾塞就曾经非常绝对并坚定地说过："父亲是孩子通往外部世界的引路人！"在教育孩子的过程中，无论是性格培养还是情感教育，无论是知识训练还是道德品质的培养，父亲都起着巨大的影响力。

爸爸对孩子究竟有哪些影响？

第一，体格的发育。随着孩子成长，他会开始有冒险的想法。我们会发现一个细节，孩子刚刚有了冒险意识的时候，会很喜欢从高处往下跳，这个时候如果是妈妈带他的话，妈妈一般心思都比较细腻、谨慎，她可能不愿意让孩子去冒险。所以这件事情谁做最合适呢？那就是爸爸。

爸爸陪伴在旁边保护着他，孩子的内心会找到一种安全感，所以他会主动地去探险。3到6岁的男孩最喜欢干的一件事是什么？就是让爸爸带着自己去冒险。同时这也是爸爸的一种使命。我们要让孩子通过冒险获得勇气，获得勇敢，让他的身体素质从小开始锻炼。

第二，智力的发育。上世纪末的英国纽卡斯尔大学曾经对17000个在同一个星期出生的婴儿进行了11年的跟踪调查，调查结果显示：经常与父亲相处的孩子，比较少与父亲相处的孩子智商更高。

为什么会这样呢？因为父亲在带孩子的时候往往更容易放手，让孩子自由地探索。这种动手操作的能力和探索的精神会激发孩子动脑和创造的意识。我常常问家长一个问题，你觉得到底是听话的孩子脑力发展得快呢，还是调皮捣蛋的孩子发展得快呢？毫无疑问是那些调皮的孩子。因为人的大脑是通过不断地使用才能不断地被开发，那些听话的孩子每次使用的都是同一个链条，它的开发是非常有限的。恰恰是这些从小调皮捣蛋的孩子发育会更好。

第三，自信品质的培养。父亲一直是一个高大权威的形象，所以他讲出来的话，尤其是对自己的评价，反馈出来的各种状态，在孩子心里都会觉得非常有分量！

分享一个真实案例。

一个16岁的小女孩，多么美好的年龄。可是她却把自己关闭在一个房间里，半年没有走出过房间。孩子每天就坐在房间里看电视，也不出去，也不讲话。她的父母每天把饭送到房间门口，孩子过一会再打开门拿走，她不跟任何人见面。

当我接到这个心理辅导任务时，心里是很忐忑的。虽然我是做专业心理咨询的，但是我从未见过如此严重抑郁的孩子。

她的父亲非常激动地跟我说："李老师，不瞒你说，在你之前我们已经找过六个心理医生了，尝试过各种办法都没有解决我女儿的问题。我现在是不惜一切代价，只要能把她心结打开，让她好好活下去，我对她没有任何要求了。所以哪怕有一丝希望，我们都会尝试，所以请你一定不要放弃，我们现在把希望都寄托在你身上了！"

带着这种厚望，我走进了这个女孩的房间。后来我发现每次我走进这个房间的时候，小女孩并不是很抗拒我，但是她把我当成空气，她从来不跟我交流。直到有一天，我再一次走进她的房间，安静地坐了十分钟左右，小女孩还是一句话也不说。于是，我改变了以往心理咨询的方法，我就开始跟自己聊天，我问自己一个问题，然后自己再回答。当我讲到小时候曾经发生在我身上，对我伤害非常大的一件事情的时候，忽然这个小女孩说了一句话，"我也是这样！"当时吓了我一跳，我一回头看，她的眼睛没有动，但是这肯定是她说的。

于是，我按照这样的方法前后共做了13次心理疏导。到最后，这个孩子才开始尝试着慢慢地向我一个人敞开心扉。她开始跟我做简单的交流，因为半年没有讲话了，所以她的语言能力在逐渐下降。我通过她跟我反复说的一件事情，慢慢地拼凑出一个让我非常震惊的故事。

在这个女孩上幼儿园的时候，她曾经是一个非常阳光、活泼的孩子。有一天学校老师给大家开会，让孩子们回去以后和自己的父母商量，第二天过来要报一个兴趣班，有书法班、武术班、舞蹈班等。

孩子高高兴兴地回到家里，见到爸爸，就跟他说："爸爸，我们要报兴趣班了，我想报舞蹈班，我特别喜欢跳舞。"她的爸爸当时正在忙自己的工作，听到孩子说了几句以后，头也没回，冷冷地跟孩子说了一句："别报舞蹈班了。明天去报钢琴班。"这个小女孩非常不高兴："爸爸，我不喜欢弹钢琴，我就喜欢跳舞，你为什么不让我报舞蹈班？我最讨厌弹钢琴了，求求你了，让我报舞蹈班吧！"这时候她的爸爸说了一句话，正是这句话成为了小女孩一生的转折点，"哎呀！你别报舞蹈班了，你看看你腿那么短，跳舞根本不好看，没有前途的！听我的，报钢琴班吧！"

爸爸当时说出这句话的时候绝对没有想到孩子会是什么反应，他也没有留意到孩子震惊的表情。孩子为什么会如此震惊？因为她从来没想过自己最信任的一个人，竟然能说出如此伤害自己的一句话！孩子什么都没有说，默默地回到自己的卧室，第二天到学校默默地报了钢琴班。从此，这句话就在孩子心里留下了巨大的阴影！更糟糕的是，她把这个事情写在了自己的日记里，结果被班上一个调皮的男同学翻看，结果全校所有人都开始给这个小女孩起外号。而这个情况并没有被老师和家长及时发现，等到发现的时候，这个孩子已经一步一步走进了抑郁的深渊。

所以说，家长的评价会对孩子的自信产生非常巨大的影响！希望家长都能记住这个案例中的教训。

第四，性别意识。在孩子6到12岁期间，很多家长会发现孩子出现一些让自己困扰的行为。比如，男孩非常依赖妈妈，变成了妈宝男，甚至有些行为举止都开始模仿自己的母亲。有不少家长跟我说，家里明明是个男孩，却偏偏喜欢玩自己的化妆品，喜欢穿自己的高跟鞋，而且这种行为仿佛觉得有点不可控。或者家里明明是女儿，天天像个假小子一样，喜欢理短发，喜欢穿裤子，不喜欢穿裙子。

　　为什么会出现出这一系列的问题呢？在心理学上，孩子在3到6岁经历了一个特别的时期，叫做俄狄浦斯期。在这个阶段，孩子会第一次对性别有了意识，这种性别意识的萌动取决于什么？取决于家庭中父亲和母亲成功地扮演好各自的角色，让孩子找到了正确的参照对标。我常常分享给大家一句话，叫做"三岁以后，男孩归爸爸，女孩归妈妈"！女孩需要向母亲去学习，成为一个健康的女性，男孩需要向父亲学习，成为一个有担当的男性。所以如果在这个阶段，父亲由于自己过于繁忙，没有及时地陪伴孩子，父爱出现缺失，那么孩子将会失去性别学习的对象，他将无法处理好之后的亲密关系！这是非常重要的一个影响，而这件事情只有爸爸能做到，妈妈是无法代劳的。

　　第五，规则意识。为什么我们总是用"父爱如山"形容父亲呢？父亲在一个孩子的生命中扮演的角色永远是高大权威的，所以规则这件事情永远应该来自父亲。

　　有一个这样的案例。

　　有一天我在和一个12岁的男孩聊天，我问他："你愿意跟我谈谈你的父亲吗？"

　　孩子说："没什么可谈的。"

　　我继续问他："为什么呢？是他从小对你关注得太少吗？"

　　孩子说："不，恰恰相反！他太关注我了，我在家就像在监狱一样，我宁愿他不要管我。他对我严厉得有些过分，在他眼里我就是个耻辱和窝囊废。"

　　我说："假如他愿意改变，你会重新接受他吗？"

　　孩子无奈地说："说实话，在我心里只希望他做一下改变，就是不要再管我了，但是这是不可能的。"

　　一个12岁的孩子，当他跟我说这一番话的时候，我能够察觉到他内心的绝望。他觉得父亲从小到大对自己的管理永远只看自己的问题，永远都是暴力地对待自己。在他生命中唯一可以去信任、信服的角色，变成了一个他惧怕的对象。孩子是非常抗拒的，内心极其煎熬。

那么，分享两种父亲和孩子相处的类型，这两种类型都会给孩子的规则意识产生不良影响。

第一种，干涉型。就是孩子在做事的时候，我们用非常严厉的方式干扰孩子。有很多人认为"棍棒出孝子""不打不成才"。其实这是大错特错的。我从来都不认为打骂孩子是一个明智的行为，优秀的孩子不是被打骂培养出来的。打骂是一种软弱无能的表现，因为孩子弱势，所以你才敢打他！过度粗暴地干涉孩子，没有给孩子任何自由成长的空间，那么孩子将会被培养出一个偏激的、叛逆的个性。

第二种，疏离型。疏离型的父亲，明明在家，却是隐身的。他对孩子所有的行为一概宽容，无限制地原谅，在这样家庭中成长的孩子会显得非常的骄纵，他不在乎任何人的感受，根本不懂得尊重。

父亲最重要的本职工作就是从小培养孩子的规则意识，因为除了你，没有人可以做这样事情。如果是妈妈去做，反而会适得其反。

分享一个案例：iPad 的使用原则。

曾经有一位妈妈非常痛苦地向我倾诉："李岩老师，我现在太痛苦了，我的儿子每天都玩 iPad，你不给他，他就会打人骂人甚至咬人，他会不惜一切代价每天把大量时间用在 iPad 上。而他的爸爸每天工作太忙，没有时间管孩子，这件事情只有我一个人在管，可是越管越糟糕。我到底该怎么办呢？"

虽然我能够深深地体会到这位妈妈的无助，可是我还是要告诉她："这件事情你是无法做好的。因为这件事情必须由父亲做才会产生效果。因为关于规则意识，孩子只能向父亲学习。"

接着我给她分享了三点，做这三点的前提需要父亲重新介入到孩子的生活中，如果父亲没有介入，还是妈妈自己管，那么结果还是一样的。

有了这样一个前提，那么我们要做的第一点，让孩子参与规则制定的过程。规则制定的过程很简单，告诉孩子，iPad 使用是有时间限制的。为什么这个时间孩子可以玩？因为这个时间是全家的娱乐时间，除了娱乐时间之外，全家人都不允许玩。要让孩子知道这个时间规定下来，全家必须一起遵守。

第二点，把规则转化成孩子能听得懂的句子。很多家长在跟孩子树立规则的时候，会这样说："你记住了啊！你只能玩一小时。"有些孩子年龄太小，根本不懂得一小时是什么概念，所以我们可以给他一个简单的工具，比如说沙漏。我们用沙漏设定孩子的时间，每次孩子要玩iPad之前，让他自己拿来沙漏，沙漏漏完，玩iPad的时间也就结束了。这样才会形象直观地让孩子知道这个概念。

第三点，孩子出现违约的时候，如果你只是单纯地训斥孩子，甚至打骂孩子，下一次你的孩子一定会变本加厉。所以，智慧的父母应该怎么做呢？孩子违反了规则，那么你自己首先要反思，你有没有清晰地告诉孩子你的指令是什么？这个规则是否朝令夕改，是不是没有任何的持续性？衡量孩子坚守的难度。是不是你制定的规则孩子很难遵守，或者是他对规则不理解，或者是这些工具他不知道怎么使用？持续关注孩子。规则制定了是可以不断修改的，但无论怎样修改，都要让孩子共同参与。最后，如果他还是违反，那就让孩子承担结果。比如第二天把iPad藏起来。告诉孩子："因为你昨天超时了，所以你今天不能使用。"这就是规则，这样的规则才会产生效果。

请记住，以上这些方法一定要让爸爸去执行，效果才是最好的！

忙爸爸如何做个好爸爸？

很多爸爸会说："我要养家糊口，我哪有时间照顾孩子！"其实，我觉得这些纯粹是借口。难道每天不回家吗？难道每天忙得连跟孩子共处的时间都没有吗？

这个世界上有一个非常忙碌的人就是脸书的创始人马克·扎克伯格。你说他忙不忙？他掌管着Facebook。就是如此繁忙的一个爸爸，却恰恰成为一个非常成功的爸爸。他每年至少有40天的时间不去工作，专心陪伴家人和孩子！他对待妻子异常地尊重，在孩子面前从不吝啬自己对妻子的爱。他每年都会利用圣诞节的时间去扮演孩子最喜欢的圣诞老人，陪家人和孩子度过一个最愉快的圣诞节。我们并没有看到扎克伯格因为陪伴孩子就导致他的工作受到了影响。为什么他那么忙还能做到呢？其实忙与不忙完全取决于我们的心态，所以我来分享几点，请爸爸们一定要牢记！

第一点，要做一个高质量陪伴的爸爸。

其实我们身边有很多假陪伴的爸爸，什么叫假陪伴呢？虽然爸爸陪着孩子，可是爸爸却手不离手机、电脑、报纸等。

再比如，爸爸陪孩子在客厅玩玩具，孩子问爸爸："爸爸，这个好玩吗？"

爸爸说："嗯，还行吧！"

孩子说："这是从哪买的？"

"哎呀！街上都有，超市都有的。"

"爸爸这个到底怎么玩啊？"

"哎呀！这个怎么玩都行！"

这样的爸爸，存在和不存在都没有任何区别。什么是高质量的陪伴，记住以下的三点。一是及时的回应。在孩子跟我们说话的那一刻马上放下手里的工作，转过身来面向孩子，这叫肢体回应。不要小看肢体，如果我们跟孩子说话的时候还在忙自己的事，孩子会觉得我们没有尊重他，他会觉得我们在敷衍他，下一次他甚至不愿意跟我们沟通。二是充足的陪伴。这不需要太长时间，也不是必须全天候陪伴。只是需要我们做到，只要我们陪着孩子，就把手里所有东西全部放下。虽然每天的工作很繁忙，但是只要回家以后，即便只有十分钟陪伴孩子的时间，请保证这期间不去看手机。三是恰当的支持。爸爸陪伴孩子最关键的是什么呢？是要把孩子当成游戏的主角，要让孩子在玩的过程中找到充足的快感，这种快感来自什么呢？自己时刻能够体验到自己才是左右当前局面的人，所以爸爸不要代替孩子做任何决定，我们应该充当一个观众和陪玩的角色。

第二点，要做一个会陪孩子玩的爸爸。

一个成功爸爸的标志是，每次跟孩子共处时都会充满欢声笑语。大家都熟知的动画片《小猪佩奇》中有一位智慧的爸爸，每当孩子提出一个有创意的想法时，爸爸比孩子还要兴奋。有一集讲述的是，半夜12点，孩子说想看星星，猪爸爸不顾妈妈的反对，穿上衣服带着孩子开车到了野外，一家人在野外看了一晚上的星星，整个画面里充满了欢声笑语。

所以，哪怕你真的下班很晚，事情很多，但是在孩子临睡前，抽出一个小时的时间，把自己彻底地交给孩子，放松愉快地陪孩子玩耍。这样孩子的性格就会变得越来越阳光开朗。不管孩子多大，即便孩子已经上了高中，你都要抽出时间陪伴孩子。

第三点，要做一个善于观察的爸爸。

19世纪有一个著名的数学家、物理学家麦克斯韦，在他很小的时候，他的父亲带着他去学画画，素材是一个插满花的花瓶。结果他发现自己的儿子画出来的是一个梯形的菊花，叶子用了一些奇奇怪怪的三角形组合而成。他的爸爸觉得小麦克斯韦一定对数学特别敏感，从此以后就开始教他几何和代数。最后这个孩子成为了一位著名的数学家。

孩子在6岁之后会经历过一个特别的阶段，叫"十万个为什么"。无论什么事情他都想问自己的爸爸："爸爸这是什么呀？""那是什么呀？""为什么这样呢？"每当这个时候，请记住最好的回应方式就是反问他："你觉得呢？"一定不要给他现成的答案，要通过仔细地观察，发现孩子最擅长的优势，把他的这个爱好保护起来，这是对孩子最大的帮助。

第四点，要做一个创意无限的爸爸。

有一天，晚上回家的时候，儿子看到了路灯把影子拖得很长，他就问为什么这样？爸爸没有立即回答，而是用手电筒做起了实验，他从不同的角度打手电，让孩子看影子，儿子似懂非懂。他又拿出纸画了一个月亮，和地面上的人进行演示，经过比较，孩子说："我明白了！"爸爸又画了三种不同角度的月亮，让孩子试着说出哪个影子最长，没想到五岁的儿子竟然全部说对。这就叫创意。

我们要多去鼓励自己的孩子思考，多让孩子提问题，这时，我们要常说一句话："我们一起来试试！"作为爸爸，我们在陪伴孩子的过程中，一定要记得，孩子生命体验的主角应该是他，而不是我们，不要在他面前扮演一个全知全能的形象，不要变成一个说教的角色，而要变成一个和他一起探索发现的朋友。

第五点，要做一个忙里有闲的爸爸。

虽然白天工作繁忙，但是回家之后一定要高质量地陪伴家人，我认为这是作为一个男人应有的担当。孩子一辈子最幸福的一件事莫过于拥有一个热衷于一起探索的爸爸，因为只有这样才能获得真正的权威。陪孩子一起冒险，经常和孩子击掌，睡前来一场枕头大战，讲一个精彩的睡前故事，一起拼装玩具，和他一起放肆地大笑，一起做一些无脑的事情……如果你真的是这样一个爸爸，你会发现你的孩子不会有任何心理上的问题，他每天都是开开心心的，他最喜欢的事情就是回到家见到你。如果孩子生活在这样的家庭氛围里，他又怎么会出现各种各样让我们头疼的问题呢？

教育不是正襟危坐的灌输，而是渗透在生活的细节中！我们一定要让爸爸成为孩子生命中最要好的玩伴，在玩耍中让孩子增长见识，拓展思维，塑造品质。

我推荐三部适合爸爸和孩子一起看的电影。3到6岁阶段的孩子可以看《恐龙当家》，他讲述的是一个男孩在他父亲离开以后如何慢慢地成熟长大的一个故事，非常感人。6到12岁的孩子，推荐《奇迹男孩》，这部电影非常温情，看完之后就会知道自己在儿子心目中是多么的高大，多么的重要。12到18岁的孩子，推荐去看《当幸福来敲门》，这几乎是好莱坞影史上最能够准确诠释父亲该如何在孩子生命中成为一个榜样和典范的电影。如果你真的很忙，又不知道应该怎么做，那就陪孩子看一部电影吧！

第二章
如何培养孩子的情绪管理能力

第一节 情绪管理：我家有个爱哭鬼

哭泣是孩子来到这个世界上学会的第一个与世界发生关系的本领。在孩子还是一个婴儿的时候，他的所有感觉、想法、期待和需求都是通过哭泣来表达的。随着孩子年龄的不断增长，哭泣也成为一个非常有用的武器，他和这个世界往往是通过哭泣来紧紧连接的。

孩子经历0到1岁口欲期的时候，每一次的哭泣都代表着一种强烈的信号表达，就是我想要得到你的关注。在这个时候我们应该无条件地及时回应，来让孩子找到内心的安全感和踏实感。随着孩子的成长，1到2岁的时候，孩子这种需求会渐渐地升级，他的哭泣明显地在表达自己的不满和愤怒的情绪，需求没有被满足的不满会通过哭泣表达出来。

而很多家长在面对孩子哭泣的时候，有着非常错误的认识。我见过不少的家长觉得孩子哭是无意义的，甚至觉得小孩子的情绪一会儿就好了，哭着哭着他就忘了。下面几种是常见的错误处理方式：

第一，不允许孩子哭泣。甚至有很多妈妈说了一些非常令人心寒的话，在孩子哭得非常伤心的时候，对他说："哭什么哭，男子汉不许哭，你哭就是无能的表现，不许再哭泣了！"往往父母越这样说，孩子哭得越厉害。

第二，忽视和冷漠。孩子哭泣的时候，有父母会说："让他哭一会吧，哭一会儿就好了。"孩子在这种无人看管的情况下，会悲伤地沉溺到自己的世界里。

这两种极端的处理方法对孩子产生的影响非常不好。

第一种方法会使孩子觉得情绪是不重要的，甚至觉得自己是不重要的。他无法学会主动掌控自己的情绪，管理情绪的能力非常薄弱。因此，孩子不但没有办法短时间内改掉爱哭的毛病，反而会愈演愈烈。每当我们过分强调这件事情的时候，孩子的哭泣不但不会得到改变，反而会变得越发严重。

第二种方法会使孩子心里种下这样一颗种子——我是不重要的，我是不需要被理会的。这样的感觉对孩子内心是一种极大的伤害，孩子会发展出自卑、不自信，这都有碍于孩子的成长。

其实我们作为父母，不管孩子处于哪一个阶段，都要学会去分析、去甄别孩子的哭到底是为什么？这样的一种哭泣背后传递出来的信号到底是什么？他要干什么？这是我们要知道的。如果每一次我们都准确地把握住这一点，我们就知道怎样去支持他、鼓励他和引导他，而很多家长似乎并没有这种耐心。

著名的教育学家蒙特梭利曾经说过，如果你想跟一个五岁的孩子沟通，你首先要做的一件事情，就是变成一个五岁的孩子，否则你是没有办法理解他的！我们作为家长一定要记住这一点，当孩子哭泣的一刹那，我们要去观察、发现、倾听和了解，知道孩子为什么而哭泣，这是我们解决他哭泣的第一个办法。

当孩子哭泣，并且我们已经明确知道了孩子因什么而哭泣的时候，我们该怎么做呢？我们要记住双手给他拥抱，单手把他拉起。双手拥抱代表我们看到了他的情绪，理解他的感受；而单手把他拉起，代表这件事情，我们愿意和他一起来处理，但是解决问题的主要方是他。

另外，在跟孩子哭泣时候的互动，要遵照这样三步流程。第一，倾听接纳；第二，识别情绪；第三，表达支持。

举一个生活中常见的案例，比如一个三岁的孩子在幼儿园里被人欺负了，回家以后见到家长二话不说，就开始放声痛哭。这个时候就是孩子需要我们去帮助他，让他学会管理自己情绪的时候，这也是一个黄金学习时间。我们作为家长应该怎么做呢？很多家长通常有这几种错误的做法。

第一种，盲目地判断与评价。先阻止孩子的哭泣："不许哭，说一说怎么了？"孩子说了这件事情之后，家长马上就做了一件事，叫做判断与评价。家长就会对他说："原来是这么回事啊！你看，为什么每次都是你被人欺负？我从来都没听过你去欺负一下别人呢？你怎么这么懦弱呢？明天到了幼儿园，找到你那个同学报复他一下，如果你不把这事摆平了，回来以后你也不要哭。如果你处理不了这个问题，就不要在我面前装可怜！"

这种处理方式显得非常冷漠，让孩子觉得雪上加霜。本来在幼儿园已经被人欺负很伤心了，回家以后却又面临新的训斥，让他的心理体验非常差。

第二种，急于代替孩子去解决问题。很多家长听孩子说完以后，立刻就开始帮他分析："你看为什么他欺负你，那一定是因为你当时也调皮捣蛋了！所以，你下次遇到这个事情应该怎么办呢？先告诉老师，然后让老师帮你处理。"很多家长急于给出这样的建议，但会发现越这样做，孩子当时的情绪越失控。

所以真正正确的做法是什么呢？我们按照刚才分享的三步来做：倾听接纳、识别情绪和表达支持。

所谓倾听接纳，就是首先认真地听孩子把事情讲完，然后马上说这样几句话，做倾听接纳。

第一句话："原来是你的同学当着全班的面欺负了你，你才这么伤心。是这样吗？"孩子说："是啊。"

第二句话："我非常理解你此刻的感受，谁遇到这样的事情都会是你现在这样的表现。"

第三句话："妈妈在小的时候也遇到过类似的事情，我当时的表现和你今天一模一样。"

当你这三句话说完，孩子的情绪就得到了接纳。当一个人的情绪得到了接纳以后，他就不会因为情绪化做出很多冲动、错误的决定。只有按照这样的方式，才能让孩子在第一时间把情绪疏解出来。

所谓识别情绪，就是我们要学会让孩子认识自己的情绪，这时候我们可以对他说这样一段话："是因为刚才那个同学当着全班的面欺负了你，所以那一刻你感觉非常的羞辱、懊恼、愤怒、伤心，是这样吗？"

这四个词，羞辱、懊恼、愤怒、伤心，这就代表我们在帮孩子给他现在的情绪状态做一个命名。这个命名的意义在于让孩子知道："原来自己被这四种情绪影响了，刚才妈妈说人都有情绪，我这样并不是一件坏事，没什么大不了！"这就叫识别情绪。当顺利识别出这个情绪以后，孩子就会发现，原来我并不是被这件事情影响，而是被我自己的情绪影响。

所谓表达支持，就是我们可以跟孩子做这样一段沟通。询问孩子："你现在想怎么去解决这个问题呢？"孩子现在在气头上会跟你说："我要打他一顿！"家长再问："那好啊，那你要是打不过人家怎么办？"

家长通过这样不断地去追问，让孩子心中形成对这件事情处理方案的画面感，渐渐地他就会发现这并不是最好的方案。

最后我们再告诉他："小孩子要团结友爱，打人是不对的，妈妈明天去学校找他妈妈谈谈好吗？保证以后他不会再欺负你了。去厨房看看，妈妈都给你做啥好吃的啦。"当孩子得到这样的支持时，他就会知道妈妈是非常爱他的，怒气自然也就没有了。

当孩子没有学会自我管理情绪的时候，情绪失控是很正常的。所以在这个阶段我们作为父母，最应该做的就是与孩子一起学会掌控自己的情绪，成为情绪的主人，而不是作为情绪的奴隶。我们总是在用负面的方式看待孩子的情绪，他当然也会用一种负面的方式给我们回应。

其实教育孩子，有的时候就像是在照镜子，孩子就是镜子中的我们，我们平时怎样做，他就会怎样做。我们是一个情绪化的人，是一个不善于管理自己情绪的人，他们也向我们学习，变成了一个不善于管理自己情绪的人。

在陪伴孩子的过程中，我们的一言一行都对孩子有着非常深远的影响。走进孩子的内心，和他一起按照他的年龄段去理解事情，是我们顺利开启孩子内心的一把钥匙。如果我们没有办法走进他的内心世界，我们将无法理解他，也无法支持他。

如果家里有一个"爱哭鬼"，那我们就要反思一下，是不是每一次孩子流露和表达情绪的时候，我们都没有用正面的方式去影响他、引导他、启发他呢？孩子生来是一张白纸，在未来的生活中他会被描绘成什么样？我们父母的影响很重要，所以希望在下一次孩子哭泣时，家长朋友们知道怎样去正确地引导和解决。

第二节　处理孩子情绪问题的"小三步"

通常情况下，我们和情绪相处的时候存在着两种关系：一种是我们成为情绪的主人，可以自己掌控自己的情绪，有效地管理自己的情绪。而另外一种状态，就是偶尔我们会陷入某种情绪当中，变成情绪的奴隶。

在孩子成长的过程中，他的情绪也在不断地成长，孩子不断地在学习有效地管理自己的情绪的能力。孩子是否能够管理好自己的情绪，往往与家长在面对孩子情绪时的处理方式密切相关。

在古希腊有一个神话人物，他的名字叫赫拉克勒斯。他神勇无比，力大无穷，因为他的力量太大了，没有一个人能打赢他。有一天，他走到一个山谷，一不留神被一个东西绊倒了。他非常生气，因为从来没有人敢惹他。他回头一看，原来是被地上一个非常不起眼的破布袋子绊倒的。他非常恼怒，回过头去踢了这个布袋子一脚，没想到这个布袋子非但没有被踢跑，反而原地膨胀起来。

赫拉克勒斯仿佛受到了挑战，他就不停地踢打这个布袋子。没想到这个布袋子长得越来越大，仿佛在嘲笑他一样。这可激怒了这个大力士，他找来一根木棒，不停地击打这个布袋子，没想到这个布袋子还是越长越大，大到甚至快把整个山谷填平了。

这个大力士累得气喘吁吁，满头大汗，坐在袋子旁边。就在这个时候，一位年长的智者看到他的窘境，对他说："你不要再去踢它了，也不要再去打它了。因为这个布袋子叫做仇恨袋，你越侵犯它，它就会膨胀得越厉害。"

这个故事告诉我们一个道理，当我们有了消极情绪的时候，如何和它相处、如何看待它、如何处理它，就决定了我们会有什么样的结局。

很对家长找我咨询这一类问题：孩子正被某种情绪困扰着，而且已经很长时间了，却始终走不出来。家长束手无策，不知道该如何帮助他。其实，我们要认识到一点，每个人必须通过自己的努力，学会和自己的情绪和平相处。

赫拉克勒斯真正正确的做法是绕开这个袋子，而不是和它纠缠。因为在面对消极情绪时，越和它纠缠，它反过来影响就越大，孩子更是如此。我们举一个生活中常见的例子，有一天，孩子放学回到家里，我们看到他的神情不太好，询问过后才知道原来是在学校被人欺负了，这一刻他的情绪一定是非常糟糕的。他受到了消极情绪的困扰，甚至控制。那么对于家长来说，这时候就是我们培养孩子有效管理情绪的黄金时刻。

那么，到底应该怎么去做呢？

首先，我来分享一下几种错误的做法。通常情况下，大多数的家长见到孩子带着情绪回家，第一个想要了解的是事情的原委。"怎么了？别哭了，快跟我说发生什么事了！"

这时孩子就会把事情原委说出来，在这个过程中，孩子是充满情绪地看待事情的，愤怒、伤心、懊恼或者羞愧。每到这个时候，有一大部分的家长就忍不住开始给孩子提建议："你看啊！不就是这么一点小事嘛！至于把你气成这个样子吗？有什么大不了的。"

可在这个时候孩子会觉得特别不服气，他非常不愿意听到这样的话，他说："怎么就不重要呢？我就觉得这件事情很重要，他当着那么多人的面欺负了我。"当我们听到孩子这样说的时候，很多家长会说："你看你！还犟嘴，在学校被人欺负了，回家还把自己气成这样，你又何必呢！"

这样非但解决不了问题，还会导致一个非常不好的结果！那就是如果孩子每一次带情绪回来并向我们分享、倾诉时，得到的都是这样的结果，那么以后他就不再有向我们倾诉的欲望了。渐渐地他会把所有的心事隐藏起来，亲子关系的隔阂就会变得越来越深。

还有一些家长喜欢在孩子遇到这种事时马上就给他出主意，其实这也是非常不可取的。试想一下，当孩子哭着把这件事情讲完以后，家长马上对孩子说，"哭有什么用啊！不就是他打了你一顿吗？每次都是你被别人打了，我怎么从来没听过你去打别人一顿呢？我给你根棒子，你去把它给我打回来。"

其实很多人坚持这样一个观点，孩子被人欺负了，我们一定要支持他，让他打回去。如此恶性循环，绝对是教育孩子的大忌。

孩子带着这种糟糕情绪回来，他的第一诉求是希望有人能看见他的情绪。为什么他找人倾诉呢？那是因为他希望把当前这种糟糕的感觉分享给别人。所以我们作为家长要做的第一件事情，就是先去接纳自己的孩子，也就是我们要让孩子找到一个地方来安放当前的情绪。同时在陪他解决这个问题的过程中，要注重去培养孩子正确看待情绪的能力。

那么，如何正确处理孩子的情绪问题呢？共分三步骤。

第一步，接纳对方。当一个人遇到了一件让自己非常愤怒或者伤心的事情时，他现在就是一个有情绪的人。我们要做的第一步就是接纳眼前这个有情绪的人。可是现实生活中，我们却总是错误地处理这件事情。

"交换型"父母——"你别哭了，我带你出去玩！"很多家长觉得情绪是不好的，小孩子不该有情绪，认为孩子的烦恼微不足道，孩子根本没资格闹情绪。甚至在孩子闹情绪的时候，我们会直接告诉孩子，情绪不重要。

"说教型"父母——"我像你这么大的时候，早就知道怎么处理这种问题了。"类似这种说教，孩子会非常反感。

"惩罚型"父母——当孩子表现出有情绪的时候，他会显得很生气："你这个样子还像个男孩子吗？真是不争气！"这样的处理方式对孩子来讲，无异于雪上加霜。

"冷漠型"父母——"要哭就回你自己的房间哭吧！等你冷静下来了再出来！"我们接收到孩子的负面情绪，既不否定也不责骂，而是"不予干涉"，让孩子自己去找办法宣泄一下或者冷静下来。总是认为小孩子哭一会就忘了。

以上这几种方式都是对一个被情绪困扰的人的最大伤害。所以我们要知道不管遇到了什么事情，哪怕听完孩子讲完整个经过，已经知道是孩子错了，也要懂得接纳他当下的情绪。

那么，如何正确接纳孩子的情绪呢？

当孩子把事情原委向我们倾诉完以后，一定要说以下的三句话。

第一句："原来是你的同学刚才当着所有人的面欺负了你，才让你这么伤心。是这样吗？"让孩子知道自己糟糕的情绪状态源自于什么。

第二句："爸爸特别理解你现在的感受，谁遇到这样的事情都会是你现在这样的表现。"让孩子知道自己现在被情绪困扰是正常的，人人都有这样的时刻。

第三句："爸爸在小的时候也遇到过和你今天一模一样的遭遇，当天我的反应和你现在一模一样。"

当我们说完这三句话，就代表我们已经完整地接纳了有情绪的孩子！孩子听完这三句话，会感觉到爸爸或者妈妈正在接纳自己。这种感觉会让孩子的情绪瞬间稳定下来。

第二步，识别情绪。识别情绪是什么意思？我们要学会和孩子一起给当前他的情绪状态命名。我们可以这样跟孩子说："是因为那个同学当着全班人的面欺负了你，所以你觉得特别的失落、特别的愤怒、特别的伤心、特别的无助，是这样吗？"失落、愤怒、伤心、无助这四个词就是我们在给他当前的情绪状态命名。

当我们和孩子一起把这个情绪命名以后，孩子就已经知道："我现在受到情绪的困扰了。妈妈告诉我，这没什么，人人都会有这样的事情发生，人人遇到这样的事都会是这样的表现，这不是我的错，也没什么不好意思的，也没有什么值得羞愧的。"这时，他就接纳了有情绪的自己。

第三步，表达支持。有很多的家长在第一时间就表达了支持，却获得了孩子的不理解，为什么这样呢？很多家长是这样说的："谁呀！谁打的你？他爸爸在哪？他们家在哪？我们找他家长去。"表面上看，第一时间我们就支持了孩子，可是这种支持，把他的怒火再一次助燃了。第二天情绪平和下来以后，他真的会因为这件事情感谢我们吗？未必。因为孩子有孩子世界的相处规则，我们大人插手，未必是最佳的方式。

所以，真正的表达支持是什么呢？是表达态度和立场上的支持。表达我们永远站在他这一边，不管他做什么决定，我们都支持。可是我们是不能代替他去解决这个问题的。

当孩子成长到某个阶段，当他有了各种各样的想法时，他最需要的是获得别人的接纳与肯定。作为家长一定要学会用正确的方法去帮助、支持孩子，慢慢地让他的情商变得越来越高，让他真正成为一个能够管理自己情绪的人。

第三节　家长如何控制自己的情绪

现代人生活压力非常大，如果再碰上孩子不听话，调皮捣蛋让人头疼，真的很难控制住脾气。

但是作为父母，我们必须要学会控制自己的情绪。因为当我们向孩子发泄自己的情绪时，对于孩子的影响是非常大的，有的时候甚至是灭顶之灾。

身为一个家长，我们应该如何控制自己的情绪呢？

有一次在我的课堂上，我邀请一位家长走到前面，要求他用最坏的脾气对着台下的人说一句训斥的话。这位家长很擅长表演，他在舞台上朝着底下的人面目狰狞地大吼了一句，底下所有人都被他吓了一跳，紧接着大家爆发出热烈的掌声。

这位家长鞠了一躬，刚要下去，我把他拦住："我想问一问大家，你觉得刚才他在向我们发脾气的时候，是什么在伤害你呢？"一瞬间大家都安静下来了，紧接着我又问他："你可不可以再做一次演示？这一次你还是说相同的内容，但是你要做一点调整，你刚才的声音是非常尖厉的，这一次要把声音变得温柔一些，重新来说一遍这一段内容。"这位家长按照我的要求重新做了一遍，结果底下所有的人都哄堂大笑，大家都觉得特别好笑，根本没有刚才那种杀伤力。

"这一次我们再做一个调整，你还是说刚才的那番话，还是用那种尖厉刺耳的声音，但是你要面带笑容地去说。"这位家长按我的要求又做了一遍，底下又是一片哄堂大笑，大家都感觉这样训斥别人简直太好笑了，一点都没有杀伤力。

当他完成了这三次表演以后，我就告诉大家："我们作为父母在向孩子发脾气的时候，真正伤害他的并不是内容，而是你当时说话的声音、音调，还有表情！"

那么，如何帮助父母有效控制自己的情绪呢？我分享一个"九字诀"。

大不大？高不高？丑不丑？

"大不大"。当你马上要发火的时候，先问自己一个问题，大不大？什么意思呢？就是这件事情真的有那么严重吗？这件事情发生了，我的孩子就完蛋了吗？发生了以后我的家庭就不存在了吗？往往这时候我们会发现其实没有那么严重。

"高不高"。我们去体验一下自己当前说话的声音是高还是低，如果说话的声音很高的话，我们在跟孩子沟通的时候，他体验不到我们是为了他好，他只能感觉到我们在发脾气，所以我们要把声音降下来，不要用那种尖厉刺耳的声音跟孩子说话。

"丑不丑"。当我们要发脾气的时候，马上想象一下自己现在是什么样的表情。是不是非常狰狞？如果带着这样的表情跟孩子沟通，孩子体验不到我们在帮他，感觉不到我们是爱他的，他只能感觉到我们在朝他发脾气。

所以，请大家记住这个九字诀。当我们再跟孩子沟通的时候、被孩子惹怒的时候、马上就要控制不住脾气的时候，请马上在心里默默地问自己这三个问题："大不大？高不高？丑不丑？"让我们调整好自己的状态，和善而坚定地跟孩子沟通，因为只有这样我们才能真正帮助到孩子。

孩子的成长是一个漫长的过程。身为父母，我们陪伴在他身边，我们的一言一行都在严重地影响着他。难道我们没有发现，在我们跟孩子不断发脾气的时候，孩子也渐渐地学会了情绪化做事吗？我们对他越暴躁，他反过来就对我们越任性。

因此，家庭教育是帮助家长调整自身状态，进而正确影响孩子的一门学问。只有我们能够学会控制自己的情绪，孩子才会成为一个懂得控制自己情绪的人。亲子关系也就会变得越来越好，孩子也会从家庭里吸收到更多积极正向的能量。

第四节　孩子两岁不可怕

所谓"可怕的两岁"，就是孩子到了两岁这一阶段，开始变身小恶魔，不再像以前那样乖巧，不再像一个小天使一般。在这个阶段，孩子所有的行为变得让家长有点无所适从。

在他两岁的时候，通常有以下的三种表现：

第一，主见明显变多，事事都说"不行"。

曾有一位学员，向我倾诉自己的孩子到了传说中"可怕的两岁"，她真正体会到了这个可怕词汇的含义。孩子一岁多时学会了自己吃饭，每餐都是自己拿着勺子艰难地吃完饭，但是孩子在做的时候非常有兴趣。可是到了两岁三个月时，每天吃饭都像一场战争，妈妈不得不追在孩子的身后，孩子东跑一下西跑一下，饭很难吃得下去。对食物也会产生诸多的挑剔，有时候会刻意地不让他吃零食，想饿他一顿。到了下一顿的时候，想着可能他会吃得多一点，但效果还是不明显，孩子仍然跑来跑去，不愿意像以前那样乖巧地吃饭。

第二，一不顺心就满地打滚。

我的一个学员向我描述她家孩子的行为。她们家的宝宝到了两岁左右就开始跟妈妈作对，在家里到处捣乱，外人来的时候更是像个"人来疯"一样到处乱跑，挡也挡不住。有的时候她让孩子往东，孩子偏要往西，尽管孩子知道用哭这招不会让妈妈妥协，但每次还是照哭不误。如果爸爸妈妈拒绝给他买玩具，他便会在大街上大吵大闹，满地打滚，直到大人们屈服。

第三，孩子会喊坏妈妈，不要妈妈。

这也是我的一个学员向我描述自己孩子的坏习惯。孩子到一两岁的时候，很多不良习惯越发明显。比如吃饭吃到一半就跑去玩玩具，当妈妈制止他的时候，这孩子竟然大喊类似"坏妈妈""我不要妈妈了"这样的话语，真是让妈妈伤透了心。

为什么孩子在两岁期间会进入反抗的阶段呢？其实时间不一定局限在两岁，从一岁到三岁这样的一个范围内，孩子都会经历人生的第一个反叛期。这个时间段的"闹"和其他阶段都不太一样。

首先，表明孩子已经开始有了自己的主见，有了自己的思想。当我们还是婴儿时，我们没有独立的自我意识，也不能区分自己和外界之间到底有什么样的区别。到了两岁左右以后，我们才开始明确地意识到自己的存在，也意识到了"我是有着自己想法和愿望的，是和别人不一样的"，因此孩子需要通过行动和体验来证明自己的独立。

其次，两岁左右孩子的一些反叛行为通常就发生在孩子变得独立以后，可探索的范围变宽了，所以他们就有了自己的主见。两岁左右的孩子开始意识到自己不再是依附于某一个人的附属品，而是一个独立的个体。所以这个时候他们需要让自己和身边的人都了解这一点，但是他们还没有足够的语言表达能力，于是就用一些反叛的行为来向世界宣告自己的誓言。

最后表明孩子正在挣扎着认识现实。和婴儿期不同，两岁左右的孩子不再能够轻易地得到他们想要的东西，所以他们想要努力尝试地去探索、去得到。小的时候，因为他所有的需求都基于本能，他的需求只有吃喝拉撒，只要哭泣了就可以马上得到。可是现在想要探索的更多，爸爸妈妈却不一定能够及时地理解和回应，所以他们喜欢爬高爬低，东碰西碰，其实这都是一个两岁孩子必须学习的人生课程。

所以父母们也不用太过惊讶，孩子经常在两岁左右的时候感到生气、沮丧，有时还嫉妒，那是因为他们还不知道如何来处理这些情感，不知道如何正确地管理自己的情绪。想要表达自己情绪，最简单的方法就是发脾气、打人、打闹或者扔玩具，这既是发泄，也是试图与外界进行交流和沟通的方法。

现在来分享十个方法，把"可怕的两岁"变为"可爱的两岁"。

第一，千万不能以暴制暴。曾经婴儿时期的孩子，很多需求都可以得到及时的满足，而随着年龄的增长，不如意的事却十有八九，所以他们在挣扎着认识现实。慢慢地他们就会知道地球不是围着自己转的，慢慢地才能学会正确地与别人相处。很多的小孩子不能用语言来表达自己的情绪，于是他们就用肢体动作进行表达，比如哭闹、发脾气、扔东西。无论是哪种情况，家长此时都要保持平静，用一颗平静的心去倾听，然后及时地给予孩子安抚和拥抱，用自己的爱抚平他的暴躁，而不是一味地指责孩子，甚至家长也大发脾气，这样不但不会让孩子学到正确处理事情的方法，反而会让他学会发脾气。

第二，减少用命令式的方式沟通。因为自我意识的萌发，孩子会在这个阶段有很多自己的主意，比如不喜欢穿某件衣服，这个东西应该这样摆放……很多父母以为孩子这些古怪的行为是在和自己唱反调，故意挑战权威，所以就会命令孩子不许这样，不许那样，就是不可以！结果往往孩子会觉得自己没有被尊重，没有被认可，心里闷闷不乐，反而会用更强烈的反叛来对抗自己的父母。

第三，给予孩子适当的尊重。爸爸妈妈在这个时期要给孩子适当的尊重，比如让他选择今天吃什么，穿哪件衣服，黄色的牙刷还是粉色的牙刷。这样既能避免孩子为了行使自我权利时，产生随心所欲的行为，又可以让他拥有当家做主的快感。爸爸妈妈的理解、关爱和呵护是他成长最好的保障。

第四，在家庭中爱和规则一定要并存。给予孩子选择的权利并不意味着毫无原则地妥协，孩子的一切反抗情绪都是为了试探父母的底线究竟在哪里，妥协的结果是永无休止地妥协，所以适当尊重的前提是要有原则！然而当孩子触及到原则性问题时，父母不要过于强硬蛮横地处理，而是应该坚定而平和。告诉孩子这件事情一定要按照这样的方式去做，但是绝对不用情绪化的方式去表达。

第五，善于表扬和鼓励孩子。很多父母通常指责孩子不好的行为，却忽略了孩子表现好的部分。父母的赞扬非常有利于孩子继续保持良好的行为，比如当孩子主动收拾好玩具，跑到你面前向你论功行赏时，家长一定要表现出真心的赞扬，并且对孩子的行为表示很欣慰。而不是百忙之中仅仅瞟了一眼，就随口说一句："啊，宝宝真棒，下次继续坚持。"这样孩子会非常失落，下一次他就没有意愿再这样做了！

第六，不要在别人面前抱怨和指责孩子。就算自己的孩子不管怎么不可理喻，都不要在别人面前说他的不是，也不要当着别人的面打骂他、责罚他。因为这样无疑是给孩子贴上了各种各样不好的标签，最终他会变成你口中所说的那个人。当孩子在众人面前突然发脾气时，家长不要为了面子当众去打骂，也不要一味地妥协和姑息，而是要找一个单独的空间再去进行管教。

第七，通过阅读进行引导。其实有很多关于情绪管理的绘本都非常的精彩，故事也非常适合这一阶段的孩子去阅读。爸爸妈妈们不妨利用睡前的时间给孩子读一读情绪管理的绘本，让孩子能够正确地认识自己的情绪，并且恰当地发泄不良的情绪。榜样的力量是无穷的，在这一个时期，孩子心中会有自己的榜样，我们要学会利用榜样去引导孩子。

第八，引导孩子正确地表达不良情绪。小孩子也有不良情绪，这很正常，但是他们通常意识不到，也不知道怎样正确地表达。所以当孩子生气时，我们要等待他平静下来，然后引导孩子正确地用语言来描述表达自己，为什么生气。让孩子感觉到刚才所经历的事情，进而学会更好地掌控自己的情绪。同时在孩子发脾气时，家长可以让他坐在小板凳上冷静一下，或者打枕头发泄一下，寻找一个行为上的寄托，来发泄他的不良情绪。

第九，学会站在孩子的角度看待问题。孩子的思维能力和认知能力毕竟是非常有限的，所以思维方式和大人也有很多的不同。比如在你看来很小的一件事情，孩子却感觉到像天塌下来一样严重，因此爸爸妈妈要学会站在孩子的角度看待问题，而不是想当然地去告诉他什么是不正确的。

第十，父母的恩爱。家庭环境会对孩子是否能够顺利经过这一阶段起到至关重要的影响，最好的教育就是爸爸爱妈妈。被爱和自由浇灌长大的孩子，心里总是阳光健康的。这样的孩子情商往往也比较高，他很少产生不良情绪，凡事都很大度，都能想得开。试想，一个夫妻和睦、老少和谐的家庭，到处都洋溢着爱，又怎么会因为琐事而斤斤计较呢！他们懂得敬老爱幼，这样的原生家庭中长大的孩子，他的性情一定非常好！

只要你学会合理地应对，可怕的两岁并不可怕。在孩子成长的过程中，每一个阶段的成长都是不可逆的，所以我们必须要不断地加强学习。

在这个阶段，如果我们引导得到位，孩子就能明确地知道事情的边界是什么，有边界感、规则感，更好地去处理好自己与世界的关系。家长在教育孩子的过程中一定要清楚，打骂和责罚以及一味地放纵，都不会对孩子产生任何的正向引导意义。只有正面地去管教孩子，在他做错的时候明确地提出，并用一种温和而坚定的态度和他沟通，这样才能真正地支持孩子，他才能真正地感觉到规则是什么，边界是什么，为什么不能逾越这条红线，为什么爸爸妈妈希望他这样去做。

所以这一阶段父母的情绪平和显得非常关键。我见过不少案例，说到底其实最终都源自于父母在和孩子沟通的时候，没有办法保持一个平和的心境。有不少的父母跟我说，"他都这样了，我还怎么平和，如果我平和地跟他聊，是不是代表我在放纵他，溺爱他呢？"这完全是两个概念！坚定而平和是指情绪是平和的，但是我们的态度是坚定的，我们要让孩子感觉到这件事情，我们必须去做，因为这就是规则所在。这样的规则是我们每个家庭成员必须要遵守的。坚定而平和，需要所有的父母慢慢去体会。为什么我们每次跟孩子沟通换来的都是对抗性的回应？那是因为我们带有各种各样的个人情绪和他沟通。为什么孩子屡教不改？那是因为我们没有强调规则的边界！

所以，"坚定而平和"是帮助我们解决两岁孩子叛逆问题最重要的武器。在我们陪伴孩子一路成长的过程中，他需要我们不断地认可、鼓励和肯定，所以请记住，只要爸爸妈妈们把我分享的十个办法做到位，"可怕的两岁"就会变成"可爱的两岁"，我们的孩子也会变得更加可爱。让我们一起陪伴他经历人生最重要的第一个叛逆期，让我们的孩子在两岁这个阶段，做个快乐的小天使！

第五节　听话，是一种不好的教养

作为父母，我们常常挂在嘴边的话是："孩子，你一定要听话，要懂事。"殊不知，这样对孩子的要求，其实是一种非常不好的约束！

每个孩子都会有自己的情绪，有一种孩子喜欢把情绪释放出来，比如和别人争抢玩具，大哭大闹、满地打滚，他的情绪很容易被释放出来。还有另外一种孩子从小压抑自己的情绪，把所有的坏情绪憋在心里，看起来特别懂事、乖巧。

如果有这样两种孩子让父母选择，大部分的父母会选择第二种，听话懂事的孩子。因为这样的孩子不用父母操心，不会大哭大闹，很乖巧。但是，孩子不说并不代表他没有负面情绪。如果我们任由他把负面情绪全部压抑在心里，他的内心默默地受着摧残，就像一座火山一样，内部压力越来越大，总有一天会爆发出来。

我常常听到有的家长抱怨说，自己的孩子平时彬彬有礼，甚至很内向，不太爱说话，可是一回家就会变得像另外一个人一样，暴躁易怒，经常当着父母的面大吼大叫，而且孩子年龄越大，这种变化就越明显。

在外面是一个内向的乖孩子，回家就变成无理取闹的熊孩子，到底因为什么呢？其实这和我们要求孩子听话懂事有关！

孩子需要为自己的负面情绪找到一个发泄口，孩子小的时候父母可以轻松地用暴力来压制孩子的情绪，但是随着孩子慢慢长大，这种压制就变得越来越难，孩子开始有能力跟我们做斗争。情绪本身并不伤害人，它会升起也会消失，这是一个自然流动的过程，是一种能量。只有当情绪天然流动的时候，才是正常健康的。而在情绪流动的过程中经常被阻塞，甚至不被允许，在心里就会形成相应的创伤。所以如果我们发现孩子的负面情绪，正确的做法是不要无视他，不要觉得孩子的情绪不重要，更不要用暴力的方法压制，而是应该多去倾听、理解和接纳，让孩子感觉到情绪被人所接受，这样孩子的情绪才会流动起来，然后慢慢地平复下去。只有通过这样的方式，孩子才能更好地认识自己的情绪，并且学会如何与自己的情绪相处。

而听话这个要求就非常不好。我们总是要求孩子按照我们的方式去做，完全忽略了孩子的情绪。这种忽视孩子情绪的方式，势必会让孩子渐渐地走向我们要求的反面。还有另外一种父母总是喜欢用暴力、威胁处理孩子的情绪，经常对孩子吼:"你再哭!你再哭我就打你了!你再哭我就不要你了!妈妈不喜欢哭闹的孩子,你再这样我就不要你,我就走了!"于是孩子因为害怕,开始学会压抑自己的情绪,然后变得越来越乖,保持一种听话的状态让家长放心,可是最终孩子并没有学会和自己的情绪共处。

那么,我们到底应该如何处理孩子的负面情绪呢?

首先,我们要教会孩子正确地认识和表达自己的情绪。尽管情绪是人类自然的感受,但人并不是天生就能够分辨和表达自己情绪的,尤其是孩子。孩子的表达能力不够完善,很多时候说不清楚自己的感受,比如愤怒、忧伤、恐惧、紧张……可是这些负面情绪在他们嘴里往往都变成了不开心、不高兴。在这样的情况下,我们作为父母在处理孩子情绪时就比较困难。因此,平时爸爸妈妈可以有意识地让孩子了解认识自己的情绪,并尝试表达出来。

比如,我们平时和孩子聊天时,可以经常用一些比较细腻的词汇。假设我们和孩子一起乘坐公交车,我们表现出很疲惫的样子时,孩子会感受到,并且问:"妈妈,你怎么了?"这时,我们可以说:"车上人太多了,妈妈觉得有点烦躁。"或者可以这样说:"刚才人太多,找了半天没找到你,所以我有点紧张。"记住用这些非常细腻的词汇来形容自己的感情,那么孩子渐渐地就会跟着我们学,通过这样细腻的词汇表达自己的感情。

其次,父母学会接纳孩子的情感,也就是我们常说的共情。所有父母首先要学习的是控制好自己的情绪,然后学会接受孩子的情绪。很多时候我们很容易混淆孩子的行为和情绪的界限。

比如,有的孩子因为要抢别人的玩具而躺在地上撒泼耍赖,这时他的行为是不能接受的,但是他难受、渴望的情绪却是客观存在的,而且应该被父母接纳。这时候常常会出现两种错误的做法:第一种,强制性地否定。对孩子说:"不行!不准拿别人的玩具!你再哭我就打你!"一句话就把孩子的行为和情绪全部否定了。第二种,连忙说:"好好好,别哭了,妈妈给你买个一模一样的行了吧!"这时的我们其实只是接纳了孩子错误的行为却无视了他的情绪。我们以为再买一个就解决了他的问题,其实没有注意到这个时候,孩子需要我们解决的是情绪问题!

真正正确的做法应该是:接纳孩子的情绪,但否定他错误的行为。我们可以这样对他说:"妈妈知道你很难过。妈妈知道你刚才玩得很开心,但是这个玩具不是你的，也不属于你，我们不应该拿。"既接纳了孩子的情绪，又否定了他的行为。更重要的是，这时我们应该给孩子一个拥抱，在肢体上给他安抚，平复他的情绪，但是绝对不能在他错误的行为上妥协退让。我们要让孩子知道爸爸妈妈同情他、理解他，但是有些规矩必须要遵守，这和规则意识的建立息息相关。不管孩子如何哭闹撒泼，我们重视的应该是他的情绪，而不是他的行为。

所以如果我们学会了接纳孩子的情绪，我们就应该敏感地发现，每次当我们对孩子提出"听话、懂事"的要求时，都是在无形中要求孩子把情绪抛掉，这是一种非常不好的做法。如果一个孩子从小生活在这样的环境里，渐渐地他学会了伪装自己，不再把真实的需求告诉我们，那就非常危险了。

曾经有一位家长打电话向我咨询："李老师，我家孩子最大的问题就是不听话！"我反问了一句："如果有三种状态，你选择哪一种？第一种，你的孩子和你一样，第二种你的孩子不如你，第三种你的孩子比你强。"他说："那我当然选第三种啊，我希望我的孩子比我强。"我马上说道："可是你要求你的孩子听你的话，只能得到前两个结果。最大限度就是第一种，你的孩子和你一样，但是他却永远没有办法超越你。"

所以，孩子听不听话，其实是我们家长一厢情愿的判断。我们总是觉得自己年龄比孩子大，这些年积累下来的经验已经足够孩子去探索世界了，所以我们就把它强加给孩子。如果孩子没有按照我们的指令和想法去做事，我们就会觉得他不听话，觉得他叛逆。这是一种强烈的一厢情愿的想法。其实这正是很多父母与孩子沟通时常常犯的一个错误，最终导致孩子产生严重的叛逆心理。

为什么我们和孩子总是无法沟通？为什么明明是让他往东，他偏要往西？

原因在于我们的大脑不接受否定编译信息。当我们对大脑传递一个负面的指令，我们的行为就会向相反的方向被引导。比如，我们带孩子去公园，一进公园，我们就跟孩子说："不许去河边，河边很危险。你如果去了河边，看我怎么收拾你。"不一会儿，我们就会发现，孩子一定去了河边。为什么会这样呢？因为当我们告诉孩子不要去河边玩的时候，他的脑海中产生的画面恰恰是正在河边玩耍，而这个画面就会在他的潜意识里产生相应的引导作用，对他下一步的行为和我们的指令产生相反的促进作用。于是孩子就做了一个跟你期待相反的动作，得到了一个跟我们期待相反的结果。

所以如果我们总是希望孩子听话，可是我们却总是在用负面的口吻跟他沟通，比如，"你要听话！不许这样！""你要听话！不许那样。"那么孩子的潜意识会拖着他向相反的方向渐行渐远！所以如果我们真的希望孩子能够听话，只有一个好办法，那就是学会用正面的口吻，从正面的方向与孩子沟通。把我们平时与孩子沟通的话语里所有的"不要、不许、禁止"这些词语都改成正面的口吻来表述。这样父母在与孩子沟通的时候，就避免了这个现象的影响。

心理学上有个专业术语，被称为"墨菲定律"，"墨菲定律"翻译成中文就是一句话，"你越不希望发生的事情往往越会发生"。仔细体会一下，我们是不是频繁地在跟孩子说"你怎么这么不听话"，其实并不是因为孩子真的变得叛逆，而是因为我们和孩子的沟通方式出现了问题！我们经常从负面要求孩子，给孩子心理上造成了大量的负面暗示，使孩子越努力越无法做到我们心中期望的形象和结果。我们一定要记得在和孩子沟通的时候，学会用正向的方式引导他，多跟孩子说："假如你能这样做，我会很开心。假如你能这样做，我会觉得很自豪很欣慰。"多用这样的方式跟孩子沟通，而不要总说"不听话、太叛逆"这样的词语，从负面给孩子带来过多心理上的暗示。

所以作为父母，我们一定要明白，孩子身上的所有行为都基于平时和我们互动的结果，我们给他传递了怎样的信息，他的行为外化出来就会带有什么样的痕迹。我们总是片面地强调那些缺点，时间久了你就会发现，孩子的缺点和不足会变得越来越多，越来越严重。如果我们每天盯着孩子的优点，从正向跟他沟通，时间久了，我们会发现孩子身上的优点也会随之变得越来越多，这就是为人父母最终极的智慧。

第三章
如何培养孩子良好的学习习惯

第一节　孩子不爱学习，一定因为这三点

提到学习这个话题，我想很多父母都有相同的感受：孩子的学习态度让我们非常无奈。为什么很多孩子对学习相当抵触呢？这的确是一个值得深思的问题。

很多家长在引导孩子学习这件事情上最容易犯三个致命的错误，这三个错误会导致孩子对学习失去兴趣。

第一，孩子在玩一场永远赢不了的游戏。就是孩子在对待学习这件事情的过程中，从来没有获得家长明确的肯定以及鼓励！很多家长对孩子的学习要求总是越来越高，就算他已经通过自己的努力获得了好成绩，我们永远有一句话等着他："你看你跟成绩好的孩子比还差得远呢！"当孩子在学习过程中表现出好的一面时，家长会认为这是正常的、应该的。所以当一个人做一件事情的时候，长期面对的都是这种反馈和评价，他就失去了应有的动力。

作为一个学生，他应该具备开发自己无限潜能的能力，只是没有人给他适时的引导。我们作为家长没有给他及时的肯定和鼓励，只看到分数和名次，甚至很多家长把考进前几名当成对学习的唯一要求，这是非常片面的。没有哪项研究表明，常年考进前几名的孩子未来一定幸福。换句话讲，真的考上了清华北大这样名校的孩子，一生就一定幸福吗？我看未必。

当孩子长期得不到父母的鼓励和肯定时，渐渐地就对学习失去了兴趣。因此这场游戏对他来说就没有吸引力了。

第二，过早的知识灌输。曾经有一位家长找到我，她向我倾诉了这样一件事情："我的孩子在上幼儿园之前，我几乎把所有小学一年级要学的东西都教给他了。其实我也不是故意提前教他的，因为他的哥哥在上一年级，哥哥每天放学回来以后就在家里学习，弟弟竟然也跟着学习。我就想孩子是不是传说中的天才呢！所以我就开始尝试给小儿子讲一年级的知识，没想到他学得很快，记忆力超群。所以那一段时间，我一直都非常引以为傲。尤其是自己的同事朋友到家里做客，我就会让小儿子给大家背三字经或者唐诗，孩子张口就来，而且孩子的表现欲望还特别强烈，所有人都在夸他，说他是神童。这种情况一直持续到了孩子上

小学，孩子上一二年级的时候，学习非常轻松，老师讲什么，他都会，考试每次都是满分，他自然而然地成为班长兼学习委员。可是等到三年级新学期开始的时候，我突然觉得孩子不太对劲，老师多次反映他上课专注力不如以前，回答问题也不积极。从那天开始，我就仔细地观察孩子，我发现孩子学习态度出现了问题。他不再像以前那样把学习放在第一位，而是开始贪玩了。每天回家以后就想各种办法跑出去玩，写作业也不认真。经常是第二天到学校补作业，学习成绩一落千丈。我特别担心，这到底是怎么回事呢？"

这位家长讲完之后，显得非常焦虑。我直接问她："你知道你在孩子幼儿园期间教他学习小学知识这个行为叫什么吗？这叫超前学习！过早的知识灌输！"

超前学习是我非常反对的行为！所谓超前学习，就是孩子明明没到这个学龄，就提前把知识教给他。这样的做法会对孩子的好奇心产生非常严重的抹杀。为什么会这样呢？道理很简单，孩子在一二年级的时候，由于他已经提前把这些知识学会了，所以他会天然地认为学习是一件极其容易的事情，他会轻视学习。而到了三年级，他发现课本上知识是自己以前并没有接触过的，他第一次感觉到学习的困难，第一次感觉到知识学习的复杂。而前两年父母并没有帮助他培养正确的学习态度，这就会导致孩子的畏难情绪瞬间升高，他就会对学习失去兴趣。所以过早的知识灌输是对孩子的一种伤害。

那么这位家长就有一个疑问，为什么孩子年龄很小的时候，脑子那么聪明，学习那么好，反而长大以后，成绩就变得越来越差了呢？其实道理很简单，孩子在没有进入体制化的学习之前，他的学习只有一件事情作为导向，那就是兴趣。这一阶段的孩子纯粹是以兴趣为导向的。在没有上小学之前，孩子所有的原动力都来自个人兴趣。他觉得这件事情很好玩，尤其是当他记忆下来在别人面前展示的时候，大人对他的夸奖和赞美，这是他做这件事情的动力，给了他巨大的肯定和鼓励，所以他就会觉得很有兴趣，自己愿意去做。这和他学会唱一首歌，弹一首乐曲是一个意思。但是当他真正上了小学以后，接触到新知识的时候，却忽然发现学习是一个任务性的事情，而且没有上小学之前给他带来那么多乐趣和欢乐，大家都觉得这是应该做的，所以他对这件事情的兴趣就减弱了。

最糟糕的就是在三年级之前，妈妈已经提前把所有东西都教给了他，这就造成了他对知识学习的轻视心态，导致孩子在三年级开始真正接触新知识的时候就会掉以轻心，进而对他的自信产生巨大的影响。因此，我们国家一直在强调杜绝一切超前学习的行为，因为这是违背教育规律的。

第三，大量的负面暗示。大量的负面暗示指的是在这一阶段，家长往往对孩子的学习有了更高的期待。期待高了，要求也就多了，总是有一种恨铁不成钢的心情。所以经常对孩子说这样的话："你看你怎么就不能用心一点呢！你怎么就不能长进一点呢！"甚至有些说得更过分，"你怎么这么笨呢？"如果孩子相信了这句话，那么他就会觉得："妈妈说我很笨，而我确实怎么做都做不好，所以我一定真的很笨。"这种糟糕的效应在心理学上被称为负面暗示。

如果父母经常给孩子的评价是负面的，时间久了孩子就会相信。然而孩子有一种奇妙的心理机制，孩子天生愿意迎合父母，让父母开心。如果孩子觉得自己没有足够的能力做好某件事情，他的心里会形成反向的投射机制，他会宁愿表现得差一点，以此证明自己目前所处的环境比较安全。对于孩子来说，这是一种非常正常的心理投射。

曾经有人采访过那些孩子考上名校的家长："你是怎么陪伴孩子学习的？你都做了什么？"大部分家长给出的答案让人震惊，因为他们基本上没有做过什么，孩子自己就考上了！很多家长都会大跌眼镜，觉得自己付出那么多，孩子还是不能让自己不满意，人家什么都没做，孩子就能考上名校！其实，这一切的原因都来自于父母的心态。你在面对孩子的学习时，是否显得很焦虑？患得患失？假如是这样，孩子就会觉得压力很大，开始叛逆，进而对学习没了兴趣。

所以孩子不爱学习，多半是因为上面这三点，学习是他生命中很重要的一件事情，但并不是全部。成绩能够证明孩子优秀，但这也不是全部。希望作为父母的我们一定要懂得如何正确地陪伴孩子。

第二节　陪孩子写作业的正确方式

提到陪孩子写作业，我想很多家长都非常头疼，这几乎是当代家庭矛盾的焦点。网上有一句流行的话："不写作业，母慈子孝；一写作业，鸡飞狗跳。"这反映了家长的一种真实状态。

杭州的一个妈妈在微博上发了一条信息："此时此刻我正光荣地躺在医院的急诊室ICU里面，我十分怀疑我的这个脑出血就是陪孩子写作业闹的！请学校的老师们不要再要求我们家长陪孩子写作业了!"这个微博拥有100000+的转发量,有大量的人在微博下留言,纷纷吐槽自己的熊孩子,讲述自己陪孩子写作业的经历。

为什么"陪孩子写作业"这件事情会变成家庭矛盾纠纷的暴风眼呢?

作业是孩子进入学业阶段必须要面对的一项重要任务,它是孩子必须要完成的硬性指标任务。在父母看来,写作业几乎是要求孩子学习的重要模块。

写作业是否认真、速度是否够快、作业的质量是否够高,仿佛代表了孩子的学习状态。因为作为家长,我们面对孩子的学习显得非常焦虑,焦虑之下又不知道从何入手,所以只能抓住一些自己看得到的东西。所以写作业期间,孩子的表现就变成了判定他是否用心学习的重要标准。

当我们对孩子的学习有很多要求的时候,孩子就会觉得学习这件事情令人心烦,在面对学习的时候就会反抗、叛逆、抵触。我们想要扭转这种状态,关键一点还是改变自身看待孩子写作业这件事情的心态。在家庭教育的领域里,并不是你学习到了什么样的方法和技巧就可以改变孩子,而是你改变了自己的状态,孩子自然而然就表现得让你满意了。

所以说通常情况下我会问家长这样几个问题。

第一,孩子写作业的时候你在干什么呢?有时,孩子在写作业,而我们家长自己却在旁边看电视或者玩手机,一边看电视,一边监督着孩子,嘴里还不停地唠叨:"快点快点,你看你写得怎么这么慢!别看电视了,谁让你看呢?我在这看电视,你跑过来看什么,赶紧写作业去!"这时,孩子的内心就会觉得非常不公平,凭什么家长回家都能放松,看电视,自己就不能看,就得认认真真地写作业,这太不公平了。

所以这是一种极其错误的做法。那么正确的做法是什么呢?当孩子写作业的时候,我们作为大人,应该为孩子创造一个浓厚的学习氛围。我们也做一些跟学习有关的事情,陪伴在他旁边。比如孩子在写作业的时候,我们也忙一点工作上的事,或者看一本书,坐在他身边,一句话都别说,不要打扰孩子。这样孩子会觉得放学回到家里,不只是自己一个人有学习的要求,其他人也一样。那么他的心态就会更加平和了,他的心思也就放在了写作业这件事情上。

我见过更奇葩的家庭,孩子写作业,一堆人在旁边打麻将,在这种环境下,孩子怎么可能认真地写作业呢?他一定会觉得这个世界实在太离谱了,太不公平了。凭什么我作为学生，就必须要干这件事情，而且还得做好。我是为了什么呢？孩子当然想不到是为了自己。他想到的是，自己是在被迫完成父母对自己的要求。所以他对这件事情就不会产生太大的兴趣，做的时候就会能拖就拖。

第二，孩子写作业出错的时候，你该怎么办？有一种错误的做法是马上开始批评训斥孩子，"你看看你，什么你都干不好，让你抓紧把作业写完，这么简单的事。一会儿做做这，一会儿看看那，又走神了。这么简单的题都能做错！"孩子一做错了，家长就怒不可遏。往往这个时候我们会发现一个很奇怪的现象，家长越是心急发火，他反而越不着急，跟家长对着干。家长越着急越朝他喊，他反而表现出一副慢悠悠的样子。

这种状态下，两个人怎么可能没有矛盾呢？正确的做法是，当我们看到孩子写作业出错的时候，首先要调整自己的心态，情绪状态必须是平和、安静的。但是又必须要严肃地对孩子说。"你看写作业是你自己的事情，你要学会对自己的事负责。现在还没有写完，时间已经到了，怎么办？你也该休息了。所以你只能明天写作业的时候，尽量把时间效率提高，而且你刚才做这道题的时候，你的状态非常不好。东看看西看看，才导致这道题又错了。不过没有关系，明天再做的时候，你就提前把这些事情预料到。你要学会为自己承担结果，那么现在时间到了，你就不能再写了，明天自己到学校去跟老师解释吧。"

我们要让孩子学会承担结果，承担自己行为带来的后果。只有这样做，孩子才会感觉到这件事情不是妈妈替我承担，而是我自己要承担。第二天他真的没有完成作业，受到了老师的批评，那么下一次他就会有所改正了。一个人只有感觉到结果是自己要承担的，他才会找到改变的一个动力。

第三，孩子做作业的时候一直玩，不专心，不认真写作业怎么办？错误的做法：很多家长就像点燃的炸药桶一样，怒气冲天地朝孩子大吼大叫，吼着让他去写作业，这样做的结果只能是孩子不高兴地去了，可是心里却在跟你对抗，甚至在恨你，咬牙切齿地说你是暴君。

正确的做法：我们一定要记住，面对孩子的情绪一定是平和而坚定的。心态要放正，情绪要平和，但是语气要坚定。你要告诉他："你现在就是应该写作业，这是写作业的时间。如果你写不完，明天到了学校会被老师批评。你想看电视我能理解，如果你觉得自己写作业非常累，那么你可以看一会，我可以接受。但是你想看多长时间？你预计作业还要写多长时间？你是愿意写完了一起看,还是现在先看十分钟然后再写?"双方各退一步。这样做的结果是时间到了,孩子马上主动关掉电视去写作业,因为他遵守你们之间的契约。如果这次没有遵守,那下一次你就要告诉孩子:"因为你没有遵守规则,我就不能再答应你这个条件了。"

第四,孩子写作业的质量很差,你该怎么办?很多家长会在检查孩子作业的时候,立刻朝孩子发火:"你看你作业写得这么乱,你就不能写好一点吗?"甚至有些家长一气之下把作业撕了让孩子重写。这样做只会让孩子觉得非常的烦恼、愤怒。他不知道为什么爸爸妈妈这么凶。

正确的方法是,严肃坚定而平和地对孩子说:"写作业有写作业的标准,这不是我定的,是老师定的。写作业要工整,否则你可能就得重写,不然你明天把作业交给老师的时候,老师看不清楚,还会责怪你。所以你不要心急,妈妈可以陪着你,咱们一起来写。我们在写的时候速度慢一点,没关系,我给你做一个示范,首先写字要规范,横平竖直,大小一致。你的时间还很多,别心急,慢慢来,这样字写得就好多了,慢慢来,别着急好吗?"当你这样跟孩子聊的时候,孩子的烦躁情绪就会得到缓解。

第五,孩子写作业的时候,你在扮演什么样的角色?很多家长在孩子写作业的时候,扮演的角色就是监工。我们可以想象一下,假如我们每天在公司上班的时候,老板站在我们的身后拿着一个鞭子,对我们说:"赶紧给我做,把今天的工作给我做好,这是你应该做的,如果你做不好,看我怎么收拾你。"那么我们的内心里会非常痛恨他,想要赶快跳槽。可是当我们这样去要求孩子的时候,我们会发现孩子是非常无奈的,他没有办法选择跳槽,他也没有办法选择换一个家庭,更没办法选择换一个父母。但是他对待写作业这件事情,就会能拖就拖,能慢就慢,目的就是为了把你激怒!

写作业的时候,大量矛盾爆发是因为两个人的身份和关系不对等。我们太容易高高在上地对孩子发号施令,孩子就会极力反抗!

那么,到底怎么做才能让孩子写作业变得又快,效率又高呢?我们可以把写作业变成一种游戏,这种游戏必须有规则,必须有获胜方,必须让孩子全身心地投入进来,以一个体验者的身份去参与!

其实很简单,比如,孩子今天的作业是生字默写,那么我们就拿出一本书说:"你写四篇生字,妈妈看40页书,我们看谁能先完成?我们分四个节点来比赛。谁获胜的次数最多，谁就是最终的冠军。冠军会有一个大奖，每一个节点获胜了会有一个小奖励。比如说眼前的这个水果，谁获胜了，谁就有资格吃水果，输了的人在旁边眼巴巴看着。你想不想跟妈妈比一比？"你会发现当你这样跟孩子做一场别开生面的游戏时，孩子会非常有兴趣。别小看这一盘水果，可能在平时是一份很平常的水果，但是放在游戏的环境里就会让人产生很大的兴趣。

这场游戏做完以后，作业也就做完了，孩子就不会觉得写作业是一件枯燥无聊的事情了，渐渐地他会把写作业这件事情看成是生活中很常见的一件事情。

假如我们能做到这几点，孩子在写作业的时候，一定会有一个非常大的改变。所以请大家记住我分享的这几点。第一，孩子写作业的时候，你的状态是什么样的，你在干什么？你有没有陪伴他一起做跟学习有关的事情？第二，孩子写作业的时候，你在扮演什么样的角色？你扮演的角色是不是跟他不对等，让孩子感觉到不公平？第三，我们能不能把写作业变成一场游戏，然后慢慢地让孩子融入到游戏当中，寓教于乐？

只要我们能做到这几点，我们不是帮助了孩子，而是帮助了自己。很多家长每天都会在家陪孩子写作业，为什么就不能对自己好点呢？为什么偏要冒着心脑血管疾病并发的危险去干这个事呢？

还有重要的一点，我们平时在家里千万不要把写作业当成是对孩子的唯一要求，孩子作业写得好，并不代表他就一定是非常优秀的孩子，这是非常片面的一种理解。

比如有一次我看到一个家庭发生的一幕。一家三口吃完晚饭以后，妈妈紧接着就开始拿起碗筷往厨房走，孩子就本能地拿起自己的碗，准备给妈妈送到厨房去，刚走两步，妈妈发怒了："谁让你动呢？这是你该干的活吗？你是学生，你的任务是学习，赶紧写作业去。"

孩子默默地把碗又放回桌子上，他看到爸爸在旁边看电视，他就坐在爸爸旁边也跟着看起来，爸爸马上一回头说："谁让你在这看电视呢？你现在得学习，你赶紧写作业去。你是小孩看什么电视，快去写作业去。"最后，这个孩子嘟嘟囔囔地走回了房间，用力把门关上。

我们可以想象一下，孩子在书房里写作业会是一种什么样的状态？孩子心里一定非常地不服气，非常抵触写作业。作业的质量也一定会受到影响。

我们从家长的角度要从以下两个方面进行反省。

首先，为什么孩子吃完饭以后就不能帮家里做点家务，再开始学习呢？孩子应该做家务，做家务是锻炼孩子一个非常重要的行为，千万不要让孩子觉得自己的唯一任务就是学习，那么我们培养出来的孩子就只会学习，其他的都不能自理，那时候我们才追悔莫及。

其次，刚吃过饭休息一会儿，再写作业，真的会对学习产生巨大的影响吗？我觉得不会，况且我们都知道在生理学上有一种食困现象，刚吃完饭的孩子很容易困，而且很乏，所以让他休息一会儿，稍微地活动一下，并没有什么大的影响。关键还是我们的心态，我们太容易在家里边扮演一个高高在上向孩子发号施令的人。

假如孩子在写作业的时候，面对的是这样一种环境，他一定不愿意做。所以希望所有的家长都能够学会如何帮助、支持孩子，让孩子学会写作业的正确方式。

第三节　四个方法让孩子远离网瘾

网瘾这个词汇从一出现就注定被妖魔化。

孩子在青春期早期所有的心理问题以及现象都没有用"瘾"字来形容，对于某些家长来说，网瘾就好像是洪水猛兽……

网瘾，让孩子茶不思，饭不想，丢弃学业，封闭自我，仿佛只要沾染了，就像吸食了毒品一样麻烦。所以一旦发现自己孩子有了网瘾的苗头，很多家长马上就如临大敌，迫切地想寻找一种斩草除根的方法，让孩子重回正途，远离网络。

许多家长根本没有了解究竟什么是网瘾，孩子沉迷网络的根本深层原因到底是什么，就武断地把孩子当作病人，甚至觉得孩子连病人都不如。

为什么我们的孩子会如此地依赖网络？为什么他会极度地喜欢待在网络世界里？我们来分析以下几点原因。

一是真实的游戏环境的缺失。当代学生的压力变得越来越大，甚至现在的小学生每天晚上写作业都要写到九十点钟。孩子几乎没有写完作业之后，再到外面去和小伙伴玩耍的时间。

爱玩是孩子的天性。孩子在童年时期，会在真实游戏的环境中学会分寸感、规则意识，获得成就感与尊重。然而真实环境的缺失，会导致孩子没有机会体验这些。于是他们只能在网络游戏的虚拟环境中寻找。

假如在现实生活中，一个孩子已经有了足够的游戏环境，它就不会对虚拟的游戏世界那样沉迷了。

二是虚拟世界自己做主，不受别人的控制。在虚拟的世界里，孩子要做什么、想要去哪里，全都由自己做主，不受任何人的控制。在一款网络游戏中，他是以一个主角的视角来操控这场游戏，在这个游戏中没有人对他提出要求，他不需要按照别人的方式去行为。而在现实生活中，有几个孩子能够被这样对待呢？

在家庭和学校里，孩子到了什么时间该做什么事情，完全由家长和老师安排。学生在这一阶段会有一种被控制的感觉，于是就在网络游戏中释放出来，寻找自由自在的感觉。

三是随时随地都能给他回应。举一个最简单的例子。一个孩子忽然想玩手机，想刷会抖音，玩会网络游戏，手机会给他回应吗？当然会。假如有一个孩子跟自己的父亲说："爸爸陪我玩一会吧。"爸爸会给他回应吗？我想很少。

只要满足了这三点中的一点，孩子就会喜欢上网络世界。其实这三点都是表象。背后的本质是，孩子在向我们家长释放一个强烈的信号——他需要被肯定。

试想一下，一个在现实生活中非常平凡的孩子，他几乎很少有机会受到所有人的尊重及肯定。可是在虚拟的网络世界里，孩子却能获得这种东西。他只要做一件事情，那就是通过不断地投资时间，让自己的能力变得更强，让自己的技能变得更加纯熟，他就会得到所有队友的尊重，甚至得到敌人的敬畏！这种被肯定的成就感，对于一个平凡的孩子来说，在现实生活中是弥足珍贵的。"我需要被人肯定！"这个孩子内心深处的呼声，足以证明我们在陪伴孩子的过程中，给他的肯定和鼓励太少了。

我常常用一句话来形容网络成瘾的深层原因，"一切沉迷，皆因现实中某种身份和需求未被满足。"如果一个孩子在家庭中从来都得不到父母对他的认可及鼓励，他自然要到另一个环境去寻找。对网络过度地沉迷，多是因为在现实中，这个孩子的某种身份和需求没有获得最大的满足。

一般情况下，一个孩子一旦开始沉迷网络游戏，会有以下的几个特征。

第一个，极度的专注与痴迷。我们能够用沉迷或者网瘾这个词来形容，就说明它已经占用了孩子大量的精力。

第二个，长期的形象逻辑导致逻辑能力变得越来越迟钝。比如说玩网络游戏时间长了以后，他的形象能力和思维变得很强，但是他的逻辑抽象思维变得越来越弱，甚至反应越来越迟钝。这就是很多家长跟我反映的，为什么孩子一沉迷网络游戏，他的理科尤其是数学这个学科成绩会直线下降，就是这个原因。

第三个，孩子的情感会变得越来越冷漠，疏远其他人。因为他沉迷到这个世界里，觉得只有这个地方才是懂我的，才能让我获得快感，他对其他人自然而然就疏远了。

第四个，缺乏时间感。比如，孩子在玩网络游戏，我们提醒他，我们说再玩一会就关掉，他答应了。可是过去了一个小时，他还觉得好像刚刚开始玩。这是因为孩子的时间感知能力是伴随他的年龄增长，一点一点培养起来的，不是生来就有的。再加上沉迷到虚拟的世界里，时间感会变得越来越差，这就会渐渐地凸显出拖延、磨蹭、玩游戏过度沉迷……

第五个，情绪低落，消极悲观，孤僻，容易生气。为什么孩子玩游戏玩久了容易生气？平时孩子在玩手机、玩iPad的时候，你会发现，因为这个东西随时给他回应，一旦不满足他的条件，他马上就要换，尤其是年龄比较小的孩子。如果游戏的关卡比较难，或者不如他的愿，他就会马上切换了，甚至会用拳头打电脑。所以他的情绪会变得越来越激动，变得越来越容易生气。因为网络世界给他的感觉就是以自我为中心，他是游戏幕后唯一的操纵者。

第六个，注意力很难集中，记忆力减退。因为孩子长期在虚拟世界里投入太多的时间精力，他无法区分真实的世界和虚拟的世界，这就导致孩子在现实中无法专注地去做一件事情。

分析完这几点原因，我相信很多家长已经明白，为什么手机和网络对孩子的吸引力那么大。简而言之，是因为在现实中，孩子的某种身份和需求没有获得最大的满足，他才要在网络世界里寻找。

凡是觉得自己的孩子沉迷手机和网络游戏的家长们，是否还记得自己第一次给孩子玩手机是什么时候吗？

难道不是因为自己工作太忙，没有时间陪孩子，就给了他一部手机，说忙完了再来陪他；难道不是哪次在饭店吃饭，嫌他太吵了，于是就给他一部手机，让他自己去看动画片……是不是这样呢？

假如是这样的话，我们现在反过来再看，那就是因为我们当时并没有给孩子一个正确的玩手机、玩游戏的示范，只是单纯地给了这部手机，致使孩子从小就没有建立起关于这件事情的规则。

所以，不要轻易地给孩子贴上网瘾的标签，一件事情发生，我们到底是在寻找归因还是在寻找归罪？我分析到的四个内在原因和六个沉迷特征，这些都是归因，我们在寻找孩子出现这种行为的原因。可是很多家长更多的是在归罪，把所有的问题责任，甚至罪责推到孩子的身上，比如孩子没有自控力，他不能掌控自己。当我们把一件事情看到归罪的高度，我们跟孩子之间天然就是对立的，我们就真的很难走进孩子的内心了！

那么，作为家长，我们到底该如何去解决孩子沉迷网络游戏的问题，如何让孩子远离网瘾呢？我分享四个方法。

第一个，放对焦点。焦点是什么？焦点就是我们看待一件事情的出发点以及关于这个问题的判断依据。不要把焦点放在问题上，首先放在支持他这个方面。也就是说，不管我们的孩子变成什么样子，他都是我们的孩子。我们不要觉得沾染了网瘾，仿佛他就变成了一个病人了，甚至是一个病入膏肓的人了，不要这样去想，无论到什么时候，他仍然是我们的孩子，我们是不能放弃他的。

如果我们总是把焦点放在问题上，那么在我们眼中，孩子就是一个有问题的孩子了。甚至很多家长觉得沉迷网络游戏，那就不是一个正常的孩子了。这样的话，我们跟孩子每一次沟通都是受阻的，没有办法帮到他，只会让彼此之间的关系变得越来越决裂。所以，首先我们要做的还是把焦点重新放在支持他的方面。我们要用每一次谈话让孩子感觉到我们真正爱的人是他，真正关心的人是他。既然他在现实中严重缺少别人的认可和肯定，那我们就要学会利用每一次谈话的机会去鼓励并认可自己的孩子。

第二个，建立有效的沟通，亲子之间产生爱的链接。什么叫爱的链接？也就是亲子之间有效的亲子互动。许多家庭的爸爸妈妈和孩子虽然每天生活在一起，但往往欠缺亲子之间真正的链接。当我们跟孩子聊天的时候，更多的是在跟他讲道理、提建议，告诉他，我们希望他怎么做。而孩子真正需要的并不是这些，他需要的是父母能够走进他的内心世界，能够真正像一个并航者那样，在他的身边陪伴着他，一起不断地前行。这也是孩子到了这个阶段一定会有的一种心理需求。所以忘掉原来那种高高在上地与孩子沟通的模式吧！从现在开始平等地与孩子沟通，和他之间真正产生爱的链接。

第三个，关注感受。在和孩子谈话的时候，只谈内心的感受。大多数父母在跟孩子沟通时，最喜欢谈论的不是感受，而是判断和评价。当孩子说一件事情的时候，我们总是喜欢对这个观点先进行判断，告诉他这样想是错的，那样想才是对的。我们还总是喜欢给孩子提各种各样的建议。我们总是喜欢对他说："我像你这么大的时候，已经知道如何去照顾自己了。"其实这样的谈话孩子是非常反感的。

如果每一次跟孩子谈话的时候，可以接纳一下孩子这一段时间学习与生活产生的感受，多问问孩子，最近发生这些事情心里有什么样的触动，有什么样的感受。哪怕是在最近一段时间，孩子刚刚看过一部电视剧，刚刚看了一本书，我们在跟他聊的时候也要问问他，你看了这部剧、这部书你的感受是什么呢？每一次你跟孩子聊天，不断去接纳他的感受时，他和我们之间沟通的意愿都变得更加强烈了。

第四个，共同制订行动计划。孩子严重沉迷网络的家庭大部分都不够和谐，父母没有充足的时间陪伴他，他自然就想要到虚拟的环境中实现这种自己需要的成就感和满足感。他每天有那么多的时间在虚拟的网络游戏里，说明这些时间我们都没有介入，我们没有和孩子有太多好的互动。所以我们要解决这个问题，很重要的一点就是，学会合理地占用孩子的空闲时间。

占用时间并不是给孩子制定某种规则，要求孩子必须做到！这不是解决问题，这是在激化矛盾。我们应该跟孩子建立一些两人共同完成的行动，比如每周末不管多忙，父母也要抽出半天的时间带孩子到户外、到游乐场、到博物馆、到孩子喜欢去的那些场所玩耍。

我们常说让一个人养成一个习惯需要坚持21天，孩子也是一样，想让他一点一点地去改变，不再受网络游戏的影响，那就要给他一定的时间，所以这个计划就非常重要。

经常有家长咨询："我给孩子订了计划，一开始坚持得还行，过几天就不行了，就不当一回事了。"我们可以反思一下，有多少次我们在制订计划的时候，是认真倾听了孩子的声音？制订计划有三条原则：一是亲子共同制订。这就必须让孩子参与进来。共同商量制订，一定要用平等尊重的口吻去征求孩子的意见。二是在跟孩子制订计划的时候，抛掉家长居高临下的身份。不要带着这种角色，否则的话，孩子还会觉得这是你硬给他的规则，他不得不接受，毕竟他是弱势。三是全家共同牵手。这一条最重要。一旦我们制定一个规则，这个规则就不应该只针对孩子，应该针对家庭中所有成员，比如说我们占用孩子的时间去运动，那么我们作为家长就不能盯着手机、电脑，我们也要遵守这个规则跟着孩子一起运动。

假如作为家长的我们就是一个有网瘾的人，又怎么能去要求自己的孩子把网瘾完全地戒掉呢？我们每天都拿着手机在孩子面前毫无顾忌，那孩子也一定会向我们学习。如果在家庭里一个孩子是复印件，那么家长一定是原件，我们的言行举止在规则制定了以后就要保持一致，这样我们才会让孩子觉得这件事情既然家里所有人都遵守，我不得不遵守。只有这样的规则才是有效的，而且会通过我们的坚持一点一点地收到回报。

如果我们发现自己的孩子已经开始有沉溺网络游戏、玩手机成瘾这样的现象了，我们就可以去使用这四种方法。在使用的过程中一定要记得结合自己孩子的实际情况，以及他的年龄特点。总之，我们能够把孩子重新从虚拟的世界拯救出来的方法只有一个，就是我们的爱。

用我们的爱去重新让他感觉到现实世界是有这么多人需要他，关心他，爱护他。只有这样，孩子才能够摆脱网络对他的一些消极影响。请大家一定要记住这句话，"一切沉迷皆因现实之中某种身份和需求未被满足。"当我们发现孩子沉迷到一件事情里，我们就要站在家庭教育的角度反思，平时他是哪一部分的需求没有得到满足。不管这种需求是什么，先把它找出来。作为家长要学会洞察，努力发现孩子究竟是哪一方面缺失了，只有找到了这一点，我们才有可能解决问题。

在互联网高度发达的今天，每一个家庭都会在一定程度上受到"网瘾"的影响。网络和电脑以及手机，它们是一把双刃剑，有好就有坏。我们作为家长，一定要学会正面地让孩子体验到网络带给自己的积极影响。而在这个过程中，我们一定要跟着孩子一起学习。其实有网瘾的何止是孩子？我们当代很多成年人每天都离不开手机，我们都有"手机依赖症"。

真正高质量的陪伴有一个特征，那就是丢掉手机，让我们重新回到温暖的家庭。充满欢声笑语地互动，带给孩子内在的精神营养永远是最高的，其他事情一定无法取代。一旦我们发现孩子到虚拟的世界里去寻找一些东西了，我们就要及时地反思自己。

学习家庭教育的意义就在于此，我们只有通过自己的改变才能带来孩子的改变。沉迷必有原因，爱是最好的解药。让我们一起努力，与孩子共同成长。

第四节　如何帮助孩子完美地过渡幼小衔接

孩子的成长需要经历很多重要的过渡期。从出生到进入幼儿园，是初次从家庭环境走向社会环境的过程。而从幼儿园走入小学，则是一个心理模式和学习模式发生巨变的过程。

孩子从幼儿园到小学面临着巨大的挑战和变化，他的生活环境、学习内容以及学习方式都发生了很大的变数，孩子将要面临一个崭新的世界。我们一定要充分地认识这一阶段孩子心理发生了哪些变化，以及做好充足的准备帮助孩子，让他完美地度过这一个衔接时期。

孩子完成从幼儿到小学生的转变，经历了以下几个重要的变化。

第一，作息时间变得更加规律和严格。尽管孩子在幼儿园也有作息时间，但是比起小学的作息时间，无论是弹性还是灵活性都很大。

幼儿园时期，有时孩子起床晚了，会迟到；有时孩子闹情绪，就不去幼儿园……在幼儿园的环境里，这些现象经常发生，我们也都能够接受。可是上了小学以后就不一样了，学校有教学大纲和教学计划，到时间了就要上课，孩子迟到或者请假都会对孩子的学习状态产生影响，老师也会对孩子有更多的要求。从本质上来讲，小学的学习强度和宽度已经远远超过幼儿园时期。所以从小学开始，要培养孩子形成一个规律的作息时间。

我们需要开始考虑孩子是否能够按照规律的作息时间适应小学的生活。在幼小衔接这个时间段，我们作为家长要有意识地提前培养孩子这种认识和概念，调整孩子心态，摆脱分离焦虑，让孩子入学不再难。

为了让孩子更好地适应小学的节奏，我们需要提前做一些安排，提前让孩子感受到小学的学习节奏。我们可以带孩子去小学的实际环境中体验几次，通过观察、了解、互动让孩子明白，上了小学以后要跟这些小学生一样了。在加入小学之前的那一个假期里，我们要开始有意识地训练孩子起床以及做事情的时间观念。我们可以采用一种游戏化的训练方式。比如，在小学开学前的那个假期里，我们把孩子当作一个小学生看待，在家里设置一些奖项，比如"早起英雄光荣榜"，奖励孩子小红花等，经常鼓励孩子。孩子每次通过自己的努力得到奖励以后，我们要充分地肯定孩子，并且告诉他上了小学以后，生活节奏就是这样的，所以从现在开始我们就要做好这方面的准备。

严格要求作息时间，对于孩子的健康成长是有利的。只是有很多父母刚开始会心疼孩子，觉得孩子还太小，多睡一会没什么，不能对他太严格。各位家长千万不要做这种姑息、放任的行为。孩子到了一个阶段就应该拥有这个阶段赋予他的使命，作为父母，我们一定要往正确的方向引导孩子。放任带来的结果就是使孩子适应小学生活的时间拖得更长。

第二，培养孩子更长时间的注意力和坚持性。幼儿园时期强调的是寓教于乐，强调在游戏中学习，幼儿园的学习方式大部分是以体验式完成的。可是进入小学以后，学习的系统性会变强，知识之间的因果关系会更加密切。举个最简单的例子，上小学以后一节课的时长就会比幼儿园长很多。幼儿园的上课时间大部分是以游戏互动为主，而小学以后大部分是以坐在班级里听课为主。学习方式的改变，需要我们耐心引导。我们可以用游戏的方式帮助孩子提前了解这种上课形式。比如买一块小黑板放到家里，在黑板上放一些悬浮磁铁和粉笔，然后让孩子扮演老师，家长扮演学生。

在这样的互动游戏过程中，孩子会愿意参与，另外，他在讲课的时候，他会以老师的身份对学生提出各种要求，这无形中就让他理解了听课的学生需要注意力集中。爸爸妈妈在陪孩子玩这个讲课游戏的时候，可以故意模仿一下走神、回答不出问题等情况，孩子肯定会说："你不能这样！要专心听讲！"当他要求别人的时候，他自己就学会了正确的做法，等到他将来在课堂上就会知道自己也会被这样要求，自己应该如何做。

小学以后的学习逻辑性和抽象性都会增强，这又是一个颠覆性的变化。幼儿园时期是以形象性的知识传输为主，有大量的动手操作以及直观的挂图、直观的教具。可是上了小学以后，我们对孩子的思维能力有了更高的要求，需要孩子注意力集中。这是一个需要让孩子慢慢适应的过程。

刚入小学的时候，老师也会非常注意这方面。我们家长要做的就是，在孩子刚刚进入小学的时候，经常和他沟通，多去倾听他的感受，并接纳他。比如，孩子说："哎呀！妈妈！我觉得上小学好累啊，没有幼儿园那么好玩！"这时我们应该要问他："你觉得哪里最累呢？"孩子就会瞬间将注意力转移到原因上，他会说："因为上课坐的时间太长了，老师要求我们一节课一直坐在那，不许跑，不许动。上节课我就是因为乱动了一下，玩了一会玩具就被老师批评了。"这时你就直接问他："噢！那老师在批评你的时候，你当时是什么感觉呀？"一定要记住，要让孩子把这句话说出来。孩子会说："哎呀！当时我觉得很生气，我觉得这个学校特别不好，我想回幼儿园。"这时，我们就要说："要是我们能一直在幼儿园就好了。"说完这句话，很多孩子马上就会明白，妈妈的意思是我们没有办法回到幼儿园了。

可是如果我们用另外一种方式说："你这傻孩子，谁还能一直上幼儿园，谁还能一直长不大吗？你必须得长大！"如果我们这样说，孩子就会觉得很烦，不愿意接受。

紧接着就是鼓励孩子："没关系。妈妈像你这么大，刚上小学的时候，我也遇到过这样的情况。一开始我觉得上课特别累，集中注意力听老师讲课，真的特别累，而且坐在那里要四五十分钟！唉！我觉得可辛苦了。可是慢慢地我觉得身边有很多同学，他们表现得都很好，于是妈妈就想，既然别人能做到，那我应该也能做到！所以我就向他们学习，我坚持了一段时间以后，发现老师讲的内容非常精彩。只要我用心一点，是很容易投入进去的，我相信你也能做到！咱们刚开始不要心急，妈妈相信你！"

第三，更加注重活动过程，不再是活动的结果。这是家长最应该引导孩子完成的一个转变。在幼儿园时期，孩子做一件事情时总是希望通过结果获得奖励，因为他还没有能力把专注点放在过程中，他只是单纯地感觉到自己完成了结果很开心，完不成就很沮丧。所以，幼儿园阶段我们要及时地鼓励他，但是要基于鼓励结果让他慢慢形成一种能力，那就是看见过程，也就是发展孩子的知觉。幼儿园的老师常常把孩子在活动中获得的感受和体验作为关注的焦点，比如，孩子做了一个玩具奖杯，孩子回家之后的第一句话是："妈妈，你看这是我做的大奖杯！棒不棒？"孩子现在所有的兴奋点都在这个奖杯上，所以他要求我们给他鼓励和肯定。

那么，上了小学以后我们就要记住，除了重视结果还要重视过程。如果我们每一次肯定孩子、鼓励孩子都是基于结果的话，这就会导致孩子总是基于结果向我们邀功，有结果就感兴趣，没结果就不感兴趣。但是在小学阶段的学习可不一样。学习是一个日积月累的过程，我们要学会把学习拆分成若干个细节。虽然学校还在不断强调结果，比如孩子的成绩和分数，但是我们作为家长切不可在这一阶段开始就强调分数。

我见过太多的家长一味强调结果、分数，但是换来的结果是什么？是这个孩子对学习非常不投入，非常抵触。如果孩子没有得到第一名，他就会对这件事情失去兴趣，他的学习态度也会发生变化。所以我们要记住，孩子上了小学以后我们要鼓励孩子做事的过程以及态度。

第四，孩子心态方面的自然过渡。孩子要上小学了，家长不要认为他可以自己完成过渡。一个人面对新的环境，会本能地抗拒。因为未知的环境意味着要经历许多改变，而人的改变动力需要不断发掘。还有很多家长认为孩子这个阶段的过渡应该由学校负责，其实这是一种推卸责任的表现。在这个关键过渡时期家长要承担起重要的角色，我们要起到潜移默化的作用。要让孩子感觉到，我们对他始终是信心百倍。面对孩子进入小学，我们每天都要显得很自信，孩子也会非常欣慰，他自然而然地会有挑战新环境的勇气。我们要科学地引导，帮助孩子完成这个过渡。

第五，制定新的作息时间表。我们要基于小学的生活作息时间制定新的时间表，同时我们要更加注重孩子回家以后的生活规律。比如每天晚上回来以后，学校布置的作业在多长时间内完成？个人娱乐要多长时间？洗漱整理内务要多长时间？上了小学以后，我们还要培养孩子的家务能力。不管家里的家务活有多少，都必须保证孩子能够跟我们一起做家务。因为做家务可以锻炼孩子的自理能力，独立意识以及承担责任的能力。

我见过不少家庭，吃完晚饭以后，孩子刚准备帮妈妈收拾碗筷，妈妈马上就会说："把碗放那，写作业去。你是学生，你的任务就是学习。"这样的引导非常的糟糕。

第六，让孩子做事有始有终。从小学开始，在日常生活中，我们就要求孩子先把一件事情做完，再去做另外一件事情。如果有些孩子在这一阶段表现出做事有头无尾，家长也不去要求他，长此以往，他做事就会总以兴趣为导向，对不感兴趣的事不愿意付出努力。进入小学后，孩子的学习任务会越来越多，偶尔也会遇到一些困难和挫折，如果没有良好的意志品质，遇到困难就退缩，畏难情绪非常高，那么他就会觉得学习很吃力，甚至会厌学。一旦出现这个情况，家长又变得焦虑，焦虑又对孩子产生恶性的影响，形成不良的情绪互动。由此可见，教一个孩子学会做事，有始有终，不仅是一种行为方式的训练，更是一种良好生活习惯的养成。它影响着孩子适应小学生活的一个基本能力，所以在这个阶段，家长一定要有意识地去引导。

第七，帮助孩子提高抽象思维的能力。小学知识的内在逻辑性比幼儿园要强很多，需要他有一定的抽象思维和分析问题的能力，否则有些知识就无法理解。那么这个时候我们作为家长，就可以利用生活中一些简单的常识训练孩子。比如，问问孩子家里哪些东西是红色的？家里一共有几个人？每个人有什么样的特点？这样几个物品有什么共同点？用这种生活中最常见的东西作为教材，经常和孩子做一些类似的游戏和挑战，训练他动脑的习惯。

第八，抓住契机，促进孩子的健康发展。这里指的健康不仅仅是生理健康，还包括心理健康。这一阶段的孩子需要我们护航，当孩子遇到问题时，我们要第一时间跟孩子一起反思整个过程，让他在心理的健康发展上找到一个帮助自己变得阳光、自信开朗的方式。家长对孩子的影响是无法取代的。

第九，形成良好的学习习惯。刚进入小学，我们千万不要一上来就对孩子有各种关于结果的要求，如果一直要求成绩和结果，孩子就会对学习非常的抗拒。被要求得太多，就会觉得不自由，孩子就不喜欢做这件事情，这样反而会让孩子的成绩下降。

第十，注重心理素质的培养。孩子的成长过程是一个不断适应新环境的过程。良好的心理素养意味着它有积极正向的社会适应能力。所以，进入小学以后，我们要鼓励孩子交更多的朋友，把交朋友看作是一个小学生活中非常重要的组成部分。我们可以鼓励孩子邀请同学到家里做客，通过这种方式让他找到一种与别人相处的正确行为模式。

从幼儿园过渡到小学是孩子人生中经历的第一次重要改变，我们作为家长一定要扮演好自己的角色，让我们的孩子开开心心地投入到小学生活当中。

第五节　如何帮助孩子完美地过渡小升初

"小升初"是学生从小学升到初中的简称，国内学制小升初一般发生在孩子12到13岁之间，这个阶段的孩子正是心智重塑及萌芽时期，包括性格塑造、情绪管理、心智模式发展等。同时，在学习方面，学习形式、内容、思维运用、知识架构等也发生了巨大的变化。因此，作为家长要格外注重在这一个阶段与孩子的沟通。小升初期间家长应该在家庭教育中注意哪些呢？

一是孩子学习内容变化引起的思维模式调整。一直以来，小学的学习中心和主题都是唤起孩子的学习兴趣，无论从学习内容还是学习方式都更偏向于形象。老师对课程的讲解也喜欢用一些比较生动直观的方式，所以孩子往往凭借理解力就可以掌握所学的知识。但是进入初中以后，知识体系发生了变化，科目更加丰富了，而且知识也变得更加的抽象，要求解决问题的逻辑性更高。很多孩子都会有一个较长时间的适应过程，在这个过程中家长要注意多关注孩子的学习，我们指的关注，是关注孩子学习的过程以及态度，而不是结果。

有一些家长看到孩子刚刚升到初中，由于第一学期适应时间比较长，成绩慢慢地下降时就会显得非常着急。其实在这个关键阶段，我们不要把焦点放在孩子的学习结果上，不要放在单纯的分数、名次上。当孩子感受到这种变化带来的不适应时，我们一定要学会及时地鼓励。要经常对孩子说："现在刚上初一，所有的东西都意味着要推翻重来。这很正常，这个适应时间有人长有人短。没关系，妈妈和爸爸可以一起陪着你学习，不要灰心，也不要着急。"

不要让孩子因为学习成绩的下滑而丧失信心，并且要告诉孩子随着年纪的增长，我们的学习思维方式会不断地调整，每个人都会遇到这样的状况。提醒孩子，从这个新起点开始重新出发，相信一定会超越自己！

曾有一位妈妈向我咨询过这样一件事，她的孩子从小学一年级一直到小学毕业成绩都是名列前茅，老师非常喜欢他。家长对他的学习也从来不用过问，非常放心。可是自从上了初中，在初中一年级的时候，孩子第一次考试竟然考了班里的二十几名。这让妈妈觉得异常担心，于是暂时辞掉了工作，搬到初中学校的附近陪读。

可是没想到她的这种做法不但没有促进孩子的成绩进步，反而让孩子感觉到非常大的压力。这位妈妈明显地感觉到孩子的学习态度没有小学时候端正，现在总喜欢找借口，每天写作业也是拖来拖去。于是她非常着急地找到我，想要问我解决的方法。

我告诉她："首先你要知道，这是一个已经形成的结果，我们只能接受。你现在的焦虑情绪，不但不会正向促进你的孩子，反而会让他觉得这件事情难度特别大。妈妈的焦虑状态绝对直接影响着孩子，所以在面对一件非常重要的事情，你要显得举重若轻。你要告诉孩子，这没什么，谁遇到这样的情况都会这样。整个初中有三年的时间，这只是第一年，一次两次的成绩真的不算什么！我选择搬到学校附近陪你一起住,不是给你制造压力的,而是陪伴你一起,大家共同努力,把眼前的困难逐个击破。"请记住,一定不要让孩子产生急躁焦虑的情绪,才是解决这一过渡阶段正常心理的最关键、最核心的方法。

二是孩子的个人独立意识开始逐渐被唤醒。12岁以后孩子进入了一个新的心理成长阶段,在这一个阶段,孩子在生理上已经具备了独立的能力。但是在心理上许多孩子依然对父母有强大的依赖感。所以这一阶段有一件事情很重要,那就是唤醒孩子的独立意识,让孩子逐渐地学会自己去面对一些事情。在正式进入初中生活之前,家长应该提前从一些生活细节上进行引导,让孩子独立完成自己的事。比如,自己的衣物自己洗,打扫自己的房间,整理自己的书架,合理规划自己的时间。

在这个阶段,我们应该学会渐渐地退出孩子的生活,让孩子试着去尝试自己决定一件事情。这样,孩子就不会再出现过以前的畏难情绪,变得越来越独立。他在做一些事情的时候,不再第一时间向自己求助,而是喜欢动脑去思考。在初中生活到来之前,孩子有了一个发挥自己主观能动性的机会,对孩子来说真的是一个非常棒的体验。所以,在这一个阶段唤醒孩子个人的独立意识非常重要。

三是让孩子学会正确地与人交往。初中生活是一种集体生活,由于孩子正处于性格塑造的关键期,所以这一个阶段的孩子很容易受到环境的影响。

首先要发挥父母的正向标杆作用。父母永远是孩子学习的榜样,不管父母做得好与不好,都会直接影响到孩子。在交友观上,孩子受到父母的影响非常大,所以父母在交友方面表现出来的准则和方式会完全复制到自己的孩子身上。因此我们一定要树立自己的正确交友观,在我们和朋友交往的过程中,让孩子看到我们的交友观是怎样的,这样我们才能正确地影响到他。对待朋友的尊重以及守信用,这些都不是靠语言传递给孩子的,而是靠平时一点一滴的小事影响到他的。

其次要做好孩子的后勤。有一个家长曾经向我分享过这样一件事,有一次孩子非常忐忑地跟自己提出了一个要求,孩子说从来没有邀请过同学到家里做客,他去过好多同学的家里,所以他希望邀请同学到家里进行一场聚会。

爸爸妈妈听到孩子这样说,并且观察到孩子的表情很忐忑,猛然想起自己好像从来没有给过孩子这方面的讯息和支持。原来这一点对于孩子来讲是很重要的,因为在同学面前是否能够把别人邀请到家里,好像对孩子的面子,包括他在同学之间的人缘、地位都有很大的影响。于是他的爸爸妈妈赶快商量了一下,同意了孩子这个要求，并且告诉孩子说："你请小伙伴到家里来做客，你只要做主人招待好他们就可以了，剩下的事情全都交给爸爸妈妈，比如你想当天晚上做几道菜，想要吃哪些菜，可以提前问问你的同学他们喜欢吃什么菜，你告诉爸爸妈妈。爸爸妈妈负责做你们的后勤和厨师，我们一定会招待好你的小伙伴，也一定会把这次聚会布置得非常精彩。"这样一来，孩子会觉得特别有面子。

其实这是一次非常好的亲子互动的机会，孩子感觉到同学到家里做客，得到了爸爸妈妈热情的招待，对他而言这是一件极有面子的事，而且也让孩子感觉到了主动为别人付出是一件非常开心、快乐的事情。假如我们之前没有做过这样的行为，我建议大家可以去问一问孩子的想法，我们可以帮助他策划这样一场聚会，以此拉近和他之间的距离。

最后要尊重孩子的交友习惯。其实我们会观察到，孩子到了这一阶段，会喜欢交一些酷酷的朋友。所谓酷酷的朋友就是一些平时可能比较贪玩的孩子。有很多的家长觉得不太好，不想让孩子跟那些学习成绩不好的孩子一起玩，怕自己的孩子被他们影响。可是我们的这种做法会让孩子学会用有色眼镜看人，把人区别对待。不要用家长的眼光和模式决定孩子的交友圈子，我们应该学会给他最大的尊重。孩子总是会去模仿自己的父母、自己的朋友，模仿自己身边每一个跟自己亲近的人。这种模仿就是孩子在渐渐地学习如何与别人共处。

所以在整个过程中，家长应该学会和孩子成为一个"并航者"的关系。孩子是一艘船，作为家长是另外一艘船，这个时候我们应该和他并驾齐驱。其实从某种意义上来说，从孩子12岁以后，我们更应该找准的一个角色，那就是成为孩子的朋友。生活中，你是如何和朋友相处的呢？一定是平等地看待对方，真诚地支持对方，尊重对方，只有做到了这三点，我们的孩子才会给我们一个良好的正向的反馈，也只有这样，我们才能在这一阶段真正意义上的帮助到孩子。

过度地依赖，过度地疏离都不是好的关系，我们要慢慢地教会孩子学会渐渐地摆脱对父母的依赖，学会自己独立地处理问题，解决问题。我们要时常站在他的身旁告诉他："我一直陪伴着你。"

第四章
如何培养孩子必备的品格精神

第一节　如何帮助孩子建立规则意识

帮助孩子建立规则意识的黄金阶段是 3 到 6 岁。在这个阶段，作为父母，我们要用实际行动告诉孩子哪些可以做，哪些不可以做。很多父母非常希望帮助孩子建立规则意识，却不知道如何做才能最好、最有效地影响孩子。

3 到 6 岁，孩子开始体验到自己对周围人的影响力，他开始一点一点地强调自己："我认为，我觉得，我希望……"这是他们会常说的口头禅。而这时我们作为父母一定要充分地尊重孩子，给予他施展的空间。假如在这个阶段，我们一直不给他施展的空间，把他局限在一个我们认为安全的、规范的圈子里，那么孩子的想象力、做事情的思维发散性都会受到巨大的限制。所以这并不是一种负责任的行为。

那么，我们既想要让孩子的想象力有所斩获，同时又想要告诉他相应的边界，让他有边界意识，这该如何去做呢？我分享一个非常有用的技巧，叫做"太空时间"。

这些年有不少家长咨询我的问题都与规则意识的建立有关。"太空时间"是我这些年来总结出来的，能够帮助家长最有效地解决这个问题的方式之一。

"太空时间"的概念是什么？所谓"太空时间"就是亲子双方通过契约的方式约定好一个特别的时间段进行沟通交流，在这个时间段里没有身份，没有地位，彼此平等，彼此客观中立。就像在这个时间里坐上了飞船，离开了地球进入了太空，所有地球上的事都暂时搁置，这就叫"太空时间"。

为什么孩子和家长会有一种长期对抗的关系？那是因为我们总是无法摆脱家长的概念和形象。我们在和孩子沟通的时候，有时是居高临下的，甚至每当我们跟他沟通的时候，一开始就是讲大道理，当我们经常对他说，"不听老人言吃亏在眼前"这样的话时，就代表我们已经开始走入家长的角色里。而孩子在每次沟通时听到这样的话时，总是非常抵触。孩子的内心是这样的："凭什么你作为家长就可以对我提各种各样的要求，凭什么我是孩子，我就一定要听你的话！"

于是"太空时间"就变成了一个非常实用的工具。我们可以每周跟孩子约定两个小时的时间作为"太空时间"。这段时间里双方没有孩子和父母的身份，对方说的任何话都不可以直接否定，也不可以做任何的判断与评价。

我们要清楚地知道一点，孩子与我们沟通，是希望我们可以接纳和照顾他的感受，而不是听取我们的意见。在这个阶段家长尤为要注意，如果每一次我们跟孩子的沟通都是给他提意见，或者给他直接性的指导，那么孩子会非常讨厌和我们沟通。曾有个家长对我说："李老师，你讲的这些我都正在做，但效果还是不好。"我问她："你是怎么做的呢？"她说："你说要经常跟孩子沟通，我便每天晚上抽出一个小时跟孩子沟通。每天晚上吃完晚饭，我都会让我的孩子拿个小板凳坐在我对面接受教育，这一教育就一个小时。"通过询问得知，这位家长每天给孩子都讲一些心灵鸡汤，人生哲理。可是孩子根本不爱听这些。这个世界上没有哪个孩子喜欢听这样的大道理。我经常讲这样一句话："有效果比有道理更重要。"我们所谓的道理是我们站在成人的角度，给这件事情赋予的意义，而孩子未必会接纳我们对这件事情的定义。所以想要跟孩子沟通，必须要先营造一个彼此对等、客观平等的环境。而"太空时间"就是营造这样一种沟通状态和机会的工具。"太空时间"涉及三个重要的方面。

第一，规则的制定。因为在"太空时间"里没有地位、没有身份，所以所有的讨论都是开放性的，我们可以在"太空时间"里制定规则。比如在"太空时间"里，我们和孩子坐在一起，谈论关于玩手机、看电子图书的话题。首先，我们先询问孩子，他认为每周看多长时间的电子图书比较合适。先听孩子的意见，然后我们再说出我们的看法，双方通过平等的沟通，制定好规则。比如，每天晚上放学回来以后，应该保证孩子有一个小时的电子图书阅读时间，家长不得以任何的借口和理由来压缩这个时间，孩子也不能以任何的借口和理由超出这个时间。通过制定规则，可以明确孩子阅读电子图书的权益，规定阅读时间。我们还可以把"太空时间"表、每天的作息时间表贴在书房和卧室门上。那么孩子会觉得自己的权益受到了最大限度地肯定和保护。

很多家长会担心，如果孩子违反了规则怎么办？首先家长要反思自己，自己是不是有率先违反规则的行为？因为在家庭里孩子是弱势群体，他没有能力去改变什么，他只能被迫地接受。所以如果一件事情能够保障他的利益，他为什么不去做呢？如果他不去做了，只能说明我们作为父母单方面存在着违反规则的行为。比如，我们在"太空时间"里制定的作息时间表，其中包括每天晚上有一段亲子互动倾诉时间，可是我们却忙于工作，没有陪伴孩子，这就是违约。

我们想要孩子拥有契约精神，就要用自己的行为去影响孩子。我们承诺的事情一定要做到，否则就不要反过来责怪孩子没有遵守约定。契约里所有的内容必须在"太空时间"里通过协商达成一致才能进行改动，对"太空时间"里做出的所有决定要共同捍卫，坚决执行。

第二，谈话的角色。在"太空时间"里，亲子谈话的角色必须要把握住，那就是没有地位和身份上的差异。在"太空时间"里，爸爸妈妈不再是家长，儿子女儿也不再是孩子，这是一场完全平等、互相尊重、互相倾听的对话。很多家长没有倾听的态度，孩子只说了一半，就急于打断，或者立刻提出强烈的反对意见。无论你觉得孩子的意见多么不靠谱，你也不可以直接反对。否则所谓的"太空时间"就没有任何意义，因为你又站在了家长居高临下的高度上和孩子沟通。

我们要告诉孩子，在谈话的时候双方不可以带有个人情绪，这是一次完全客观、中立、平等的对话，不能因为各自私人的情绪影响谈话的内容。有时在"太空时间"里，双方在情感上达到共鸣后，会互相倾诉很多个人秘密，这时要保守秘密，千万不要把它变成人尽皆知的公开秘密，否则会伤害到孩子。我们要表现出愿意支持、愿意倾听、愿意接纳、理解他的态度。

第三，谈话的内容。在"太空时间"里谈话内容应该注意什么呢？①最重要的是不管谈论什么，都没有对和错。任何人不允许评价对方的做法，只能做客观中立的聆听与分析，不允许夹杂个人观点。如果对一件事情存在疑问，双方可以一起讨论、一起来论证，假设几种情况和结论，共同选择。②只允许谈个人的感受，不允许针对对方的意见给出任何建议。③做到不抱怨，不谈判，不逼对方，不翻旧账，不发泄情绪，更不欺骗。④双方承诺对谈话内容保密，对谈话内容负责，真诚对待每一次"太空时间"。

如果我们每周都有一个这样的时间，让孩子能够参与到家庭生活中，让他变成家庭生活中的一分子，真正体验到自己对家庭规则的贡献和影响力，那么他的规则意识也就建立起来了。很多家庭规则意识建立失败，是因为这些规则完全是家长对孩子的要求，没有考虑到孩子自身的感受。这样的规则就好像不平等的条款一样，没有人愿意接受，所以我们一定要站在公平、平等、客观的角度，以一个朋友的身份来看待"太空时间"。

第二节　孩子输不起，是什么在作祟

很多家长私信问我："我的孩子总是喜欢和别人比较，一旦输了就不高兴，输不起！"

其实，从儿童心理学的角度来说，孩子"输不起"是一种正常的现象。别人拥有的东西，他也希望拥有；别人能够做到的事情，他也希望能够做到。他希望通过这种行为来获得周围人的认可。可是因为孩子年龄还小，各方面都不成熟，他们并不了解自己的强项是什么。在集体活动中，一旦不如别人，他们就不愿意接受，很不高兴。

孩子输不起通常有两种表现。

一种是面对挫折和失败，采用回避的办法逃避困难。比如，有一位妈妈批评自己的孩子："你怎么弹琴的时候这么不认真，还不如隔壁的小玲弹得好！"当孩子听到这种话时，一般都会很不高兴，坐在那里赌气，甚至索性不弹了。

另外一种，一旦在游戏中输了就会大发脾气，或者以哭闹以示宣泄。我们经常会见到这样的孩子，因为抢不到发言的机会或者因为没有别人表现得好而感觉到委屈，甚至偷偷哭泣。

虽说好强是孩子正常的心理，但是如果太在意每一次的得失，变得患得患失，就会影响他和别人的相处。面对这种"输不起"的孩子，父母需要耐心地帮助他排除心理障碍，让他体会到每件事情带来的不同的情感体验。

在生活中，一些家长往往喜欢将孩子的成功当作自己的门面，赢了就夸孩子聪明能干，输了就开始埋怨孩子不如别人。这种教育方式非常不可取，很容易让孩子走进两个极端，要么失败了就爬不起来，要么就非赢不可。作为孩子的第一任老师，家长在孩子个性形成中起着非常重要的作用。

家长首先要平衡自己的心态，慢慢地引导"输不起"的孩子。当孩子在学习和游戏中受挫时，应该教育他克服沮丧和悲观的情绪，帮他分析失败的原因，建立积极的态度。告诉孩子，对暂时性的失败要保持足够的信心，下一次一定要加倍努力。

家长应该尽可能地去协助孩子体验成功，建立自信。但是在生活中失败又在所难免，所以家长要让孩子把失败看作另外一种情感体验。在孩子情绪低落的时候，我们一定要学会先接纳他的情绪，给予他更多的鼓励和肯定，帮助他积极地面对挫折。

比如，一个孩子在上绘画课，他没有像别的小朋友那样得到老师的表扬，也没有获得老师发的勋章贴画，那么他就会显得非常的失望与落寞。这个时候我们作为家长就应该告诉他："你已经做得很好了，让我们分析一下获奖的那个小朋友的画究竟哪里比你更好呢？"

这样，就把孩子的注意力转移到了获奖小朋友做得好的部分上。引导一个细节，让他去观察、去分析，然后再反过来反思自己的画。最后告诉孩子，"我们不可能每件事情都做得非常好，记得上一次绘画课，老师也给你发勋章了，那是因为你哪一块做得好，你还记得吗？"孩子就会瞬间把注意力转移到上一次绘画课上。所以我们要引导他，不要只看结果，而要看到别人做得好的部分。

每一次遇到类似的情况，我们都要先接纳孩子的情绪，然后引导孩子把专注点放在对方做得好的具体行为上。这样既告诉了孩子失败和受挫是成长过程中不可避免的事情，同样也鼓励了他要积极地面对，虚心地向别人学习。家长不要过分地为孩子排除一些正常环境中可能遇到的困难，当孩子遭遇挫折的时候，我们要知道这是一个宝贵的学习机会，我们不要立刻插手，不妨给孩子留下一个自己面对失败的机会。

在孩子参加一些集体活动时，他会经历一些挫折与失败，比如和小伙伴踢球时，自己负责守门，结果因为自己的失误，球门被攻破了，他非常失望、痛苦，甚至会流下眼泪。这个时候我们要知道，这些痛苦的失败经历能够让孩子更好地认识自己，发现自己的缺点以及别人的优点，能够帮助他发展出内省的能力。但如果他长久地被消极的情感包围，那么这些都无从谈起了。

所以要想解决孩子的问题，首先要接纳孩子的情绪，千万不要说"你看你怎么老是输不起，这有什么大不了的，不就被人踢进了几个球吗？"我们这样说，孩子就不愿意跟我们聊天了，因为他觉得我们没有理解他，没有接纳他。首先，我们一定要及时地跟他说："我刚才看到因为球门被攻破了，你很伤心，你也一定觉得特别懊恼，是不是这样啊？"帮助孩子找到一个情感的释放口，孩子愿意跟我们倾诉了，这个问题自然就解决了80%！然后，要把孩子的专注点转移到参与的精神体验以及失败过后的个人总结上，不要过分看重结果。最后，引导孩子反省自己，到底是什么原因导致球门被攻破？下次一定要注意什么？这样有助于提升孩子失败后的自我面对能力，能够有效地帮助他提高抗挫折能力。

输不起是每个孩子成长过程中都会出现的一个正常现象，无论什么事情，孩子总是希望自己比别人做得更好，比别人强，获得周围人的认可。只要我们耐心去引导，就可以提升孩子的荣誉感，使之做事情会更加投入。但是如果我们没有做及时的引导，孩子就会走向另一个极端。

所以，培养一个输得起的孩子，我们首先要遵循孩子的个别差异。抗压性差，抗挫折能力差又输不起，是现在很多孩子都存在的一个问题。如果你的孩子属于"不能赢，我就不玩了"这种类型，那么我们就要鼓励他坚持。千万不要在旁边煽风点火："那算了，这些小孩真是太坏了，咱不跟他玩了！"我们要帮助孩子认识到输赢的关键不在于结果，而在于每一次参与和体验带给他的感受。其次要给予孩子面对挫折的勇气。孩子面对挫折的时候，他只能看到自己表现差的地方，这时，需要有人支持他。我们作为家长，就要帮助孩子找到他身上的亮点，肯定他，鼓励他。 最后要反思成功与失败的定义。孩子输不起或者不能面对失败的结果，也许是因为自己对于失败和成功所赋予的定义是基于结果的。是否一定要赢过别人才算成功呢？这个世界上只有一个第一名，不是所有人都有机会每一次都成为第一名。我们作为父母要将成功的含义以浅显的语言告诉孩子："成功就是一件事情，尽心尽力地去完成，而不是把别人打败。不是你输了我就一定赢，我赢了你就必须要输，大家是可以通过努力实现共赢的。"

只要我们在这些方面引导孩子，慢慢就会使孩子从一个输不起的孩子变成了一个争胜的孩子。我们要让孩子把关注点转移到自己参与这件事情获得的体验上。

同时，我们对待输赢的心态也会给孩子带来巨大的影响。我们是不是无形中在给孩子传递一种非输即赢的概念呢？面对工作中的竞争，我们该如何看待输赢？我们的行为比跟孩子讲一万句道理都有力量！孩子的学习模仿能力非常强大，他会看到父母在失败的时候是如何做的，如果我们在孩子面前表现出失败之后的一蹶不振、怨天尤人，那么孩子也会和我们一样，从此以后，他就会变成一个输不起，不愿意尝试的孩子。

关于成功和失败的定义，困扰了许多人，究竟怎样做才算是成功？怎样做才能更好地面对失败？其实人类的历史正是因为想清楚了这两个问题的关系，才不断地向前发展。我们的孩子也是一样，当他通过自己的努力，通过观察想明白了这件事情，那么他的人生才开始一步一步地向前行进。

作为父母，我们既要让孩子学会汲取阳光，获取幸福，又要让孩子坦然面对和承受人生中的苦难和挫折，不要因为承受不住风雨的侵袭，而停止前进的步伐。

第三节　如何正确看待孩子的攀比心理

我曾经接到过一位家长的求助电话，她阐述了自己孩子的问题。

孩子今年8岁了，有一天早上，他忽然又哭又闹，不愿意去上学。妈妈问他为什么？孩子说，自己的同学背着一个书包特别漂亮，可是自己的书包却是去年的旧书包，所以他不想上学。这位妈妈为了哄他上学，只好答应给他买新书包。

几天以后，孩子又不愿意上学了，原因是他发现另外一个同学有一部高档的机器人玩具，而自己却没有。出于对孩子的疼爱，这位妈妈只能无奈地答应。

通常情况下，我们看到这种情况，可以理解这位妈妈为了解决问题做出的妥协行为。

这位妈妈最后在电话中跟我说，自从她满足了孩子两次以后，她发现孩子的攀比心理越来越严重，总是跟学校的孩子攀比。哪怕是别的孩子有一件很不起眼的东西，他也必须要拥有。这可难坏了这位妈妈。

其实，这种比较心理是非常正常的表现，孩子的内心深处总是希望和别人保持一致，甚至超越别人。尤其是孩子到了6到10岁这个心理成长的敏感期，就会很容易与别人比较。

这种争强好胜的心理本来是一个很好的心理动机，但是如果每当孩子向我们提出要求的时候，我们都像这位妈妈一样，无条件地满足，就会慢慢地放任了孩子的攀比心理。

攀比心理虽然在青少年和成年人中普遍存在，但是随着社会经济的发展，幼小时期的攀比也不可忽视。大多数的孩子都出现过与别人攀比玩具、书包、文具、衣着这些现象。这种攀比心理是一种不愿落后于人，争强好胜，物质欲越来越强的内心综合的外在流露，这种心理在特定的情况下起着一定的积极作用，但是长此以往，会给孩子身心健康带来诸多负面的影响。

我们作为家长，应该本着正确的态度看待这一时期孩子的攀比心理，应该采取一些较为合理健康的方式处理这一时期孩子的这种心理活动。

首先,我们要了解攀比心理存在的原因。

第一个原因,生活水平的提高为孩子的攀比心理提供了相应的经济基础。随着经济的发展,生活水平不断地提高,父母都不愿意让自己的孩子落后于人,不想让自己的孩子不如别人。所以父母很愿意满足孩子的各种要求。一些家长甚至在孩子没有要求的情况下,也会让孩子穿得好一点,做得好一点,拿着的东西在别人面前更有面子,这就给孩子的攀比心理提供了基础。

第二个原因,父母对孩子攀比的无限放任,其实就是一种溺爱,这种溺爱是以孩子攀比的行为为主体现出来的。人人都希望自己的儿女茁壮成长,超凡脱俗。儿女要什么就给什么,甚至以自己的儿女拥有比别人更好的东西来彰显自己的身份和地位。那么这种过分的溺爱和迁就,就会使孩子攀比心理加重,产生强烈的依赖情绪。

第三个原因,孩子的天性为攀比提供了心理基础。幼小时期的孩子会通过改变自己去不断地超越别人,这是孩子的一种天性。但是这一阶段的孩子内心又非常纯净,无论是模仿能力还是好奇心都非常的强。易教、易懂、易模仿是这一时期孩子的特点。他未能分辨是非曲直,真善美丑,所以什么都跟着学。因此这种天性就为孩子的攀比提供了心理基础。然而这一点却容易被家长忽视。

第四个原因,家长的自卑心理也是导致孩子攀比的一个重要原因。有些家庭可能经济状况不是很好,但是又怕孩子被欺负,让人瞧不起。所以当别的孩子拥有什么东西时,家长就会立刻给自己的孩子买,哪怕自己再苦再累也在所不惜。

其实,我们要从正反两个方面来看待攀比心理。一方面,攀比心理在特定的条件下,暂时性地能够起到积极的作用。攀比是不满足于现状,不甘落后于人,想要追求拥有甚至超越他人的一种心理意识。在特定的情况下,它能起到积极的促进作用。

比如,有个孩子很贪玩,学习成绩也不太好。他的爸爸妈妈为了让他提高成绩,就和他约定,如果成绩能够超过班里的某一个孩子,就给他买一个高档的书包。最后,孩子的成绩上果然有所提高。可是这种行为反过来想又非常不可取,因为当我们奖励孩子时是带着各种各样的条件的,会让孩子觉得学习单纯的就是为了父母,甚至只是为了一个新书包或者新文具,原有的激励就变了味道。

在现实生活中,我见到很多家长常常利用孩子的攀比心理给他鼓励。刚开始我们也能看到好的效果，但是一旦在过程中把控不好，就会让孩子认为自己做一件事情就是为了这个结果。其实这恰恰是一种错误的鼓励孩子的方式。

另一方面，事物的发展都是由量变到质变的一个过程。家长也好，老师也好，如果没有很好地把握孩子攀比的程度，听之任之，久而久之就会给孩子的健康成长带来负面影响。今天孩子要求你买一个漂亮的书包才去上学，明天又要求买一个高档玩具，后天又要求其他的东西，长此以往，当我们不能满足他的要求时，孩子就变得不听我们的话，麻烦事也就来了，那时再想回到当初已经于事无补。

面对孩子的攀比心理，我们应该如何做呢？

作为家长一定要正确地看待什么是攀比，要发现攀比背后正面的动机是什么？我们要知道孩子是因为什么才想要拥有和别人一样的东西。孩子是正在发育的幼苗，需要家长用充足的爱意和信任去灌溉和培育。浇水过多，反而会使幼苗淹没，营养过剩会使它停滞不前。家长要把握程度，适时地给予鼓励，保护孩子的童心。

年轻的父母不要过分地疼爱自己的孩子，让孩子产生攀比的惯性。我们应该提供给孩子最好的生活条件，但是从某种意义上来说，孩子只要有能够正常生活的条件就足够了，没有必要让所有事情的标准都那么高，这样会使孩子变得非常物质，很容易养成孩子过度地以自我为中心的心理。

从家长自身做起，我们要学会培养孩子正确的人生观和价值观。《弟子规》里有一句叫做"衣贵洁，不贵华；上循分，下称家"，这句话的意思是，穿衣服最关键的是要整洁，而不是多么的华丽，在上要适合自己的身份，在下要符合自己的家境。你看古人用这简单的12个字就说明应该用什么样的标准要求自己的孩子，而我们现在很多家长却一味地妥协，一味地买名牌。其实穿一件衣服真正给别人留下好的印象并不是因为衣服有多名贵，而是他在穿这件衣服的时候能够保持整洁，能够成为一个有礼貌的孩子。我们应该从这个方面去引导孩子，而不是让孩子牵着我们走。

如何运用合理的方式处理攀比问题呢？

第一种：拒绝"保姆式育儿"。"保姆式育儿"指的是孩子所有的事情都由家长亲自包办，这种爱包办的家长很容易培养出爱攀比的孩子。"保姆式育儿"体现出了很多中国家庭在教育孩子上存在的问题，比如很多家长习惯把孩子的学习成绩和其他孩子进行比较，经常性地跟孩子说："你看看别人家的孩子怎么怎么样？"

在一次培训当中，我曾经问过孩子们这样一个问题："你们父母有没有经常觉得你们做得不够好，然后对你们说，你看看别人家的孩子怎么怎么样？想以这种方式来激励你们，让你们好好学习。"孩子们异口同声地说："说过！"紧接着我又问他们："那你们听了这句话以后有没有受到激励？从此奋发图强，好好学习呢？"这些孩子又是异口同声地说："没有！"

相信没有哪个孩子喜欢听到这样的话！而且总是拿别的孩子和自己孩子比较，这会让孩子的攀比心理进一步加强。孩子的学习成绩不好，家长甚至会觉得这让自己抬不起头来，仿佛孩子的成绩就是自己的脸面，这种虚荣的感觉就会传递给孩子。家长们攀比的范围有时候也非常广泛，比如说谁家的孩子三岁就开始学英语了；谁家的孩子从小就会背古诗，三字经也背下来了；谁家的孩子弹钢琴，在市里拿了第几名；谁家的孩子奥数学得特别好……几乎从上小学甚至幼儿园开始，孩子就经常被拿来与其他家的孩子进行比较。本应该快乐无忧的童年变成了比学赶超的童年，这给孩子带来的体验非常不好。这种包办和操控使孩子的攀比心理进一步增强，孩子也会在父母的影响下变得极其虚荣。

第二种：我们要让孩子尽快地学会独立。独立是一个孩子独自面对这个世界的能力。独立的孩子独自面对生活中遇到的每一种状况，并且知道该如何解决。有些家长习惯为孩子做决定，简单地告诉孩子该做什么不该做什么，甚至代替孩子完成所有的事情。

我经常在游乐园看到这样的一幕，孩子和妈妈吃着雪糕，站在阴凉的地方乘凉，而爸爸却在烈日炎炎下负责排队。这样就会让孩子认为这就是爸爸应当做的。再比如，在一些课外学习班的选择上，往往不是孩子和家长共同决定，而是家长觉得该学什么就让孩子去学什么。这些行为都会滋生孩子的攀比心理，长此以往，孩子就会像父母一样看待任何事情都太过于注重结果，而且会把责任推得一干二净。他觉得想要的就必须得到，整个世界都要以他为中心，那么他就无法学会独立面对这个世界，他不知道很多事情都需要自己承担结果。

第三种：以攀比应对攀比。对于一个孩子来说，攀比不一定完全都是坏事，问题在于父母从哪个方向引导他。我给大家推荐一个应对孩子攀比的四个策略：

①反攀比。当孩子们在攀比的时候，最典型的理论就是别人都有，所以我也应该有。对付这样的孩子，比较快速生效的办法就是，告诉他："虽然你的同学

有一件新书包,但是你有一个他没有的滑板鞋呀!"这样一来,马上把孩子的注意力焦点转移到自己拥有的事物上,告诉他:"不要老盯着别人有,自己却没有的东西!每个人拥有的东西是根据自己的需求来的,你的滑板鞋,你的其他小伙伴就没有,那你应该多看看这一点,你应该珍惜你现在拥有的。"

②改变攀比的兴奋点。孩子有了攀比的心理,说明孩子的内心有了竞争的倾向和意识,这原本是一件好事。我们要抓住这种上进的心理,改变他的攀比基于吃穿消费的倾向,引导他在学习方面和别人进行比较。比如,当一个孩子在埋怨老师经常表扬某个同学的时候,这时候我们作为父母就可以跟孩子一起研究,为什么那个同学经常受到老师的表扬呢?我们要让他看到是因为那个同学哪一点做得好,老师才表扬了他。跟孩子一起列出那个同学的优点,让孩子慢慢地努力,和那个同学比一比,看看我们能不能超过他。通过正向地鼓励和引导,改变攀比的兴奋点。

③把攀比变成一种动力。当孩子攀比的时候,父母可以告诉孩子不是不可以攀比,但是这些事情需要通过自己的努力去实现,巧妙地将攀比变成动力。比如,一个孩子拿着别人刚买的玩具四驱车,跟我们说:"你看!别的小伙伴拥有那么多辆玩具四驱车,多么高档!"这时候我们可以鼓励孩子:"那你可以从这学期开始积攒零花钱,有一天你也能为自己购买一辆四驱车。"这时,我们把攀比就变成了动力。

④纵向的引导攀比。我们可以多鼓励孩子和自己攀比,我们要告诉孩子一句话:"你和别人比没什么了不起,赢了别人也没有什么了不起。重要的是你能胜过昨天的自己!"比如,拿孩子的今天和昨天比,拿孩子的这个月和上个月比,拿这一学期和上一学期比,在这种特殊的攀比中,会让孩子看到自己的进步,也会让他看到自己的本领一天一天地在增强,这就是一种正向的引导攀比。

作为父母,我们首先要做到不拿孩子和别人比较,要发掘孩子的独特性,把爱比较的心态转化成和孩子共同成长的动力,鼓励孩子发展与众不同的自己,这样才更有价值、更有意义。

第四节　孩子有了拖延症怎么破

"赶紧起床吧，马上就到点了，快迟到了！"
"快点收拾书包，别磨蹭了！"
"作业能不能快点写？你磨蹭什么呢？"
……

这些话语是不是经常出现在我们的生活中呢？

曾经有一位妈妈在听完我的讲座以后，给我打来电话，咨询了这样一个问题：

她觉得她的孩子得了"拖延症"，不管做什么事情都显得非常拖沓，尤其是起床。孩子从小起床困难，尤其是上了小学以后，这种情况就更加严重。上小学后，上课的时间要求更加严格了，而孩子每天早晨起床几乎都要叫上五六遍以后才能起得来。有时候，起床后时间非常紧迫，连早饭都来不及吃，她就要赶紧开车送孩子上学，在路上也是一路狂奔。即便这样，每天到了学校也是马上就要上课了，每天都在面对这样的窘境，她真的是痛苦不堪。她也尝试着跟孩子沟通过这个问题，可是孩子却总是不紧不慢，也从未想过改变，甚至有时说多了，孩子还会跟她对着干。

其实相信很多家长都遇到过这样的情况。其实，所有的这些都和规则意识与责任感有关。所谓的拖延症并非一朝一夕养成的，要治好孩子的这个问题也不是一蹴而就的。家长们要找到真正的原因，对症下药，这才是真正的解决之道。

第一，建立孩子的规则意识。拖延症最根本的原因在于孩子缺乏规则意识，没有形成良好的行为习惯。什么叫做规则意识呢？规则意识指的是孩子发自内心地以规则为自己行动准绳的意识。比如孩子遵守校规、遵守法律、遵守社会公德、遵守游戏规则，这都可以称为规则意识。一个有规则意识的孩子，不仅显示出他有良好的行事作风，也显示出他有良好的修养。不可否认，无论是在学校里、餐厅里，还是其他的公共场所，守规矩、懂礼貌的孩子，总是最讨人喜欢的。

但是由于很多父母没有给孩子建立形成规则意识的氛围，导致很多孩子没有及时地培养出规则意识。甚至有很多家长在家庭中也没有制定家庭规则，让孩子太过自由散漫。在面对孩子拖延症的时候，很多家长选择放任自流或是极端压制，这些都会导致孩子的规则意识变得更加模糊。作为家长，我们必须从现在开始为孩子制订可行的计划，并且监督孩子落实计划，帮助孩子改善拖延症。

规则意识的培养，最重要的就是要唤醒孩子对一件事情的责任感。

有一次，我在一个公共洗手间门口被一位女士拦住，她询问我在洗手间里有没有见到一个小男孩，她说自己的儿子走进厕所很久了，还是没有出来，她很担心。于是我返回洗手间，看见了一个男孩正在修理水箱上的拉杆，因为拉杆突然失灵了，无法冲水。经过询问这个男孩告诉我，他认为自己用过的马桶，如果不冲干净就对不起下一个使用的人，这样也有失自己的尊严。最后在我的帮助下修理好了水箱的拉杆。我们一起走出洗手间的时候，男孩的妈妈刚想责怪孩子拖延，我马上替这个孩子澄清了。随后，这位妈妈带着自己的孩子走了，一边走一边埋怨孩子，怪他不该磨磨蹭蹭。我看着他们的背影，明显感觉到孩子有一种非常落寞的心情。

如果我们在孩子形成规则意识的时候，没有给孩子相应的建立规则意识的氛围，那么孩子就无法形成相应的规则意识，渐渐地会对这件事情产生错误的理解。规则意识是伴随着强烈的个人责任感而产生的。所以我们平时在看待孩子行为的时候，只要孩子有了类似的行为，就一定要鼓励。因为这种行为是帮助孩子养成正确规则意识最有效的方式。

第二，学会给孩子树立正确的时间观念。给孩子树立正确的时间观念，首先要教孩子学会认识时间，使他知道如何去支配自己的时间。我们在强调时间的时候，不应该对孩子说一些非常模糊的话，比如，"快一点、抓紧点"，这些话孩子都是听不懂的。我们可以耐心地跟孩子说："当秒针走到这里的时候，我们就该出发了。"

我们每个家庭都有一个钟表，我们要教会孩子看钟表。我们可以让孩子学先会认识秒针，告诉他秒针转到第五圈的时候，我们就该出发了。这五圈时间里你要赶快穿好衣服和鞋子。每当我们这样跟孩子说话的时候，你会发现他的注意力一下子就转移到了钟表上，并且会一边盯着秒针移动，一边穿衣服或者穿鞋，速度会非常快。

原因就是我们给了孩子一个具象的时间概念。等孩子慢慢长大了，我们就要教会他认整点、半点、几分几秒，适时地给孩子配上一块数字手表，这样就更加方便他辨认时间，让他的时间观念能够形成得更加清晰。

通过认识钟表让时间变得可视化，孩子就会明白什么时间该做什么事。让孩子有时间观念，学会规划时间，珍惜时间，他自然就会慢慢地克服拖延的毛病。

强强是一个5岁的孩子，他的妈妈听过我的课以后，向我分享了自己与孩子制定规则的过程。

一开始，孩子放学回来之后的时间完全混乱，于是她就和自己的孩子一起把时间划分为家务劳动时间、写作业时间和休息的时间。作为妈妈，她和自己的儿子强强一起规划了每天晚上回来一直到躺在床上休息之间的几个小时，她告诉孩子每天写作业的时间是一个小时到一个半小时；协助妈妈做家务的时间是半个小时；休息放松娱乐的时间是半个小时。以上这几个时间段全都过去之后，就是洗漱休息的时间，保证孩子能够有9到10个小时的睡眠时间。

最开始的时候，强强没有办法做到百分之百的守时，这时，妈妈在每一个时间段都积极地陪伴着孩子一起做，并且给孩子佩戴了一个可计时的手表。当孩子没做到的时候，她也不会像以前那样小题大做地去责怪，而只是不断地鼓励。大约两个月后，她给我打电话非常开心地说，孩子现在的时间观念非常好，做什么事情都不需要提醒了。更重要的是，在她坚持陪伴和不断鼓励的这两个月时间里，她发现强强和自己的关系变得更加亲密了。

所以，制定时间表的目的就是为了让孩子在家里不会被放任自流。在时间表上，事项安排得越清晰，写得越明白越具体，孩子就会更加有效地执行家中的规则。

第三，奖励刺激法。所谓奖励刺激，就是指通过奖励或者惩罚的手段来诱发孩子的动机，激发孩子做事积极性的方法。这种激励超乎正常的期望值以外，所以它对于正常的目标实现有很大的强化以及催化的作用，我们可以把它称为强化激励。

在帮助孩子克服拖延症的问题上，我们可以通过设立合理的奖惩制度，辅以实际行动慢慢地改变孩子的拖延习惯，同时注意不要扭曲孩子的金钱观。比如说用孩子喜欢的图书、喜欢的玩具当作奖励，或者许诺孩子按时完成作业，可以获得周末郊游、游乐场游玩的机会等。有时候用奖励诱惑孩子，效果也是不错的。只不过我们尽量少用金钱来做奖励，否则会对孩子的金钱观产生不好的引导。

所谓的拖延症，完全是因为我们作为家长，没有在孩子成长的关键阶段给他创设良好的培养规则意识和责任感的成长空间与氛围。

作为家长，我们就要以身作则，成为一个没有拖延症的人，我们要成为一个时间观念非常强的人。让孩子每次看到我们的时候，都能直观地学习到我们是如何有效地利用时间的。

有一些家长在尝试我给他们的方法之后，觉得自己很难做到，孩子也没有太大的变化，主要的原因是当我们在给孩子制定规则的时候，往往这个规则是带有单方面性的，没有兼顾到家里的所有人，仅仅是单方面对孩子一个人的要求，孩子在完成这些规则的时候就会体验到不公平。真正有效的规则应该是对家庭成员所有人共同要求与约束，所有的人都要在规则之下去做事。你希望你的孩子能够成为一个时间观念非常强的人，首先自己就要成为一个时间观念非常强的人。要记住，在家庭里真正对孩子产生影响的并不是我们的语言，而是我们的行为。

第五节　如何培养孩子的契约精神

孩子的生命是从一张白纸开始的，父母要根据孩子不同成长时期的特点，采取不同的方法。这个过程既是孩子生命成长的过程，也是父母学习和成长的过程。

随着孩子年龄的增长，他开始越来越强烈地追求"公平"。所以，我们可以通过契约精神的培养和影响孩子，让孩子学会遵守规则，捍卫规则，让孩子通过契约精神的养成，找到自主独立做事的原动力。

先分享一个故事。

一个周末的早晨，一位爸爸到朋友李先生家去拜访。到了李先生家里以后，李先生的妻子恰好要外出买菜，结果没有找到零钱。李先生的妻子就喊儿子："晓栋，你不是存了一些零花钱吗？借妈妈用用。"晓栋就从存钱盒里拿出一把零钱数好交给妈妈。妈妈收下零钱以后，并没有立即去买菜，而是拿出一张纸，写了一张借条，签上了自己的名字，并且念给儿子听："今天借晓栋现金68元整，借用期限，一天。借款人，妈妈。"晓栋收了借条，郑重地放在自己的存钱盒里。

从儿子那里拿点零用钱来用，还用得着写借条吗？这母子俩上演的这一出让这位爸爸很是吃惊。朋友李先生见到他吃惊的样子，微笑着解释："我们跟孩子借零钱是要打借条的，这是很有必要的。因为这种方式有助于培养孩子的契约精神。"

李先生继续解释:"培养孩子的契约精神,对于孩子的成长非常关键。"这位来拜访的爸爸听着很新鲜,一脸的茫然,李先生就和他讲起了培养孩子契约精神的起因。

李先生说:"有一次读书的时候,偶然读到了一个小故事,很有感触,于是就下决心开始培养孩子的契约精神。故事是这样的,美国第18届总统,他的墓碑旁边有一座小孩子的墓,这个小孩到底是谁?凭什么埋在总统陵墓的旁边呢?其实这源于一份契约。小男孩先前在这个地方不幸坠崖身亡了,父亲在自家地里修建了坟墓,要永远地守候孩子。后来家境不佳,父亲需要转卖自家土地。在转卖土地的时候,他与卖家签订了一份契约,孩子的墓地要永远保留在这里。买家同意了。后来这块土地几经流转,原先的契约都一直有效,孩子的墓也就一直完好无损地立在原处。最后这片土地被征做总统墓地,契约仍然有效,孩子的墓地仍然存在。一纸契约永远生效,契约精神打消了人与人之间不平等的地位,以此为基础,派生出的诚信、善良、热情以及和谐的人际关系,让人觉得很温暖、很感动。"

李先生接着说,"我读完这个契约故事深受启发,萌生了培养自己孩子契约精神的家教动力。"

这位爸爸和李先生正在热情地交谈着,他的儿子跑过来说:"爸爸,我想去玩会游戏。"李先生马上爽快地答应了:"好!去玩一会吧!"

这位爸爸小声地跟李先生说:"你竟然敢答应他去玩电脑游戏,这要是上瘾了,可不得了啊!"

李先生听了哈哈一笑说:"没事。我和我的儿子是有约定的,玩电脑的时间不能超过半个小时。"

"半小时一转眼就过去了,他玩得不过瘾,到时候你让他关机他都不理你啊!"

这位爸爸的提醒源自于他在家里的管理经验。他的儿子在玩电脑游戏的时候根本没有时间观念,玩得很久了,你喊个八遍十遍让他关机都没用,每次只有动用武力强制关机,才能把儿子从电脑桌上拽下来。为了制止他的儿子超时玩电脑游戏,他们之间不知道发生过多少次冲突了。

可是这位李先生却轻松地说:"不会的!我家儿子玩电脑游戏的时间是依约

而行，我们有契约到时间关机，从来不用强制。"

孩子真的会这么自觉地遵守吗？这位爸爸心里充满了怀疑，于是他决定看看事态如何发展。半个小时过去了，虽然晓栋玩得正开心，可是一看时间到了，他真的就停止了玩游戏，马上关机。

李先生很自豪地跟这位爸爸说："怎么样？这就是契约精神的作用，你也得注意培养孩子的契约精神，有了这种精神，诚信自然就有了，美德也就自然有了。"

听到这里，这位爸爸感觉非常惭愧，想来想去，他和自己儿子交流的过程就是严重缺乏了契约精神！他一直在强调儿子该怎么做，却从来没有给他任何可以争取的权利，他们之间仿佛从来都没有一个契约能够约束彼此的行为，所以他的儿子才会表现出如此的不诚信。仔细地想想，他的儿子缺乏的就是契约精神。

想到这里，他匆忙告别，因为他想起来，眼下这个季节，他已经答应儿子很多次要一起出去玩了。可是他却每一次都因为自己太忙，或者临时有事更改了最初的约定。于是一起出去玩，也就变成了一个口头的约定，没有了任何的效力。想到这里，他做的第一件事情就是直接回家，跟自己的儿子马上出去，完成一次周末的旅行。

这个故事告诉我们一个非常重要的道理，那就是如果我们想要培养孩子的契约精神，首先要做到的是真正地尊重他，把他看作一个平等的对象。在我处理的无数案例中总结出来的经验就是，运用契约关系教育孩子成长的过程，其实就是一个和孩子相互斗智斗勇，较量意志的过程。在这个过程中，作为家长，我们要具备超强的耐心和适度的爱，还要把大量的关注都花在孩子身上，一双会倾听的耳朵和一颗开放的心很重要。在家庭里建立下来的契约，就一定要真正用心去捍卫、去遵守，有意识地把自己培养成一个敏锐的观察家、善解人意的心理学家，而且要成为一个能和孩子玩在一起的善于学习的玩家，甚至还要成为一个懂得斡旋的谈判高手。

因为这几点决定了我们是否能够跟孩子制定出一个彼此都心甘情愿、共同合作的契约，我们和孩子之间建立的契约越多，遵守契约的效果越好。孩子在做这件事情的时候，也会学到哪里是规则，哪里是边界。

曾有一位妈妈分享了自己听完我的课之后的改变，她也是听完我的课之后决定开始坚持凡事用协议和契约去约束、培养自己的孩子的。她的孩子原本是一个做事畏难情绪特别大的孩子，总是喜欢给自己找借口，而且严重依赖父母，缺少做事的主动性。这个孩子从小就很喜欢强调公平和原则，但是她一直不知道该怎么去利用。

现在所有的事情，她和她的儿子都用白纸黑字写成协议。比如，零花钱的使用、家务的分担，这些他们都是白纸黑字签过合同的。从孩子8岁那年开始一直坚持到今天，孩子已经快上初二了。

孩子每周会得到零用钱，但是这里面有20%是要储蓄的。20%以外的钱是自由支配的，支配的权力完全交给孩子，这全都写在契约里。孩子想买什么东西，完全由孩子自主决定，父母不得干涉。

另外，做适当的家务活，这是孩子在家庭里应该承担的义务。比如早上起来自己叠被子，书桌自己整理。在这个基础之上，寒暑假期的时候、周末的时候，他还要帮助妈妈做相应的家务活。

孩子到了初一这一年，他们给孩子买了一部手机，这位妈妈经过长期对孩子契约精神的培养，她已经不担忧手机的危害了。于是买了手机之后，马上就跟儿子建立了一个关于手机使用的契约，关于手机的使用方法、时间、范围，全部都列在这个契约之中！

她觉得孩子现在比原来大了，有了谈判的可能性，她希望可以用合约让他明白，协议的双方是平等的，并且双方都是认真的。这份契约里没有谁大谁小，谁对谁错，我们都必须要共同捍卫契约的内容，必须做出郑重的承诺。她很高兴将这个方法坚持了五年。孩子在青春期到来之前，她已经为孩子奠定了一个有契约精神的良好基础。未来孩子出去独立生活，一定能担起责任，并且信守承诺。

当然每个家庭不同，我们不一定要跟孩子白纸黑字地立协议，但是契约必须存在，因为这是让孩子感觉到公平与原则最重要的一个工具。

在我的课堂里，另外一个妈妈也向我们分享了关于与孩子共同建立契约精神的个人体会。

她的孩子上小学五年级，名字叫小强。他有两个星期常常把午饭剩下并带回家。因为他们学校的老师不允许把午饭倒掉，于是他就只能把剩饭装回家。小强的妈妈看到这种情况，就一直在劝诫儿子："你吃不完的话可以少盛点饭，但是不能浪费粮食啊。"可是说了几次，都没有效果！

后来她就跟儿子建立了一个关于剩饭的契约，她跟儿子推心置腹地聊天时提到了这一点:"你看每天剩饭是不是很浪费粮食?那你每天吃饭的时候应该尽量把饭吃完。"

可是孩子说:"有时候我觉得我能吃完,可是打多了就是没吃完,我只能带回来。"

"好!那为了让以后我们能把握好这个标准,我们就来做一个午饭光盘的契约。如果以后你再剩了午饭拿回来怎么办呢?"孩子说:"如果再剩回来,我就把这个当成我的晚饭。"

妈妈说:"好,这就是咱们形成的一个契约,如果你坚持两周以上,没有剩饭的话,那么我陪你去最好玩的那个游乐场,你不是一直想去吗?这就作为你遵守契约的奖励。"

坚持了几天,孩子这天晚上又一次带着剩饭回来了,这次带着剩饭回来后,孩子明显感觉到有点不好意思,一进门就垂头丧气,看着餐桌上满桌的美味菜肴,他只能默默地把饭盒打开。

孩子还默默地嘟囔了一句:"唉,美味大餐变成剩饭大餐了。"这个妈妈非常温柔地看着孩子微笑地对他说,"你答应了,再把剩饭带回来就要把它当晚饭。"

于是,孩子就开始吃中午剩下的饭,吃了两口,马上就面露难色:"妈妈,如果把这都吃下去了,那我就吃不了牛排了。"这位妈妈非常慈祥地切了一小块牛肉,递给他说:"没事。不耽误!既然说了咱们就得做到。你说呢?"

儿子看着妈妈坚定的样子,说:"我能做到!"

孩子艰难地吃着,最后还剩两口,突然小孩脾气上来了,把饭往前一推,坚决不吃了。还没等妈妈开口,旁边的爷爷奶奶和爸爸都过来说情:"哎呀!别难为孩子了。你看这世界上怎么会有你这样如此冷酷的妈妈呀!"

妈妈说:"不是我冷酷,而是我跟儿子之间建立了这个契约,我觉得儿子可以做到。儿子,你说呢?"

孩子看着妈妈,马上就说:"妈妈,我能做到。"

爸爸说:"儿子,你以后肯定会成为一个特别棒的男人!你吃完了剩饭做到了不浪费,而且兑现了你的承诺,能够履行诺言的男孩子,以后一定是一个特别棒的男子汉!"

最后在鼓励声中,儿子把最后两口剩饭全都吃干净了。从那天开始,他再也没有剩过午饭。

在这件事情上，让孩子吃剩饭并不是一种惩罚，而是这位妈妈培养孩子兑现诺言，说到做到的良好品质的策略。

所以这位妈妈的分享也让我觉得这虽是生活中一个非常微小的细节，但却恰恰说明了培养孩子契约精神的珍贵。

在平时的生活中，身为父母，我们要做一个遵守契约，捍卫契约的人，做事情坚决不打折扣，不搞特殊，要让家庭中的契约凌驾于一切之上，这样孩子才会敬畏规则。

要做到言出必行，说到就要做到。在孩子面前不要轻易承诺，一旦承诺了就一定要起到一个示范的作用。与此同时，孩子在契约中承诺的所有东西，我们都要帮助他言出必行。

一定要避免情绪化，把彼此的信任和约束结合在一起，即便孩子没有做到，我们也要按照契约中的约定进行处理，坚决不向孩子发脾气。

第六节 你的孩子"精神断奶"了吗

有一天，我在小区陪孩子，听见旁边的很多家长围在一起闲聊。

于是我听到了这样一段对话：

一位妈妈略带埋怨地说："学校布置摘松球，我儿子一回家宣布完了以后，他就没事了，剩下的事都要交给我们，这哪里是给他们布置任务，分明是给家长布置的任务。"

我善意地做出提醒："学校可能是让孩子自己去完成，并且让他们在劳动中得到锻炼，我们不应该凡事都去帮忙吧？"

"不帮忙不行呀，他们那么小，干这样的活，刮了摔了，磕了碰了，谁放心呢？再说，现在每家就这么一个孩子，都像宝贝一样看待。"旁边的一个奶奶念叨着。

"我们还有作业要写呢，哪有时间去完成这些任务？大人不帮忙，我们找谁去？以为我们容易吗？"一个小孩子看着我理直气壮地回应。

当我听完这段对话的时候，我心里产生很多疑问，现在的孩子到底是怎么了？

面对自己该完成的任务，该履行的职责，他们首先想到的不是勇于承担，而是推卸和逃避，甚至把一切都推到父母的面前，让家长去想去做，孩子自己高枕无忧，等着家长拿来辛苦的成果去学校交差就了事了。家长要求一起劳动，他们就以写作业、学习来打掩护，拒绝参加。

从另一个角度想，现在的家长又出了什么问题呢？面对这些事情，一切都以满足来答复，仿佛只要孩子专心学习，其他的事情，家长都乐意代劳。难道作为家长，我们就没有想过，这种替代让孩子失去的是宝贵的体验机会。参与和荣耀，成长和积累，这都是孩子成长过程中非常珍贵的品质啊！

如果父母全部代替孩子做了，那么孩子的成长我们是否能够代替呢？孩子始终对父母心存依赖，离不开父母这棵遮风蔽日的大树，不能经历风雨，也得不到生活的历练，那么又谈什么教育和成长呢？

这一段普通的对话，让我们看出当代教育中严重缺失的部分，那就是孩子独立能力的培养。

心理学研究表明，人的成长要经历两次断奶。第一次是摆脱母乳喂养，第二次就是脱离家庭的依赖，也就是我们常说的"精神断奶"。对于现在的孩子来说，尤其是独生子女，他们在家中的位置，使他们独享一切幸福和快乐。在这个过程中，冷漠自私等不良的品性就在他们身上明显地体现出来。这已经成为当前一个普遍而且较为严重的问题。所以我们面对孩子第二次"断奶"时，作为家长，我们要帮助孩子，让他们脱离对家庭的依赖，学会自立自强，学会做人。

一些孩子缺少独立处理问题的能力，以及必要的抗挫折能力，往往是因为缺少了培养他独立能力的环境。比如，我们在一个小区里，经常看到这样的情况，两个孩子在一起玩，忽然间发生了矛盾，马上就要打起来，忽然一个家长就会从一个孩子的身后跳过来，一把抱走孩子，并且一边走一边扭过头说："这是谁家孩子啊！看好了！凭什么打我们呀！把你们孩子看好了！"

现在的孩子连这种真实的打闹环境都非常稀有了。孩子在游戏中的打闹究竟带给他什么呢？其实这是一件非常宝贵的事情，他会学到分寸感以及必要的抗挫折能力。在玩一个游戏的时候，在规则的限制下，孩子会形成适度的分寸感，他会想各种策略去赢得比赛。在游戏的过程中遭遇一些不公平对待时，自己会学到如何正确地面对，如何规避风险等这些重要的能力。

当代的孩子被家长过分保护，他们不放心把孩子放到风雨中去经历，他们怕他生病，怕他受伤害，所以他们总是为孩子罩着保护罩，像温室的花朵一样。孩子不管走到哪里都摆脱不了父母的目光与保护，所以他独立处理问题的能力就没有被培养起来。

曾经有一部电视剧讲述了一名老师与孩子的较量。这位老师在教育孩子时逐步意识到当代一些独生子女身上存在的棘手问题，于是她做了大胆的尝试。她带领两个理科班的学生过起了封闭式的集体生活，要求学生们管理自己、整理内务、强化集体精神，尤其是在这两个理科班里还有她自己的女儿。面对犯了错的女儿，这位老师进行了严厉地惩罚，她告诉女儿："别人不跑可以，你必须跑完！因为是你带头捣乱的！你不跑，所有的同学都受你连累，无法吃饭，这是你必须付出的代价！"

她的女儿非常委屈，流着眼泪，忍着胃疼，一边跑，一边带领同学们齐声朗诵"天将降大任于斯人也"，直到最后所有的学生都一同在跑道上跑起来，集体的概念被她慢慢地唤醒。而这位老师也加入到集体中，陪着孩子在细雨中奔跑。在这位老师的坚持下，学生们由最初的抗拒到逐渐地喜欢上了这种集体生活。

孩子在经历"精神断奶"的时候，为他创造一些体验对抗挫折的环境是十分重要的，只要尺度适当，引导到位，对孩子来说是非常有帮助的。教育必先育人，孩子们的改变让我们欣喜地感受到，只要我们付出爱心、恒心、责任心，创设和谐的育人环境，正确地引导，他们都是可以被改变的。

所以在孩子成长的过程中，我们应该适时地营造培养他独立解决问题能力的环境。为了培养这个能力，我们要做到以下的两点。

第一，我们要学会给孩子犯错的权利和机会。很多家长不愿意让孩子犯错，他们希望自己的孩子永远一帆风顺。可是这个世界上，每个人都不可能一帆风顺的。你现在不让他犯错，不给他在犯错中不断总结、提升、学习的机会，等到未来他犯了一个大错，那将是无法弥补的。

第二，让孩子学会照顾自己的生活。2017年的时候，青岛一个刚入学的大一新生给他的奶奶邮寄了一个非常大的包裹。奶奶收到包裹后非常高兴，心想："孩子终于懂事了，不枉我培养他这么多年，第一个学期就给我寄礼物了。"奶奶兴高采烈地打开包裹一看，里面是孩子一个月没有洗的袜子！

孩子到了大学竟然连自己的袜子都不会洗，基本的家务活都不会做，基本的生活能力都不具备，那么这种情况是怎么产生的呢？其主要原因在于从小我们就剥夺了孩子处理自己个人事务，照顾自己生活的机会。我们总是跟他说："只要你好好学习，只要你考上大学，其他都是次要的，别的事你都不要想，心无旁骛地写作业就行了。家里的事情都和你无关。"这种不正确的观点，就会潜移默化地影响着我们的孩子。

作为家长一定要学会培养孩子的独立精神，不要把自己的孩子培养成温室中的花朵。我们要学会创造各种各样的机会，让孩子经历风雨，让他在未来的生活中亲手创造属于自己的精彩人生！

第七节　如何培养孩子感恩的精神品质

中国自古就是一个强调感恩精神的国家。孝顺父母、尊师重道、感恩身边的每一个人，一直是我们中华民族的传统美德。

一个孩子是否具备感恩精神，就看我们父母在陪伴他的过程中，在培养他的过程中，有没有让他感觉到我们是为他付出了全部爱心的。所以感恩是一种孩子对父母教养方式的直接回应。一个孩子能够脱口而出"我很感谢我的父母"，那一定是因为父母在培养他的过程中让他感觉到了全部的爱心。

与感恩相对的词是理所应当，我们不能让孩子感觉到父母给予他们的所有东西都是理所应当的。为此，我们应该从以下三个方面，培养孩子的感恩品质。

一是上行下效。所谓上行下效，就是身为父母，我们是否是一个具有感恩精神的人，这对孩子的影响非常巨大，而且是根源性的影响。下面分享一个故事：

春秋时期，有一个叫孙元觉的小孩，他从小孝顺父母、尊敬长辈，可是他的父亲对祖父却极不孝顺。

后来，孙元觉的爷爷生病起不了床，父亲要把爷爷扔到深山里去。孙元觉哭着不同意，父亲就骗他说："爷爷年纪大了，年老不死会变成妖怪吃人的。"父亲把爷爷放到竹筐里，背起竹筐往山里走。孙元觉紧紧跟在父亲后面。到了山里，父亲把竹筐放下就要走，孙元觉说："既然这样，就把竹筐拿回去吧！"父亲不明白孩子的思，孙元觉告诉父亲："等你年老以后，我好用它来装你，把你也扔到山里呀。"父亲听了大吃一惊，立刻把孙元觉的爷爷又背回了家。而且，从那以后，父亲对爷爷变得非常孝顺了。

这个故事告诉我们一个道理，在家庭里，我们希望孩子是一个具备感恩精神的人，我们自己就必须是一个孝敬老人、尊师重道的人。我们的行为会直接影响到孩子，想要让他懂得感恩，我们自己首先要做一个懂得感恩的人。

二是溺爱生恨。2017年，小萤光夏令营，接到了一个特别的孩子。这个孩子第一天入住我们营地，就收到了十多个投诉。而且都是来自于他同宿舍小伙伴。每个小伙伴都不愿意跟他一个宿舍。他们都说，这孩子太脏了，受不了他身上的味道。当天晚上我亲眼见到这个孩子，也吓了我一跳。这个孩子在夏天还穿一件长袖衣服，这件衣服一看就是很久没有洗过，头发也是很久没有洗过，的确能够闻到异味。可是他自己不以为然，别人不愿意碰他，他也不碰别人，一脸的无所谓。

于是，我们开始了解这个孩子，结果让我们很吃惊，这个孩子来自一个条件超级优越的家庭，他的父母都在当地声名显赫，家里条件极好，这个孩子从小就有四个保姆陪伴，从小他跟保姆的关系比跟自己的父母关系好。父母工作繁忙，没有时间陪伴孩子，就给予孩子无限的物质，满足他所有的需求。孩子十岁那一年，家里有了二孩，从那时开始，他发现家人所有的注意力全都转移到了弟弟身上。从此，这种从小到大的溺爱变成了一种深深的恨意，他觉得自己竞争不过弟弟，他觉得弟弟是和他来抢资源的，而他的父母从小对自己根本没有这么好，却对弟弟无微不至。于是这个时候他就想到了一种报复的手段，那就是让自己变得非常糟糕，他开始用自暴自弃来刺激父母。不洗澡、不修边幅便是他自暴自弃的方式。

当他觉得父母所给予的一切都是应该的，甚至父母还欠自己很多的时候，他内心升起的不是爱，而是一种巨大的怨恨。有了这种怨恨，孩子就想着用各种各样的办法来报复父母。没有原则的宠溺一旦发生变化，对孩子幼小心灵的刺激是很大的。

三是习得性自我。孩子的成长环境对他的影响是最深的。一个不懂得感恩的孩子，那一定是因为他身边生活着许多不愿意接纳对方，总是朝别人发脾气的人。那么，对他影响最深的自然就是他的父母。我有一篇文章叫做《常吵架的夫妻培养不出好孩子》。在这篇文章中我列举了很多夫妻吵架对于孩子的影响，其中最重要的一条就是夫妻关系会影响家庭关系，夫妻二人都互不接纳，那么就会导致孩子从小不愿意去接纳别人，这就会引发一个严重的心理问题，叫做习得性自我。孩子会把所有的事情全部推给别人，责任也都推给别人，他自然不会想到要感恩于别人。他认为从小到大生活的这个环境只教会了自己要照顾好自己就可以了。

如果我们想要培养孩子知恩感恩的精神，就要记住以下四点。

第一点，以身作则，孝顺父母，尊重体恤身边的人。在家庭里我们要想让孩子感恩，那么我们就要让孩子知道我们是如何尊重自己父母的。我们一定要非常注重平时对待自己父母的方式，尊重、敬重他们，体恤每一个人。

如果我们是一个公司的老板，我们要用自己的行为让孩子看到我们是非常体恤员工的。这些行为比我们跟他讲一万句道理都有用。我们怎么做他就会学着怎么做，身教大于言传。

第二点，要懂得培养孩子的界限意识，学会正确地鼓励与批评。当一个孩子体会到从家庭里给他的爱，全部都是无条件的溺爱、无条件的原谅，他就感觉不到别人为他的付出是充满了爱意的，他只能感觉到这是理所应当的。于是我们要学会培养他的界限意识，不能答应孩子所有的行为、要求，甚至是一些不合理的要求，更不能让孩子感觉到他就是整个世界的中心，所有人都要围着他转。要培养他的规则意识和界限意识，在他做对的时候给予适当的鼓励，在他做错的时候，我们一定要温和地批评。

第三点，我们要经常带孩子去做一些帮助别人的事。"施比受更有福"，我们在为别人提供帮助的时候，其实我们的内心会产生非常强烈的成就感和愉悦感。所以我们可以经常带着孩子去参加一些公益事业，比如到福利院、敬老院慰问需要帮助的弱势群体。甚至在平时的生活中，乘坐电梯的时候，我们都可以去引导孩子主动询问邻居到哪一个楼层，帮他去按电梯按钮，我们用生活中这样的每一个细节告诉孩子，帮助别人会获得很多的快乐。

第四点，身为父母一定要学会经营好自己的夫妻关系，在孩子面前要学会展现爱和温暖。夫妻关系是家庭中最重要的定海神针，如果我们之间互不接纳，那将很难培养出一个懂得站在对方角度看待问题的孩子。即便这个孩子再优秀，但是他不理解别人，不接纳别人，不懂得感谢身边的人，等到他到社会以后的任何一个环境里也不会受到别人的欢迎。所以培养一个孩子感恩的精神品质主要源自于家长。当我们把这些细节全都做对了，我们的孩子自然就会成长为一个拥有感恩之心的人。

第八节　远离伤害：让孩子学会自我保护

3到6岁，孩子进入了幼儿期，他对这个世界的兴趣开始变得浓厚，他在一点一点地感知和探索世界的丰富多彩。因此在这个阶段，孩子会有各种各样的尝试，无论是与人相处，还是与这个世界之间的关系，他都有了很多自己的思考。身为父母，我们一定要在这个阶段给予孩子最好的保护！在探知未知世界的过程中，他会受到心理或生理上可能带来的伤害。作为父母要未雨绸缪，保证自己的孩子在这个阶段不被这样的伤害所影响。

孩子心理上自我保护的能力应该如何培养呢？

日本一部非常经典的电影叫做《被嫌弃的松子的一生》，就是对讨好型人格最好的诠释。在故事的主人公松子3到6岁幼儿期的时候，她的妹妹多病，所以她观察到父亲几乎把所有的爱和关注都给了更需要的妹妹。于是松子为了博取父亲一笑，总是做鬼脸来取悦父亲，只有在那一刻她才能获得父亲宝贵的一笑。然而这种取悦的行为也使松子的童年养成了极度的讨好型人格，就注定了她一生的悲剧。她的一生都在不断地讨好别人，但一直被人嫌弃。在电影的结局中她沦为乞丐，在体育场被几个顽劣的孩子用棍棒虐待致死。在那一刻，她一生不断讨好别人的悲剧才得以结束。她留在这个世界上的最后一句话是："生而为人，我很抱歉。"

其实学会爱自己是每一个孩子一生中必学的一节课。明白自己想要的，不因为别人的看法而活，是发展出健康独立人格的基础。有很多家庭对孩子的管教相对来说非常严格，孩子在这种严格的家庭环境下，会不断地希望做得更好来换取父母的开心，这就慢慢地使孩子发展成为讨好型人格。长期生活在这样的环境下，孩子渐渐地就会失去自我，不懂得如何拒绝别人。随着孩子逐渐长大，这种心理上与人交往的特定逻辑就会永远地固定下来。当他到了全新的环境里，无论是与同学之间的交往，与老师之间的交往，还是与恋人、与自己的丈夫或者妻子之间的交往，都会存在类似的问题。

所以我们想要对孩子心理上形成最好的保护，第一点就是，不要在孩子3到6岁这个最关键的阶段，对孩子有太过于严苛的要求。这种严苛的要求会让孩子陷入讨好型人格的困扰。从孩子的角度来看，他一生下来最希望父母能够关注自己、爱自己，希望自己的所有表现都得到父母的认可。假如他感觉到自己很难获得父母的肯定时，他便能想尽各种各样的办法讨好父母。讨好型人格不会有真正的快乐，这将是一个人一生的悲剧。所以学会保护自己的孩子，要从这第一点开始做起，在心理上让他成为独立、健康的人，而不是一个只懂得讨好别人的人。

除了心理上的安全，还有一个是生理上的安全。

孩子在幼儿时期会面临各种各样的危险因素。作为父母，我们要未雨绸缪，把所有危险因素提前做好相应的干预与疏导。只有这样，孩子才不会在未知的环境中受到伤害。比如前几年，全国各地频繁曝出幼儿园或者亲子园虐童事件，这让很多家长都觉得非常气愤。

但是，我们首先要想到一个重要的细节，孩子在幼儿园被虐待，为什么没有把这件事情告诉家长呢？其实有两个原因，第一个原因是孩子根本不知道自己正在被人虐待，他不明白这种行为意味着什么？第二个原因是孩子每一次向父母说起类似的事情时，都没有引起父母真正的重视，导致他以后不再愿意把真实的感受告诉父母。

我们可以想象一下，假如一个幼儿园的孩子回家以后告诉父母："今天老师惩罚我了。"妈妈会说："老师惩罚你是因为什么？"他说："没有因为什么。就是惩罚我了啊。"妈妈说："你好好想一想，如果你没做错的话，老师怎么会惩罚你呢？"最后孩子左思右想说："可能是我吃饭的时候有点慢了。"妈妈说："对了！就因为你慢了才惩罚你的。"

如果每一次我们跟孩子的对话都是这样的，孩子下一次再有内心的感受，他就不再愿意与你分享了，因为他觉得跟你说了也没有意义。所以当我们没有办法走进孩子内心的时候，他就不愿意把我们当作第一信任的人，不再第一时间把自己的遭遇告诉父母。所以我们想让这一阶段的孩子在安全方面有保障，首先就要成为他最知心的朋友，让他知道受到伤害之后可以向父母倾诉，寻求帮助。

同时，我们还要教会孩子一些安全方面的知识。比如不要陌生人的东西，遇到困难找家人或警察叔叔等。慢慢地通过练习形成条件反射，当孩子成长过程中遇到类似的事情时，他就懂得用这种最实际、最简单的方式来保护自己。

平时我们要经常带孩子去设定情境，做这样的练习，渐渐地他就学会了自我保护的本领。也可以与孩子做一些简单的关于信任与不信任的安全教育游戏，这样能够帮助孩子远离类似的危机。

第九节　胆小敏感，是天性使然还是后天影响

很多家长会有这样的焦虑和疑问：我的孩子跟其他的小孩相比，显得有点胆小，对一些事情显得过分敏感，这是不是一种正常的现象呢？如果我们想要改变他，应该怎么做呢？

关于孩子胆小和敏感往往存在着两种情况：第一种，真的胆小敏感；第二种是假的胆小敏感。

第一种，真的胆小敏感。孩子在做事的时候表现出比较敏感、谨慎，这是一种极其正常的现象。这和孩子的本性有关，也就是他的天性。这没有好和坏的区分，也没有什么所谓的对与错，这就是孩子与生俱来的。如果孩子是这样的，那么请记住：平时在陪伴孩子的时候，要给予更多的安全感，因为这样的孩子对安全感的需求比较多。

在3到6岁的时候，我们会发现孩子通常比较黏妈妈，他对父母的陪伴要求非常高。因此，在这个阶段，胆小敏感是孩子释放的一个强烈信号，这个信号是想让父母多陪伴自己，给自己充足的安全感，孩子需要父母告诉他，"不管你做什么样的事情，爸爸妈妈都会陪在你的身边，给你最大的支持，你要勇敢去尝试。"

胆小敏感的孩子如果是与生俱来的本性造就，那么我们会发现这样的孩子其实很聪明。他能够预判生活中的一些危机，他不会像其他孩子那样大大咧咧地去做事。比如，走在马路上，远处突然来了一辆车，他会立刻藏到你身后，其实这并不是一个问题，这反而说明孩子对危机预判得比较准确，这是一个极其正常的现象。只是孩子显得有点过激，有时家长容易因为这个细节而变得担心。常常会说："唉呀，车还那么远，根本碰不到，你干嘛要躲起来呢？"从而责怪孩子的这种表现。其实这是他的本能展现，我们应该适当引导而不是责怪。

第二种，假的胆小敏感。这种假性的胆小敏感，其实就源自于后天成长环境对他的影响，也就是孩子在幼年时期和父母的分离时间过长，没有培养出成熟的分离能力。我们曾经说过，亲子关系是这个世界上最特殊的一种关系。随着孩子年龄的增长，亲子关系是一个逐渐分离的过程，这种能力训练越早越好。所以父母和孩子彼此分离的时候，是否用正确的方式培养出孩子成熟分离的能力，对孩子在这个阶段的表现有着重要的影响。

如果发现孩子是这样的情况，我们需要回顾一下，孩子在年幼的时候是不是

有较长时间的寄宿经历，或者与亲生父母分开生活的经历。这些经历都导致孩子在做事的时候喜欢看别人的脸色，总是喜欢躲在后面去观察身边的环境，做事的时候显得畏首畏尾。如果孩子是这种由环境影响的假性胆小敏感，那么我们就应该重新让孩子找到原生家庭对他精神层面的支持和动力。作为父母，我们要更充足地陪伴他，对待孩子要有足够的耐心，用最充足的、高质量的陪伴，让孩子健康成长，渐渐地他就会改掉不自信、畏首畏尾的特点了。

还有很多父母觉得自己的孩子天生内向，其实内向和外向是一种对性格非常笼统的划分。很多孩子由于不善表达和内敛的性格，常常让家长感觉到焦虑。面对孩子种种不尽如人意的表现，家长往往会给孩子这样一个评价：我这个孩子就是太内向！而在现实生活中，性格内向的孩子往往比性格外向的孩子拥有更多的烦恼，他们不善言辞，不能很快地适应新环境，常常感到自卑和孤独。总之，在性格内向的孩子眼里，这个世界的悲伤总是比快乐多，这种行为和表现应该引起家长足够的重视。

通常情况下我们会观察到，性格内向的孩子有以下的几个表现：

第一，不会表达自己的想法，不敢表达自己的想法。

第二，难以适应全新的环境，适应起来时间会显得很长。

第三，胆小怕事，做事的时候畏首畏尾。

第四，往往喜欢远离人群，我行我素，甚至自我封闭。

那么内向到底是由什么原因造成的呢？通常情况下导致孩子发展出内向的个性的因素有三个。

第一，孩子的某些自然行为被贴上了标签。孩子生来便有两种状态，一种是天性敏感谨慎，一种是天生具备冒险精神。比如在孩子刚刚学会跑和跳的年龄，有些孩子就显得胆子很大，可以从很高的楼梯上跳来跳去无所畏惧。而有的孩子则绝不会做这样冒险的事情，他们显得相对谨慎，不会做一些过分的尝试，这是一种天性，可是有时却被家长误解为孩子胆小。孩子性格内向，所以逢人便讲："我家孩子就是这样，胆子特别小，性格特别内向！"这就给孩子形成了一种强烈的心理学效应——贴标签效应。

标签一旦贴上，就会对孩子原本的行为产生放大的影响。原本孩子可以随着成长，慢慢地去克服心理障碍，却被家长一遍又一遍地强化，最终孩子就会在内心对自己说："妈妈说我就是一个天性内向的孩子，所以我再怎么努力也不会有所改变的。"那么孩子的这种情况就会变得越来越糟。

第二，孩子在玩一场永远赢不了的游戏。很多家长总是希望自己的孩子能够出类拔萃，凡事都要求孩子和别人比较，必须拿到第一名才甘心。这种引导和沟通的方式，培养出了孩子一种典型的心理防御机制。当他在做事情的时候，从来没有体验过成功的感觉，总是背负着父母给予的巨大压力，活在别人家孩子的阴影里，长期得不到别人的鼓励和认可，他就宁愿选择不去做，甚至故意把事情做得糟糕一点，只有这样他才觉得自己是安全的。甚至他希望父母不要对自己提出要求，彻底对自己失望，自己才是安全的。

我曾经见过这样一个孩子，他的性格叛逆自闭、自私，不顾别人的感受。原因就是他的父母总是喜欢把他和别人比较，这使孩子非常反感，以至于他觉得所有表现自己的机会都是自取其辱。一场永远赢不了的游戏，孩子也就渐渐没有了兴趣，而内向就变成他最好的一个保护伞。

第三，原生家庭的痛造就了孩子的无声。在孩子成长的过程中，来自原生家庭的安全感与富足感是形成孩子自信最关键的因素。在孩子3到6岁这个阶段，如果父母没有给予充足的陪伴和安全感，就会导致孩子产生相应的分离焦虑。分离焦虑带来的影响就是孩子开始变得自闭，没有自信，羞于表达，隐藏自己。因为他觉得身边没有一个值得信任的人，他不敢把自己真实的想法表达出来。

有这样一个案例，一个孩子在很小的时候和自己的亲生父母有过一段时间的分离，在一个完全陌生的环境里生活了一段时间。忽然间他就被放在一个没有预判的陌生环境中，孩子的整个性格发生了巨大的转变。原本自信阳光快乐的孩子，在这个陌生的环境里做任何事情都显得小心翼翼。过了差不多一年的时间，当他的父母把孩子接回自己身边时，却悲哀地发现孩子出现了严重的自闭，甚至有了抑郁的倾向。这些特质一旦养成，就很难再回到原来的样子。

出现这样的情况，与我们本应该存在却经常缺失的陪伴有关！本应该给孩子最好的陪伴，我们却因为各种各样的原因没有陪在孩子身边。所以这样的孩子会对全新的环境产生抵触，这种抵触行为让他觉得自己少说话，少表现，把真实的一面隐藏起来，才能保证自己不会受到任何伤害。

每当这个孩子和妈妈在一起时，他总是手抓着妈妈的衣角不愿意松开，这就是母子分离的那段时间在他心里留下的一种创伤。我们常说的一句话叫做："看得见的伤害并不可怕，看不见的伤害才最可怕。"如果一个孩子在这个关键阶段，由于和原生家庭之间的链接缺失、甚至断裂，导致自己的性格产生了偏差，这种烙印将伴随他的一生。

作为家长，我们应该尽量陪伴在孩子身边，给他勇气，让他产生安全感，敢于继续向前摸索。即便他是一个内向敏感胆小的孩子，也要坚信孩子可以通过逐渐的训练和锻炼变得越来越好！对于天性敏感的孩子要有充足的耐心，通过高质量的陪伴，给他最强的安全感。比如，陪孩子玩一些锻炼孩子冒险精神的游戏。在这个阶段，孩子对父母的陪伴需求非常大，尤其喜欢和父母一起做游戏，我们可以把握住这样的机会。比如让孩子站在高台阶上，爸爸张开双臂，鼓励孩子跳到自己的怀里。在这个过程中，孩子就会体验到安全感与被信任的感觉，和孩子一起玩耍，保住孩子的好奇心，让他知道尝试所带来的结果是可以承受的，因为有爸爸妈妈陪在身边，什么都不用怕。

第十节　孩子不自信，要从这三个方面来培养

自信是由内到外，自己对自己的一种强烈信任。但是这种由内到外的感觉往往不是从自己内心找到的，而是在自己不断地成长过程中，在与外界交互的过程中慢慢滋养出来的。所以，成长环境对一个人是否自信有着至关重要的影响。

其实我们都清楚，每个孩子内在的潜能非常巨大，关键在于是否有正确的方式把它激发出来。在孩子的成长过程中，我们是否正在用正确的方式激发孩子的内在潜能呢？

跟大家分享一个关于潜能释放的公式：$P=P-A$。

第一个 P 代表表现，第二个 P 代表潜能，A 代表干扰。也就是说一个人在一件事情上的表现是由他内在可以胜任这件事情的潜能，减掉干扰的因素决定的。那么，干扰因素来自于哪里呢？一个人做事的表现最大的干扰往往来自于他的内在，来自于他内心脑海里是否存在着各种各样的杂念。其实就是长久以来我们对一件事情产生的心理暗示，也就是我们内心深处对这件事情是否有充足的信心。

关于孩子的自信心往往有三个生成的源泉。

一是自身重要感。就是孩子能够感知到自己做的事情被承认，被肯定。孩子不管做什么，都会获得别人的关注与尊重，这叫自身重要感，如我可以做一些事

第四章　如何培养孩子必备的品格精神

情,我可以决定一些事情。那相比之下有很多孩子从小到大,由于父母给他营造的环境过于安全,他们像生活在温室中的花朵一样,所有行为都是父母安排好的,甚至是在父母控制之下的,就很难找到自身的重要感。

二是自我胜任感。胜任感从哪里来呢?来自于父母平时给他的反馈。孩子做了一件事情,我们看在眼里,当他有一点点进步的时候,我们要及时地鼓励他、肯定他。这造就了孩子的自我胜任感。

三是内在富足感。所谓富足感就是指孩子想拥有的东西,能够得到回应和满足。我们作为家长常常有一种误解:"我的孩子现在各种表现都不好,我觉得可能是小的时候对他太溺爱了。"其实往往这样的孩子并不是小的时候被溺爱,恰恰相反,是他得到的爱太少,他内心的富足感没有被及时地满足过,所以他内在缺少一种蓬勃的动力,更别说做事的动力了。

一个孩子不可能生来就自信,也不可能生来自卑,一定是在他漫长的成长过程中,我们作为父母给了他各种各样的反馈,才让他对于自信这件事情产生了各种各样的感受及体验。孩子从小到大的每一个不同阶段,对自信这件事情的认知以及自信对他产生的影响都是不一样的。那么,不同阶段,影响孩子自信心的关键是什么?

第一个阶段:幼儿期,3到6岁。关键词:暗示效应。

我们来分享一个故事,在美国有一位著名的心理学家叫罗森塔尔,他为学校的120名学生做了一个系统的测试,然后告诉所有的学生以及老师,在这120名学生当中,有20个学生天赋聪颖,将来一定会成为举足轻重的人物,一定会影响全世界的格局。当他把这个结论告诉大家时,所有的人都觉得这20个孩子一定是天才。其实罗森塔尔只不过是随机选择了20个孩子。几年以后,毕业的那一天,大家惊讶地发现,这20个被罗森塔尔钦点的孩子成绩全部名列前茅,并且在学校各项表现最为优秀和突出。又过了20年以后,有人重新找到了罗森塔尔当年心理实验的那组数据,发现这20个孩子竟然都成为了各个领域卓有成就的人物。于是后人就把这种心理学效应叫做"罗森塔尔效应"。

罗森塔尔效应给了我们一个启示,一个孩子吸收到来自父母、来自外界对自己的鼓励和肯定,就会对一件事情产生憧憬,觉得自己有希望,紧接着产生强烈的期待,然后这个目标越来越明确,进而开始采取行动。

在这过程中会有两种情况发生,一种是获得成功的体验,一种是遇到挫折。

那么他获得成功的时候，父母一定要学会肯定他做好这件事情的细节和过程，不要说那些空洞、虚无的话。遇到失败的时候，父母要陪伴在他身边，继续鼓励他，告诉他没有关系，可以继续尝试，他是有能力和潜力获得成功的。然后孩子接收到父母的反馈之后开始激励自己，最后做出更有效的行动。

所以，我们一定要记住，在这一个阶段，最关键的是在孩子内心深处形成一种内在的正向的暗示，而不是负面暗示。

总是盯着孩子的缺点看，时间久了，就会发现他的缺点变得越来越多；总是盯着孩子的优点看，时间久了，就会发现他的优点变得越来越多。

从现在开始不要再把孩子胆小敏感当作一个缺点，放下优点和缺点的执念，这一切仅仅是孩子的特点而已，他的特点中一定有好的部分，也有不好的部分，我们要帮助孩子把好的部分做得越来越好，把不好的部分慢慢地摒弃掉。

第二个阶段：少年期，6到12岁。关键词：过度保护。

什么叫做过度保护？现在很多家庭都把自己的孩子看成掌上明珠，尤其是家里有老人一起带孩子的，就更容易出现这种情况，觉得自己家孩子就是一个宝贝。所以就会很容易产生一种行为，就是总希望孩子在我们的保护之下不经受任何意外，也不经受任何困难和挫折的影响。其实这是不现实的，一个孩子成长的过程中不可能不遇到挫折和失败，如果他从小到大一直都没有遇到过挫折和失败的话，对这个孩子来说将是毁灭性的打击。因为未来他一旦遇到了这样的事情，他是完全没有自我调节能力的，可能一下子就被击垮了。

所谓过度保护就是我们过多地帮助孩子做决定，甚至代替他做很多事情，导致孩子的独立能力迟迟无法发展。有一次我在一家餐馆吃饭，对面坐着一家四口人，爸爸妈妈带着七八岁大的孩子，还有一个是奶奶或者外婆。他们给孩子点了一碗面条，孩子从桌子上拿起一双筷子，非常笨拙地夹了一根面条，小心翼翼地往自己的嘴里放。嘴巴张得特别大，扬起头，想要把面条放到自己的嘴里。整个过程中，孩子脸上的表情都是非常兴奋的，眼看着面条就要成功地放到自己嘴里了，忽然"啪"的一下子，由于小手不稳，筷子一滑，面条就掉到了自己的身上。还没等这个孩子的爸爸妈妈反应过来，他的奶奶"嚯"的一下子就从座位上站起来，赶快抽出两张纸巾擦拭孩子的衣服，一边擦拭，嘴里还一直不停地唠叨："你看看你，你就不能小心一点吗？你就不能注意一点吗！早晨刚给你换的衣服，又弄脏了！你这一天，我要给你洗几件衣服，你看，刚换的白衣服，掉了一根面条，这怎么办？待会还要去游乐场玩，你穿一件脏衣服多难为情……"

孩子听到奶奶的这些唠叨，眉头微微地皱起来。可是过了一会儿，擦拭完了以后，奶奶回到了座位，他又继续拿起了筷子，这一次我观察到这个孩子分外地小心，他小心翼翼地又夹起一根面条，用一只手扶着自己的领口，表示我会阻挡面条掉到我的衣服上，然后分外小心地、全神贯注地把这根面条往自己的身边靠，嘴巴张得更大了，就想一心把这根面条吃到嘴里！眼看就要成功了，忽然筷子一滑，面条再次跌落，这次没有掉到衣服上，一下子掉到了桌子上，孩子迅速地看看左右，马上伸出小手，一把抓起面条，准备塞到自己的嘴里。我从孩子的眼神里看到：他想尽快完成这个动作，不受到别人的批评和苛责。然而这个时候，身边的奶奶伸手"啪"的一下，打在了孩子的小手上，一下子就把面条打掉了，又迅速抽出纸巾继续给孩子擦手，一边擦又一边继续刚才的唠叨："哎呀，你看看你，刚说完你又掉了，面条掉在桌子上了，那都有细菌，多脏，你怎么还能去吃！我跟你讲过多少次，掉到桌上，面条就不要再吃了！你看看你，出来吃顿饭，真是让我操心哪，算了算了，你别吃了，来，我喂你吧。"奶奶一把抢过孩子手中的筷子，从那一刻开始剥夺了孩子自己吃饭的权利。

这看起来是生活中一件非常不起眼的小事，从这件事情上却能看出来，这个孩子长期生活在这种过度保护的环境之中，他都没有能够放开手脚尽情地尝试自己用筷子吃面条的机会，我们可以想象比吃面条难度更大的事情，家里人会是怎样的去管控他呢？与其说家里人是爱他的，还不如说家里人是出于省事而控制他。

所以我们给少年期的家长分享一个关键的词叫做放手。为什么要放手？因为到了这个年龄，孩子喜欢不断地去尝试，如果你不让他尝试，害怕他犯错的话，最终会导致他迟迟无法具备独立自主的做事能力，那将是一件非常糟糕的事情。

在过去的几年时间里，我一直在北大和清华这两所学校讲课。在他们的心理论坛上，我接到了很多的案例。我曾见到过一个刚满12周岁的孩子被破格录取到清华附中，并且保送清华大学。这在全家看来是一个巨大的荣誉，大家都觉得这个孩子是一个天才、神童。可是这个孩子刚刚加入加强班的这一年，却成为了他求学生涯的终点，因为他被学校劝退了。

退学的原因是什么呢？因为这个孩子没有一点生活自理能力，连洗袜子这种简单的事情都做不了，甚至无法和别人正常地讲话社交！因为他的智力过人，所以家里让他做的唯一一件事情就是学习，仿佛只要把学习做好了，学习任务完成了，就万事大吉！

一个孩子最糟糕的事情就是从小到大没犯过错误，因为他一旦犯错就将是弥天大错。

类似的案例每年都在上演，所以我们作为家长一定要明白在少年期要给孩子犯错的机会，给他尝试的机会，这才是真正培养孩子自信心的正确方式。

第三个阶段：青春期，12到18岁。关键词：结果导向。

到了青春期，孩子彼此之间的比较，相互之间想要超越对方这种内在的动力开始成长起来，而伴随着这种内在的自我不断向前的一种自主性，也容易共生出另外一种心理状态，叫做自卑！当他做一件事情做得很好的时候，这种主动性会越来越强，一旦当他表现不好的时候，就会变得崩溃，感受到巨大的压力。这也是我们常说的，青春期的孩子为什么总是感觉到莫名的情绪波动和崩溃。其实他争强好胜的心随着年龄的增长在不断地变大，而我们作为父母往往到了这个阶段也开始更加在意孩子的学习了。所以在这一个阶段，父母在培养孩子自信方面最错误的一种教养方式便是结果导向。

什么叫结果导向？就是一切以结果为准，我们会越来越看重孩子的成绩和表现，一旦他表现得不好，成绩下降，家长就会给孩子制造巨大的压力。担忧是一种巨大的负能量！有不少家长在谈到自己孩子状况的时候，总是眉头紧锁，但是假如你的孩子也体验到这种感觉，他的压力会多大呢？越是一件重要的事情，我们家长越要学会放下压力，这样才能营造出一种轻松的帮助环境，让我们的孩子舒缓压力。

往往我们太关注结果，就忽略了精彩的过程。往往我们太在意成绩，就忘记了我们培养孩子、教育孩子的初心。

所以在这个关键阶段，我分享给家长的词叫做平常心。

我们不能代替孩子成长，所以我们不要做任何替他买单的行为，要给孩子犯错误的机会，在孩子犯了错误以后，才是他最需要你帮助的时候，在那一刻给他温暖、鼓励和关怀。

从今天开始放下结果导向，学会从正面引导孩子，不要总是向孩子下达负面的指令。这些负面的指令不但不会让我们的孩子变得更加优秀，反而会给他们的心理增加各种各样的压力。

所谓自信心就是来自充足的自尊和内在的富足感,是一种不在乎结果的积极尝试的态度。希望家长们能够让我们的孩子找到这种内在的自尊和富足感。让他们面对目标,不在乎结果,勇敢地行动,永远成为一个积极阳光,不断尝试向上的孩子。

第一节　二孩现象：老大与老二之间的战争

随着二孩政策的开放，很多家庭开始面临老大与老二之间如何相处的问题。

当二孩出生以后，父母对未来的生活充满期待，以为家里的两个孩子可以相互陪伴，会有更多欢乐的时光，可是有时却事与愿违。我们看到的更多是老大和老二之间，因为各种各样鸡毛蒜皮的小事不断地在争夺、争吵，俨然是一场没有硝烟的战争。

为什么拥有二孩的家庭，老大和老二之间总会有分歧和矛盾呢？其实，老大和老二是因为什么而战呢？是因为父母的爱！

有这样一个故事。

有一天，一位妈妈从厨房走出来，手里端着一篮苹果，有大的，有小的。妈妈看着两个孩子，先问哥哥："你想要哪个苹果？"哥哥看了一眼篮子说："我想要那个最大最红的！"话刚说完，妈妈马上就开始批评大儿子："你看看你！你真的是让我很失望。我本来就是想测试一下，没想到你竟然要把这个篮子里最好的苹果占为己有。明明知道这一篮苹果里只有这个是最好的，你为什么没有想到把它让给你的弟弟呢？你是哥哥，难道孔融让梨的故事我都白给你讲了吗？你也太自私了。怎么能只考虑自己，不考虑别人呢？"这时，哥哥眼含热泪，委屈地低了下头，站在旁边一句话也不说。

紧接着妈妈又问弟弟："你想要哪一个呀？"弟弟小眼珠一转，心想："刚才哥哥说要最大的苹果被妈妈批评了，那我不能要那个。"于是他马上对妈妈说："妈妈，我想要那个小一点的。"这时候弟弟得到了妈妈的表扬。妈妈很开心地说："你看！还是弟弟懂得谦让，还是弟弟懂事，知道好的东西要先让给别人。今天作为奖励，这个最好、最大的苹果就奖励给弟弟了！"

我们看得出来，这位妈妈在处理这件事情时，她的出发点其实并没有问题，她是希望两个人学会谦让。然而这件事情这样处理产生的实际效果是什么呢？

通过这件事情，这两个孩子将会学会一件事情：内心真实的欲望千万不要讲出来，否则会换来别人的误解、指责和批评。从此以后，这两个孩子开始学着隐藏自己真实的想法和感受，不再愿意把真实的一面表露出来，因为这样太危险，自己必须要寻求安全，那么接下来他们渐渐地就学会了说谎。

曾经有个家长问我，孩子为什么总是喜欢说谎？我直接告诉他，那是因为孩子承受不了讲真话带来的后果。如果我们每一次处理两个孩子之间的争夺事件时，都像上面故事里的妈妈那样，那么我们会发现两个孩子之间的战争会愈演愈烈。因为我们的引导方式是错误的。一个真正有智慧的妈妈可以这样说："既然你们都想要，可是最大、最红的苹果只有一个，这样吧，厨房还有很多碗和盘子没有洗，你们一人分一半一起洗碗。谁洗得又快又干净，谁将获得接下来一个月的食物优先选择权。不分哥哥还是弟弟，怎么样？"

如果妈妈是这样处理这个问题的话，在这一天，两个孩子将会学会一件事情：内心真实的欲望，要通过自己的努力来换取。

父母在处理两个孩子一些细节问题时要掌握的一个尺度。老大为什么总是喜欢跟老二争吵？因为老大心里会有一种非常强烈的不平衡感觉，他感觉自己以前独享父母的爱，家里所有的东西都自己专享。他会认为弟弟或妹妹是一个入侵者，他的地位受到了威胁，所以他不愿意跟别人分享，进而导致他和弟弟或妹妹形成对立。

另外，他会感觉到父母的全部关注都在弟弟或妹妹身上，他看到妈妈对刚出生的弟弟或妹妹表现出无微不至的照顾，而自己因为年长一些，极少获得曾经那种全方位的爱，他的心里自然会觉得非常不平衡。他感觉弟弟或妹妹是和自己抢资源的，所以他会把很多的不满全都放在弟弟妹妹身上，于是两人就会经常因为某件事情损害了自己利益而发生争斗。

这并不怪孩子，因为站在孩子的认知程度上来说，这是一种非常正常的心理现象。这种比较心理几乎在每一个二胎家庭里都会存在。尤其是我们前面一直在强调，作为孩子最不希望失去的就是父母对自己的爱，他做事情的动机是重新找到父母对自己的关注，他不希望自己的弟弟或妹妹剥夺父母对自己唯一的爱。那么这种情况下我们该如何处理呢？

首先，在生二胎之前，我们必须要让老大做好准备工作。

不要让孩子在一种毫无准备的情况下，进入一种未知的状态。比如刚刚怀上二胎时，我们就要经常和老大交流，妈妈引导他看着自己的肚子说："你知道肚子里的宝宝是男孩还是女孩吗？你猜一猜。"孩子会说："我不知道。"妈妈接着说："当年我怀你的时候就跟现在一样,你也是在我的肚子里,大概十个月左右从我肚子里出生,一点一点地长大。那个时候你还没有记忆,所以你根本不知道。"为什么要跟老大说这些话呢？因为很多孩子没有自己小时候被照顾的记忆,他会认为自己的弟弟或妹妹得到了父母额外的关心。所以我们要告诉他,他曾经也得到过父母无微不至的照顾。

另外我们还要经常跟他谈一些当年的细节："你像弟弟这么大的时候,有一天晚上忽然发高烧,烧得特别厉害,妈妈特别担心。当时已经是凌晨一点钟了,那时家里还没有买车,我和你的爸爸就在路边一辆一辆地拦出租车。等我们到了医院已经凌晨三点了,你烧得就像一块发热的铁条一样特别烫手,妈妈特别担心。一晚上爸爸妈妈都抱着你,一直没有睡觉,直到第二天清晨,你才稍微好一点。"

我们一定要把这些细节描述到位,让老大找到一种感觉,原来自己小时候也有需要被照顾的时刻,就像现在的弟弟或妹妹一样。这时他会找到一定的同理心和认同感。

其次,我们要向老大发出求助。这个求助是什么？我们要告诉他："你的弟弟或妹妹马上就要降生了。他来到这个世界以后,非常弱小,爸爸妈妈需要照顾他。但是妈妈现在年纪也越来越大了,你的爸爸平时也非常繁忙,那你作为哥哥,作为我最懂事、最乖的孩子,你能不能帮妈妈分担一些呢？"这时,孩子一定会答应的。孩子从内心深处是愿意看到妈妈向自己求助的。紧接着我们就跟他说："那好！那今天你就帮妈妈一起选一下弟弟出生以后要穿的衣服和床单,好吗？"

当我们照顾老二很辛苦的时候,邀请他和我们一起做,让他找到养育孩子不容易的感觉,这样让他更能理解和体会父母的不易,同时又能让他知道自己小时候也是被妈妈这样照顾长大的。那么,他就会对与弟弟之间的关系有一个全新的认识。

在二胎出生之前,我们要向老大做这两件事情,第一个就是铺垫,第二个就是求助。如果这两方面我们做得不到位,弟弟或妹妹出生以后,没有人告诉他这是怎么回事,爸爸妈妈又全部都去照顾弟弟或妹妹,这时,孩子心里就会产生强烈的不平衡。

在2015年广州的一期青少年成长动力训练营里,有一个深受二孩现象影响的孩子。他的家庭条件非常好,父母都是企业老板,两人平时特别忙,在他很小的时候,父母没有太多时间陪伴他,他从小时由爷爷奶奶带大。隔代喂养使他做任何事情都很骄纵、任性。他的爸爸妈妈因为陪伴少感到很内疚,所以经常通过物质进行补偿,一旦有了时间,就会带他购物。

在他6岁左右的时候,父母的事业相对稳定,时间较为充足,所以有了二孩。当妹妹出生以后,父母希望把更多的时间投入到第二个孩子的培养和陪伴中,结果这使他心里非常不平衡,这种极度的失衡让他对妹妹这个入侵者产生非常强烈的排斥。他和妹妹的关系一直非常糟糕,哥哥嫌弃妹妹,妹妹也不喜欢哥哥。两个人同时在家的时候,永远在不停地争吵,甚至大打出手。而他的爸爸妈妈每次发现这个情况时,第一时间批评的就是他,经常挂在嘴边的就是:"你比妹妹大6岁呢,你是哥哥,你怎么能这样呢!"

长期生活在这种感觉下,他感到非常压抑,开始自暴自弃,谁的话都不听,见到谁就跟谁吵架,参加训练营时已经休学一年了。

他为什么要这样做呢?我在营地给他做了很多次的心理疏导,在他完全信任我以后,他告诉我,他这样做的目的只有一个,就是希望自己的父母放弃自己。因为他觉得自己不管怎么努力,都没有办法重获父母的爱。那么就通过自暴自弃报复父母。所以当二孩出现以后,如果父母没有做好老大和老二之间的协调、干预和引导,将会导致孩子心理产生扭曲。

孩子之间的争吵源自于家庭关系没有做到位,父母没有运用正确的沟通方式去解决彼此之间的隔阂和矛盾。如果得到很好的引导,在孩子长大以后,就不会对孩子本身产生太大的影响。只是我们一定要记住,如果家里有了二胎,我们一定要按照以上几个关键要点去做好相应的铺垫,以及对老大心理上的干预,避免出现强烈的二孩现象。希望我们每一个家庭都可以和谐相处,而这种和谐相处源自于父母正确的管教方式和培养方式。

第二节 亲子游戏:良好亲子关系的纽带

亲子游戏是我们在陪伴孩子过程中,调整亲子关系的重要工具。亲子游戏对于孩子成长的意义非常重大,尤其是在孩子3到6岁期间,孩子和父母之间的亲子游戏,对孩子各方面能力的发展有着至关重要的影响。

亲子游戏加强了父母与孩子之间的互动，更有利于促进情感交流，帮助亲子之间形成安全依恋。对孩子日后人际关系的形成和发展有一定的作用，帮助孩子体验最初的交往关系，有利于之后发展社会关系。亲子游戏不但有益于亲子之间的感情交流，还促进了孩子的健康发展。孩子在亲子游戏中学到的待人待物的方式和态度，对孩子以后为人处世将起到重要的借鉴作用。

那么，在我们开展亲子游戏时，应该注意哪些呢？研究表明，亲子游戏具有很多特殊意义，它比孩子在伙伴游戏或单独游戏中学到的东西更多，也更有助于孩子创造力的发展。在亲子游戏的过程中，孩子和父母会产生很多语言交往，这可以促进孩子的语言发展。亲子游戏有利于安全依恋的形成，安全依恋与游戏中获得的快乐体验，有助于培养孩子人际交往兴趣，促进交往能力的发展，并且让他的性格变得越来越开朗、越来越活泼。

另外，亲子游戏能够帮助孩子开发右脑。经过科学研究发现，人的左脑主要是负责逻辑性、条理性的思维，右脑主要负责形象性的思维，是创造力的源泉，是艺术和经验学习的中枢。右脑的存储量是左脑的100万倍，可是在现实生活中95%的人仅仅只使用了自己的左脑。科学家指出，大多数人只运用了大脑的3%到4%，其余的97%都蕴藏在右脑的潜意识当中。潜意识如何去调动呢？最好的一种方式就是利用游戏，尤其是在孩子3岁以后，孩子和父亲之间关于成长的冒险、勇敢和信任等游戏，对孩子的成长有着不可替代的作用。

可是现在很多父亲几乎已经和家庭的链接完全断裂，有的父亲虽然身在家中，但是情感上却非常疏远，除非兴致来了才会和孩子玩一会儿。真正的父亲必须在日常生活里切实承担起父亲的责任。其中一个责任就是陪伴孩子有效地开展亲子游戏。

其实很多父亲根本不知道孩子有多么需要自己，他也不知道该如何亲近自己的孩子，他觉得自己没有时间和精力，甚至觉得自己无所作为才是最好的。这也是很多家庭中父亲缺失的原因。其实父亲对孩子最好的一种互动教育方式就是游戏，尤其是打斗游戏。3岁以后，很多男孩子倾向于玩一些有危险性的、有冒险精神的游戏，比如打斗游戏，而父亲是孩子们最好的游戏对象。许多研究已经一次次地证明，那些平时经常玩摔跤、拳击的孩子们，他们的勇敢、信任等各方面的能力会得到有效的发展，非常有利于促进孩子的成长。

常和父亲打闹的孩子，他也能和别人相处得很好，因为他能在游戏的过程中学到把握尺度。父亲如果擅长活跃气氛,能够经常把孩子抛到半空中再接住,这会让孩子体验到一种强烈的信任感。更宽泛地说,父亲作为一个男人,对孩子的一生都具有非常重要的影响。孩子需要父亲发挥传统意义的特长,比如打斗,还有一些体力方面的游戏。因为在孩子的世界里,父亲是一个能力最强的人,而且孩子还需要从父亲的身上去学习做一件事情的拓展能力,学习拥有更多的思路,用不同方式处理事情的能力。

为什么那么多孩子会痴迷于与父亲玩投掷球的游戏呢?因为投掷球的时候,两人之间有一定的距离,其实这个距离不仅仅是空间上的距离,我们也可以把它理解成孩子与父亲亲子时间的心理距离。那么,通过投掷球的游戏可以在父子之间搭建桥梁,可以让孩子和父亲之间的链接越来越紧密,并且克服自己遇到困难时的担忧和害怕的情绪。所以我们应该把打闹游戏列为培养孩子综合能力的首选项目。而负责这个项目的人,我认为最合适的就是父亲。

那么,如何跟孩子打闹呢?分享几个简单实用的小游戏。

第一个游戏,推倒魔兽。这个非常适合3岁到6岁的孩子。父亲扮演魔兽,坐在床上或者地板上,拦住孩子的去路,孩子必须把魔兽推倒才可以通过。因为孩子身高的原因,所以建议父亲坐在地上,这样他能一边推父亲的肩膀,一边进行眼神对视。原则上我们要让他用尽全力之后,再一点一点地被推倒,有的时候我们偶尔也可以做一些反击,但是最后还是要让孩子占上风。这些都要根据孩子当时的状态随机应变,尤其是我们的表情一定要夸张,呲牙咧嘴的表情会加强效果,魔兽还会虚张声势地大喊:"你永远别想推倒我!认输吧!你的力气已经用光了……"再加入一些节奏上的变化,比如会突然转移孩子的注意力:"你看!你看!有飞碟!那边有一只霸王龙!"他很快就能学会不被干扰。当把这一切都做完了以后,换来的是欢乐的笑声,孩子会获得非常大的成就感。

第二个游戏,老牛吃草。父亲负责扮演一个躲在房间里拒绝吃草的老牛,孩子是一个牧童,他要使劲把我们拉到房间的另一边去吃草。我们可以给他一条毛巾缠在我们的肩膀上作为缰绳,他开始拼命地拉,我们要一边摇头晃脑,一边掌握力度,一点一点地被他拉过去。在这样的互动过程当中,你会发现孩子会非常兴奋,因为他感觉到自己的努力有效果,有成效。通过这样的互动,孩子会学习到如何把握尺度,把握做一件事情的边界。比如他在拉我们的时候,他也会慢慢学会自我保护,他不会因为过分地使用蛮力使自己跌倒。

第三个游戏，吵架的邻居。我们需要一些废纸团，然后找一张桌子，桌子中间画一条线，孩子站在这一边，家长或坐或跪在另一边，双方分别用纸团互扔，这个游戏的关键就是边扔边吵架。我们在扔的时候就把这些纸团模拟成各种各样的东西："嘿！我这有一只臭鞋子砸到你的头上！"孩子就会说："唉呦！砸到我了！这是什么东西？太过分了。"然后我们可以问孩子："你扔过来的是什么呀？"孩子很快学会了假想："这是我的臭袜子，臭死你。"我们在孩子扔过来以后，马上做出一个特别恶心的表情。这种游戏有助于将孩子平时的烦躁情绪发泄出来。孩子讲脏话其实并没有我们想的那么复杂，他只是好奇父母对他讲这种话时的反应。所以这个游戏是一种心理上的脱敏游戏。孩子关于这方面的好奇就在这种非常愉快的互动中得到了有效的释放。

还有一个关于勇敢的游戏。我把它叫做小猎鹰训练计划。我的孩子在很小的时候有一些不自信，做事的时候格外敏感、谨慎。比如，我们在小区里玩，看到很多跟他同龄的孩子能够站在很高的地方往下跳，但是他绝对不会做这样的事情，他都是扶着旁边的栏杆，一点一点地往下走。其实胆小敏感对于孩子来说不是一件坏事，这是他的一种天性，但我们要学会慢慢地培养他，让他一点一点变勇敢。

小猎鹰训练计划就很有用。起初我会带他到一个比较矮的台阶上，然后我蹲在地上对他说："你现在可以跳起来，跳到爸爸的身上。"由于这个台阶很矮，所以他轻易地就跳到我的身上，这时我观察他的表情，他是非常兴奋的。时间久了以后，我就会选择一些更高一点的台阶，比如站在几个台阶之上，然后我再蹲在他的面前，这个时候他会有一些犹豫，我就一直鼓励他："没关系，跳吧！你不会摔倒的，爸爸一定会稳稳地接住你，就像每一次接你那样。"这时候他会鼓足勇气，闭着眼睛一跳，我就稳稳地接住他，他会非常地高兴。后来，我们越跳越高，站在高高的台阶上，他也没有丝毫的恐惧和担忧，因为经过长期的训练，他已经感觉到这是一种绝对安全的动作，爸爸一定会稳稳地接住我，所以一点问题都没有。所以这样的游戏非常有助于帮助孩子变得更加勇敢，更加自信。

曾经有一位妈妈分享了她女儿的一件事情。有一天，妈妈陪着自己的女儿，忽然女儿吃东西把衣服弄脏了，于是妈妈就严厉地训斥了女儿，孩子开始哭泣，哭了一会儿之后，妈妈以为没事了，就带着孩子去洗手。走到洗手间的时候，这个孩子忽然跟妈妈说了一句话："妈妈，你的肚子里住着一个巫婆。"当时妈妈听到这句话觉得很奇怪,为什么孩子要说这句话呢?

其实孩子在3到6岁这个阶段,经常会说这种让我们觉得莫名其妙的话,我们往往没有细想,以为是孩子乱说。其实孩子说这样话的原因是什么呢?是因为她把妈妈刚才发火的状态想象成有一个巫婆住在妈妈的肚子里。当这个巫婆发脾气的时候,妈妈就会随着发脾气,于是这位妈妈当时就感觉到自己对孩子发脾气有点太重了,让孩子内心有了不好的情绪,而孩子不知道如何表达自己的情绪,所以用了这样一句话把情绪外化成了一个巫婆。其实这是一种非常重要的能力,叫情绪外化。那么孩子能够把情绪外化出来,说明她想要处理自己的情绪,这是一个好的信号。

于是,妈妈就选择做了一场游戏来解决这个问题。她告诉孩子:"是啊!我的肚子里住着一个巫婆,她脾气特别不好,所以她经常发火。她一发火就会影响到妈妈。你能不能想个办法帮妈妈训练一下这个巫婆,让她别这么暴脾气啊?"孩子说,"好啊!可是我们怎么才能找到这个巫婆呢?"妈妈说:"那很简单,现在我就把她召唤出来,那么你就做一个训巫婆的魔法师吧。我现在扮演一个巫婆,现在你来训练我,你说走我就走,你说停我就停。"后来,妈妈还找来一个扫把,她骑在扫把上,经过一两次的互动,这个孩子显得非常开心。她要求巫婆做各种各样的动作,要求巫婆蹲在地上、要求巫婆扮演小白兔、要求巫婆贴在墙上……最后妈妈说:"你的训练非常有效,现在巫婆已经被你驯化了,她跟我说她以后再也不会乱发脾气了。"孩子非常高兴:"太棒了,妈妈!我们终于解决了这个问题!"

这就是用游戏来解决问题,其中没有任何说教的痕迹,而是用一种孩子最能够理解、最乐于接受的一种方式。3到6岁是我们陪伴孩子做亲子游戏的黄金时段,各位爸爸妈妈们,请利用好平时陪伴孩子的时间,让你们陪伴的时间充满这样类似的欢声笑语!

第三节　常吵架的夫妻培养不出好孩子

孩子在经历3到6岁的俄狄浦斯期时,会出现这样的情况:男孩出现恋母倾向,且嫉妒父亲;女孩出现恋父倾向,且嫉妒母亲。他们都期望取代同性的父母,与异性父母建立唯一的关系。

在这个阶段，如果父母有意或无意地顺应了孩子这个愿望，比如：妈妈与儿子建立了亲密的关系，并让儿子知道妈妈最在乎的是他，更甚于在乎爸爸；爸爸与女儿非常亲密，让女儿相信爸爸爱她胜于爱妈妈。这样的情况会让孩子过度依赖异性父母，同时，他会对同性父母缺乏敬畏，并与之疏远。随着年龄的增长，这样的孩子还会发展出一系列的问题。比如只结交异性的朋友，难以融入同性的圈子。

想要顺利度过俄狄浦斯期，关键是夫妻关系要和谐、平衡。父母都爱孩子，但他们同时又深深相爱，他们不会因为爱孩子而忽略对配偶的爱。这样一来，孩子就会懂得尽管妈妈很爱他，但爸爸才是妈妈最好的伴侣，他只不过是个孩子。于是他们会安心地做孩子，享受父母给他们的爱，同时他们努力向同性父母靠拢，知道只有变成像同性父母一样，才能赢得异性父母更多的爱。这种心理转变是男孩女孩成为男人女人的基本动力。

我们永远要记住，在一个家庭里，夫妻关系在任何事情上都享有优先权，这是我们对孩子最负责任的一种做法。3岁以前，孩子还没有性别意识，一般情况下，无论是男孩还是女孩，都与妈妈的关系更为亲密。但从3岁左右开始，孩子有了性别意识，会越来越渴望与异性父母的亲密。大约在5岁的时候，这种愿望达到了巅峰。如果父母的关系稳定而和谐，那么孩子这种亲近异性父母的渴望就会逐渐地下降，并最终表现得与同性父母更加亲近。

男孩要归父亲，女孩要归母亲。海林格曾经对这种情况做了概括。他说："他们应该先向异性父母靠拢，并从这种关系中吸纳异性的力量，体会到自己对异性的吸引力，同时体验到异性对他的吸引力，然后男孩回到男性的世界，成为一个男人；女孩回到女性的世界，成为一个女人。只有这样他们的心理才更加健康，而这个世界也将更加和谐。"在一个家庭中，丈夫和妻子之间的关系享有优先权，做父母的切不可因为爱孩子而忽略了配偶。实际上父母相爱，会给孩子心理造成一种非常强烈的温暖和安全的感觉。如果父母相爱，孩子会安心地成为一个快乐的人。

有一些家庭由于各种原因，父亲严重的缺席。没有父亲，那么孩子内心就会创造出来一个父亲的形象，来满足自己对异性父母的那份需求以及爱。3岁左右的孩子会渴望同时拥有爸爸妈妈完整的爱，也就是他既渴望同性父母的爱，又渴望异性父母的爱，如果少了一个，他就会自行创造出来。此前，我曾接触过这样一个案例，一个小男孩问妈妈："我的爸爸在哪里？为什么他还不回家？"妈妈安慰他说："爸爸爬到月亮上正在里面砍树呢。"实际上男孩的爸爸几年前就已经去世了，但是她不忍心告诉儿子残酷的真相，于是编织了一个美丽的谎言。这个谎言让儿子的眼睛亮了起来。虽然住在一个非常简陋的房子里，生活如此艰辛，但每到夜晚他都会微笑地看着月亮，有时还会自言自语地跟爸爸对话："爸爸你在月亮上砍树，我等你回来盖一栋不漏雨的漂亮房子！"几年以后，妈妈也去世了，但是这个男孩却坚强地活了下来。尽管他已经明白那是妈妈编织的一个美丽谎言，但是每当他遭遇挫折与苦难的时候，他只要抬头仰望月亮，心中总会感觉一股暖意，仿佛在高高的天空之上，真的有一双慈祥的眼睛正热切地注视着自己。几十年后，曾经的男孩变成了国内一家大型建筑公司的老板，建造了无数的高楼大厦。

一个孩子往往因为家庭中某一方异性父母不存在或者去世了，而在心里为自己创造一个爸爸或妈妈的形象。表面上他和妈妈更亲，实际上他却一直在学习爸爸，对爸爸的需求永远存在。孩子知道自己是爸爸妈妈的爱情结晶，所以他会有一种维护爸爸和妈妈关系的倾向。我们一定都有过这样的体验：当我们在孩子面前吵架的时候，孩子会显得非常伤心、无助，他甚至会想各种各样的办法把所有的罪责推到自己的身上，认为是自己导致爸爸妈妈在争吵，他想尽一切办法终止这种争吵。

在 3 到 6 岁期间，他会渴望亲近异性父母，并嫉妒同性父母。同时，如果异性父母有意无意地利用孩子这种心理特点，与孩子建立密切关系，并使孩子看起来真的疏远了同性父母，那么孩子会下意识地做一些事情。

比如学习同性父母的一些特征，以表示自己仍然是同性父母的孩子。在很多家庭里有一种典型的现象，母亲很强势，儿子表面上追随她，拒绝自己的父亲，但是私底下却在效仿父亲，并且不自知。比如此前我接触过的一个案例：他的父亲是一个酒鬼，他的妈妈对这一点深恶痛绝。两人离婚以后，她拒绝让自己的前夫见儿子，理由是怕儿子学他嗜酒成瘾。儿子同意妈妈的看法，他的确很少见到爸爸，而且表现的也很鄙弃爸爸。可是等到他上大学以后，酒对于他产生了不可思议的吸引力，他甚至无法克制自己想喝酒的冲动，经常喝得烂醉如泥。每次当他的妈妈斥责他时，他也懊恼不已，但就是无法控制。在他向我倾诉的过程中，我帮助他找到了嗜酒的原因。原来在他的内心深处，他无比渴望对爸爸的认同，然而嗜酒是爸爸最明显的特点。所以他借着嗜酒的方式来表明他还是爸爸的儿子。这种现象在孩子心中是一种非常正常的心理投射。经过我的疏导，最后他的妈妈允许他和自己的爸爸来往。同时，我让他明白，要先接受自己父亲是酒鬼的事实，并且酗酒是爸爸的事情，不是他的责任。当他明白这一切以后，他自然而然就不会再被嗜酒困扰了。

很多人认为父母对孩子好，夫妻关系就会好，其实往往是反过来的。一个爸爸对孩子最好的爱，就是疼爱孩子的妈妈。一个妈妈对孩子最好的爱就是欣赏并推崇孩子的爸爸。事实证明，家庭要和谐，亲子关系要健康，必须做到夫妻之间相互欣赏。如果父母经常否定自己的另一半，这对孩子的伤害非常大。

孩子最大的渴望是来自于父母链接的归属感，那是超越一切事物的渴望。孩子透过什么方式与父母链接呢？那就是做和父母相同的事情。因为通过相同的事情，孩子可以感觉到我们是一家人，我们是在一起的，这是归属感的一种需求。因此我们要了解孩子深层的心理需求，也就是他必须与父母双方都有所链接，这样才能满足心中的归属感需求。如果孩子对其中一方的链接有所缺失，将会让孩子感到空虚遗憾。而最令孩子难以忍受的是父母其中一方否定了另一方，就像自己内在的一半否定了另一半一样，他的心理也会产生强烈的分裂与扭曲。比如说，妈妈常常当着孩子的面说爸爸不好，不认同爸爸。孩子为了能和爸爸建立链接，会采取强烈的方式，和爸爸做相同的事情。但因为这又不被妈妈允许，所以孩子表面上会听妈妈的话，而私底下却会像爸爸一样，却不自知。

假如一个妈妈经常对孩子说："你爸爸是一个懒惰不负责任的人，你以后不要像他一样；你的爸爸爱赌博，你一定不要像他一样爱赌博……"

假如一个爸爸经常对孩子说："你的妈妈最爱唠叨，你千万不能和她一样；你的妈妈一点都不顾家，你千万不要像她一样……"

在这样环境下成长的孩子，肯定会出现这样的行为：懒惰不负责任、爱赌博、爱钱、爱唠叨、不顾家。为什么？因为孩子内心强烈的需要和他的父母产生链接，但有关爸爸妈妈的信息却全部都是负面的。他当然只能跟这些信息进行链接，做出相同的行为，来满足与爸爸妈妈链接的归属感。当懒惰不负责任、爱赌博、爱钱、爱唠叨、不顾家等信息充斥着孩子的世界时，孩子还有其他的选择吗？

有人会说，自己只是放在心里，并没有说出来。但孩子的感觉无比敏锐，即便我们表面上没有说，如果我们的内心是这种想法，就一定会无意识地显露出来，而孩子也一定会感受到。所以，孩子就像家庭里的一面镜子，我们要怎么教育、引导和支持他成长呢？最重要的就是尊重另一半，这也是家庭和谐的根本。

我们要经常对孩子说这样的话："如果你像你的爸爸，我会很高兴""如果你像你的妈妈，我会很高兴"……当孩子的链接渴望被允许了，他就不会强烈链接那些被否定的缺点。孩子最渴望的就是像爸爸妈妈，肯定你的另一半，孩子会有一个学习模板，否定你的另一半，孩子也随之被否定。所以，尊重自己的伴侣，两个人成为一个整体，互相鼓励，才能给孩子最好的家。

在家庭关系里，占据第一位置的应该是夫妻关系，而不是亲子关系。很多家长常常会弄错家庭关系的排位，把亲子关系放在了第一位。其实这会对孩子的成长产生不良影响。如果一个孩子生活在常常吵架的家庭环境里，父母相互争执、相互否定、甚至相互背叛，这种家庭氛围会让他内心非常扭曲。

孩子是我们带到这个世界上的，所以我们必须要对他负责。首先，我们要给孩子的成长建立一个和谐的家庭环境。我们不可以在孩子面前争吵，不可以在孩子面前否定另一半。作为父母，最应该做的就是，把夫妻关系理顺，亲子关系自然而然就会趋于健康并充满快乐。

第四节 安全感：每分离一次，便成熟三分

分离这个词，对于每个孩子来说都是一个非常敏感的字眼。孩子从出生开始，他对世界的感觉是无助和恐惧的，于是他迫切需要身边有一个人能够无条件地信任和依赖，这个人就是他身边的父亲和母亲。父母是给孩子带来安全感、营造足够信任感的最关键人物，所以与父母的分离会对孩子的心理上产生很大的影响。

0到1岁期间，孩子和母亲之间的共生状态是健康正常的状态，而1岁以后孩子就应该慢慢地学会独立，所以我们一定要及时地培养孩子的独立能力，也就是成熟分离能力。

想要了解成熟的分离，首先我们要理解一个词语叫做分离焦虑。孩子为什么

会有分离焦虑？因为他感觉到最信任的人不在身边了，他会觉得非常惶恐。从0到1岁的小婴儿身上，我们就可以看到，每当他醒来时发现妈妈不在身边，他马上就会用大声地哭泣来释放信号，让妈妈马上回到身边，通过安抚，孩子就不再哭泣了。所以这就是基本的分离焦虑，婴儿的分离焦虑分为三个阶段。

第一个阶段叫"反抗阶段"。当他发现妈妈不在自己身边后，他的第一反应是通过号啕大哭换回别人的关注。这时候他的反应往往比较剧烈，号啕大哭、又踢又闹，让身边每一个人知道，我需要妈妈在我身边，我需要妈妈的陪伴。

第二个阶段叫做"失望阶段"。当他大哭大闹一会儿后，发现妈妈并没有因为这样的行为回到自己的身边，自己仍然没有办法得到妈妈的关注，于是他就开始进入了失望的状态。孩子这时候仍会哭泣，但是哭泣声会变得断断续续，动作的吵闹也会逐渐地减少，孩子甚至会进入一种比较漠然的状态，不去理会别人，表情和反应都开始变得迟钝。

第三个阶段叫做"超脱阶段"。这个阶段的孩子表现是开始接受外人的照料。当他发现不管自己怎么折腾，怎么哭泣，妈妈不在身边这个事实已经是个定局了，孩子的内在保护机制开始启动。他会告诉自己妈妈还在，以保证自己不再受到这样的伤害。于是他开始接纳了别人的照顾，开始正常的活动，吃东西，玩玩具，只是偶尔想起来，自己的眼圈还会发红。

每当提到妈妈的时候，孩子还会控制不住情绪，这就叫基本的分离焦虑。孩子年龄越小，分离焦虑越严重，0到1岁的孩子几乎是没有办法离开自己的妈妈。

这种共生的状态，让孩子能够找到充足的安全感和信任感。所以我们观察到很多家庭正是在0到1岁这个最关键期间，因为各种事情妈妈没有给予孩子充足的陪伴，无法及时给他回应，导致孩子分离的焦虑一步一步地养成。孩子的培养往往是不可逆的，分离焦虑一旦形成，对孩子未来的影响就一定存在。0到3岁期间，孩子与自己的亲生母亲超过两个星期的分离，就可以视为长期分离。长期分离对孩子产生的影响就像一条伤疤，落在他的心上，永远不会消失。未来对他的很多行为机制、心理机制都会产生非常严重的影响！

我曾经疏导过这样一个案例。有一次，在一个课堂里，我讲到了分离焦虑和长期分离。有一位妈妈听到这样的分享，流下了眼泪，于是她举手站起来说："我希望跟大家分享一个关于我的孩子和我之间的故事。这件事情我处理得极其糟糕，所以今天我想把它分享出来，让所有人引以为戒。"

刚开始这个妈妈和她的爱人来到北京创业，两年以后有了自己的孩子。这时他们亲手创办起来的公司还处于成长期，所以两个人把大量的精力投入到了事业上。这个孩子来得显得有点不合时宜，在孩子出生后的前六个月里这位妈妈非常疲惫。她既要兼顾公司的事情，又要照看自己的孩子。到孩子差不多六个月左右时，两个人就想了一个办法来解决眼下的困境。

因为两个人的老家在河北，于是他们就想能不能把孩子送到外公外婆家待一段时间。因为通过他们的观察，他们发现孩子这么小，并不会因为换一个陌生的环境有太大的影响。于是那一周，他们就尝试着把孩子送回了河北的外公外婆家里。这一周过得非常艰难，每一天外公外婆都会打电话给她，因为这个孩子不停地哭闹，又踢又打，见到谁都会号啕大哭。可是经历了两天左右，发现这种行为根本没有意义，妈妈还是不在。于是他就进入了失望阶段，孩子开始变得动作非常的小，躺在床上一动不动，坐在那里一直看着一个方向发愣。直到第五天的时候，孩子开始假装自己的妈妈还在，开始接受外人的照料，而他的外公外婆看到这种情况，觉得已经没有问题了。孩子已经不再像之前那么哭闹了，于是就告诉他的爸爸妈妈说："孩子没问题了，以后你可以长期把他放到这里，孩子已经适应了。"爸爸妈妈听到这样的反馈，也开始安心起来。

于是从孩子六个月开始，他们就开始了这样一种生活方式。每个星期一到星期五，孩子都会送到河北的外公外婆家，星期五的晚上再把他从河北接到北京，两人陪伴孩子度过一个周末，周日的下午再把他送回河北。周而复始，这样的情形一下子过去了三年。

有一次孩子从河北接回北京，两口子陪他度过了开心的一个周末。到了星期日的上午，他们看到外面的天气非常好，阳光充沛，于是妈妈就说："干脆我们到院子里去玩吧。"这句话马上得到了爸爸的响应，两个人就抱着孩子走出了房门。刚刚走出门的时候，孩子还和他们有说有笑的，走到四楼，两个人就发现孩子说话的声音变小了，笑容也变得越来越少。从三楼往二楼走的时候，发现孩子基本不说话了，无论他的爸爸怎么去逗他，孩子都不说话，直到三个人马上要走到小区门口时，孩子忽然对自己的妈妈说："妈妈，我这一周可不可以住在你家呀？"妈妈听到这样的话，心里就像被一根细细的针刺了一下，马上就跟孩子解释："儿子，这就是你的家呀，你怎么会说这样的话呢？"

这件事情在这对父母心中埋下了一个种子，于是，当天他们把孩子送回河北的时候，就问外公外婆："孩子最近有没有什么表现得不一样的地方？"外公外婆就跟他们说："表现不一样，也不是很明显，但是有几个方面跟以前不同。我们发现这个孩子开始变得有一些敏感了，而且有的时候会不愿意把自己的想法说出来。"

他们家是一个大家族，所以在农村生活的时候，有很多的小朋友都在外公外婆家里聚集，每当给大家分发食物的时候，孩子总是不敢主动地去争取，甚至有的时候会刻意把自己的想法隐藏起来。问他一些事情，他也不愿意把真实的感觉说出来，甚至有时候还会因为害怕受到惩罚而频繁地说谎。

他的外婆提起了一件让她无法理解的事情。外婆说："有一次，我看到这个孩子跟其他的孩子玩着玩着，忽然间就离开了，走到了一个卧室里，还把门反锁起来了。"外婆怎么叫门他都不开，过了一会儿终于找到了钥匙，把门打开了，进去以后发现孩子竟然把自己包裹在房间的窗帘里，他的外婆就走过去问他："你为什么要把自己包在窗帘里？"孩子就回答："这是我在北京的家。"当时外婆觉得孩子这个回答很奇怪，但也没当一回事，也就没有跟他们说。

这位母亲的孩子今年9岁了，在她来上我的课时，她明显地感觉到孩子身上有各种各样的问题：说谎成性，不会把真实的感觉告诉别人；与别人交往的时候总是有所隐瞒；没有办法真诚地与别人沟通……

到这一刻他们才真正感觉到后悔，她自己也明显感觉到，一定是0到3岁期间，和孩子分别的时间太久，使他在心里没有形成相应的安全感。安全感的培养对于这一阶段的孩子最为重要！

所以，安全感的培养有赖于培养孩子成熟分离的能力，那么，成熟的分离如何去培养呢？

第一，不要对孩子有任何的隐瞒，负责任地告诉孩子下一步的安排，告诉孩子会面对什么样的情境。很多家长，尤其是工作比较忙的家长，每天早晨为了顺利地上班，就会想各种各样的办法悄悄地离开，甚至欺骗自己的孩子！可是我们会发现，你越是这样做，孩子往往越无法离开我们，每天上班离开以后孩子都会大哭一场。其实这犯了一个致命的错误，我们总是把孩子当作一个什么都不懂的人，其实我们应该提前告知他，下一步他会面临什么样的场景。

虽然他听不懂我们所说的语言，但是他能感觉到我们传递出来的感受，所以提前告诉他下一步的安排，让孩子不至于觉得心里恐慌。我的工作经常出差，在每次出差之前我都会跟他说："爸爸要出差了，这次出差我要去几天，几天以后我就会回来，我要去哪一个城市，我要去干什么，如果你想我，你就可以给我打电话，爸爸想你也会给你打电话。"提前告知他下一步的安排，让孩子不会无端地陷入未知的恐惧中。

第二，一定要避免长期的分离。0到3岁之内的孩子，超过两个星期的分离就可以视为长期分离。一定要避免这样的行为出现。

第三，充足的陪伴，让孩子充满安全感。即便我们每天工作很忙，但每天下班回来的时候，哪怕只有一个小时、半个小时的时间，也要给孩子足够的陪伴，让孩子对我们思念的情绪有一个很好的缓解。

第四，分别重聚时，对孩子表达自己的感受。当我们每天回到家以后，见到孩子的那一刻，一定要及时地表达我们对孩子的思念之情。给孩子一个拥抱和亲吻，告诉他："妈妈今天上班非常想念你，你有没有想念妈妈呀？你有没有想念爸爸呀？"用这样的方式让孩子找到他和我们之间的链接，让他觉得我们只是去工作，去上班，而不是不管他。

这几条都非常的重要，想要培养孩子成熟分离的能力，就要记住在我们陪伴孩子的时候要充足、高质量，让孩子的内心充满着富足感和安全感，只有这样我们才能够更好地让孩子在离开我们的那一刻，找到内心的强大力量。

一个孩子从小的分离能力培养得越好，他在未来成长的道路上，解决问题的能力、独自面对的能力就越强。良好的亲子关系就是一个不断分离的过程，我们作为父母要做的就是站在孩子身后，看着他渐行渐远，尽早地让他摆脱对我们的依赖。无论未来他成长为一个什么样的人，我们可做的只是看着他的背影，给他最深的祝福而已。只要我们把这一点做到位，我们的孩子就一定会在自己人生成长的道路上变得勇敢坚强，不怕挫折，不畏困难！

第五节　成熟分离：摆脱母子分离焦虑，孩子入园不再难

作为父母，我们会经历孩子成长的每一个瞬间，其中有一个瞬间一定是我们很多家长终生难忘的，那就是他开始脱离家庭环境，进入幼儿园。提起这件事情，很多的家长深有感触：送孩子去幼儿园可是一个非常艰巨的任务。几乎每年

9月份和3月份两个入学时期，我们都能看到幼儿园的门口里上演着一场非常激烈的"战争"。那些剧烈挣扎的孩子和默默伤心流泪的母亲，几乎成为了那些天不断上演的画面。每一个家庭都要不断地让孩子一步一步地趋向独立，然而当他面临一个新的环境，并且适应起来非常艰难的时候，我们作为父母应该怎么办？我们要做好哪些工作，才能保证孩子不会因为上幼儿园而引发一场家庭战争呢。

其实我也有很多的体会，有一次我送孩子去幼儿园的时候，见到了这样的一幕：有一位妈妈骑着一辆自行车，后座上坐着自己的女儿。刚到幼儿园门口妈妈就想把女儿从车上抱下来，让她去幼儿园上课。可是这个时候，女儿却拼命地用手抓住自行车的车座，不愿意离开。

妈妈没有办法，就蹲下来跟她说："你看现在几点了？还有十分钟你们就要上课了，妈妈也要上班了！如果你再不下来的话，你要迟到了，妈妈也要迟到了，知道吗？"

孩子拼命地摇头，剧烈地挣扎，就是不愿意下来。这个妈妈实在是无奈，说道："那你到底想怎么样？"

这孩子就说："妈妈，那你给我讲一个故事吧。"

妈妈说："那好，我给你讲一个故事，讲完这个故事你就进去，好不好？"

孩子说："好"。

这位妈妈就蹲在原地，开始给这个女儿讲故事。讲完故事以后，妈妈说："好了，故事也讲完了。你现在该进去了，我也该去上班了，我再不去，真的要迟到了。"

这时候就看到她的女儿带着哭腔跟妈妈说："妈妈，你再给我讲一个故事吧。"

这位妈妈非常生气，妈妈说："你这个孩子怎么说话不算话，刚才说了讲一个故事就去幼儿园。现在讲完一个怎么还要讲一个，有完没完？你看看时间都不够了！"

这孩子哭得更厉害了："妈妈，我求求你，再给我讲一个故事吧。"

妈妈说："好，好。我跟你说，这是最后一个故事，讲完这个故事，你就必须给我进去！"

这位妈妈又给女儿讲了一个故事，这个故事讲得也是非常敷衍。讲完以后，妈妈就跟女儿说："好了，讲两个故事了，赶紧进去吧。"

这时女儿哭声变得更大了:"妈妈,你能再给我讲一个故事吗?"

这位妈妈立刻火冒三丈,一把就把孩子从自行车上硬拉下来,孩子坐在了地上。孩子显得很疼,但她并没有关注到,而是站在孩子面前,开始批评她:"你这孩子怎么回事?怎么这么不懂事,你又不是第一天来,你耽误了多少时间,你看现在都几点了,你再不进去,不光你迟到,我也要迟到的。我不去上班,谁给你买玩具?谁给你买那么多好吃的!"

这时候孩子听到妈妈说这句话,马上就说了一句:"妈妈,你不要去上班,我不要玩具,也不要好吃的了。"

妈妈说:"不行,你这样蛮不讲理,赶紧给我进去!"

就在这个时候,幼儿园里的老师听见了争吵,也从院子里走出来,看见了这种情况,就朝这位妈妈使了个眼色,直接上去一把抱住孩子。孩子被老师强行抱走了,孩子哭泣得更加厉害,望着妈妈的方向一直在喊:"妈妈……"而她的妈妈摇摇头,叹叹气,骑上自行车就走了。

我描述的这个场景,很多家长是深有同感的。也许你每天都在见证,也许你的孩子每天在入园的时候就会遇到这样的情况,这到底是怎么回事呢?

试问,这个孩子真的想要听完三个故事再去幼儿园吗?其实不是。我们都很明显地知道,她不是为了听故事,而是为了妈妈不离开自己。一个三岁的孩子认为妈妈不要离开自己,是非常正常的。孩子对妈妈的依赖几乎是天性,没有哪个孩子愿意离开自己的妈妈!而在刚才这个案例中,这位妈妈在处理和解决这个问题的时候,犯了两个非常致命的错误。

第一,她在处理孩子问题的时候显得非常情绪化。在外人看来,这个孩子非常可怜,但是这位妈妈一直在用非常情绪化的方式跟孩子沟通。

第二,这位妈妈在向自己的孩子传递一种感觉,这种感觉就是生活让我觉得很无奈,"我没有办法,我必须要去工作"。孩子其实是无法理解的。这位妈妈说:"我不去上班,谁来给你买玩具,谁给你买好吃的?"而孩子马上就说:"我不想要这些,我只想要妈妈!"

所以,这两个致命的错误,导致她跟孩子沟通的时候,孩子根本不知道自己为什么要去幼儿园,也不知道妈妈到底去了哪里,她只单纯地不想离开妈妈。我相信这位妈妈每天送孩子上幼儿园都是一件非常艰难的事情,因为她根本没有理解孩子为什么会因为这件事情产生剧烈地反抗。

其实谈起这件事情，我就应该跟大家分享一下关于我自己的经历。在我的孩子在几年前准备上幼儿园时，和所有的爸爸妈妈一样，我也显得非常担心。于是我在孩子上幼儿园之前就做了大量的准备工作。

首先，在孩子要上幼儿园之前的半年里，我做了各种各样的铺垫工作，从各个角度让孩子了解幼儿园是怎样的。在幼儿园你会遇到什么？你会做什么，你会经历什么？差不多提前半年我就带着孩子在幼儿园外面参观，看见幼儿园里有很多小朋友在做游戏，孩子显得非常高兴。

于是我就问他："你觉得幼儿园好不好？"

他说："好！"

我说："你觉得幼儿园有什么？"

他说："幼儿园有很多小朋友，有很多玩具，有滑梯，他们还在那非常开心地玩，我觉得很好。"

我说："噢……那你知道幼儿园没有什么吗？"

他说："不知道。"

我说："幼儿园没有爸爸妈妈，你还想来吗？"

这时我看到他的表情有一个细微的变化，从刚才的兴奋，一下变得平静了，紧接着他说："那我不想来了！"

类似这样的体验，我带他一共做了六七次。

有一次我跟幼儿园的老师申请，带他到幼儿园内部参观，他看到幼儿园里摆放着各种各样的图书、玩具，很多小朋友使用的水杯，还有小朋友集体吃饭的场景，他觉得非常好玩。

我就在他最兴奋的时候问他："儿子，你知道幼儿园有什么吗？"

他说："幼儿园太棒了，幼儿园有很多小朋友，有很多好吃的，有很多玩具。"

我说："好，那你想来吗？"

他说："我想来，我想和他们一起！"

我说："那你知道幼儿园没有什么吗？"

他说："知道，幼儿园没有爸爸妈妈！"

我说："那你还要来吗？"

他说："那我要来！"

从此以后他就更加喜欢上了幼儿园的生活。所以差不多半年的时间，我让他理解了，进入幼儿园以后他要面对的情形是什么样的，他要加入的环境是什么样的，这样他心里就不会有过分地焦虑了。

第二件事情，关于在孩子上幼儿园以后，爸爸妈妈去了哪里。

有一天我专程把孩子带到我的公司，我问他："儿子，你知道爸爸每天上班工作在干什么吗？"

他说："不知道。"

我带他来到我的工位上，说："你知道爸爸每天工作都干什么吗？"他还是不知道。

于是我把他面前的电脑打开，让他用小手指在上面按几下，这时屏幕上就出现了各种各样的字符，我就跟他说："你看这就是打字，爸爸每天的工作就是在这里打字。爸爸另外一个工作就是讲课。"

我又带他到了会议室，站到黑板面前，拿着一支白板笔，告诉他："爸爸每天就是这样给其他同学讲课的。来，你来试试！"

我们两个玩了一个游戏，他扮演老师，我扮演学生。这个过程他显得非常开心。于是最后我就问他："你知道爸爸现在工作是干什么的了吗？"

他说："我知道了！"

我告诉他："每天你去了幼儿园，爸爸就来到公司，做你刚才做的这几件工作。你觉得幼儿园很好玩，你很喜欢幼儿园，爸爸也非常喜欢自己的工作。你去幼儿园非常开心，爸爸每天上班也很开心，所以你去幼儿园，我就来上班了。如果让我天天陪着你，我会觉得很无聊，因为我想做我自己喜欢做的事情，你明白了吗？"

他说："明白了！"

我这样做的目的，是要告诉我的孩子："你有很喜欢的事情，爸爸也有，我不完全属于你，妈妈也是一样，不完全属于你，我们有各自的生活！"

这样孩子就能理解他去幼儿园的时候你去了哪里，而不像案例中的那位妈妈一样一味地抱怨，让孩子感觉到自己是非常无奈的。所以用这样的方式，我的孩子顺利地适应了幼儿园的生活。

入园当天，老师给我发来了很多照片，看到孩子的照片，我们都觉得特别震惊。因为他第一天就非常适应幼儿园的生活，他玩得非常开心，到午睡的时候准时地睡着了，午饭也吃得非常的好，这让我们觉得格外的欣慰。这是我第一次体验到学习家庭教育的重要。我们真的把自己的孩子培养成了一个能够有成熟分离能力的孩子。

所谓成熟的分离，就是我们在孩子遇到关于亲子分离的事情时，提前做铺垫，用正确的态度和心态跟孩子沟通，不要让孩子无端地陷入到未知的恐惧当中，这样他才能够在这种分离之下生成一种成熟的心智模式。他知道自己只是跟父母短暂的分离，还会再相遇。所以他在处理这件事情的时候就会显得非常的成熟。这是我们在孩子3岁左右的时候给他的最好的一个礼物。

作为家长，我们就像是一个雕刻师，而孩子在我们手里就是一块天然的美玉，未来他究竟能成长成什么样子？是变成一件价值连城的宝物，还是一块废品？完全由我们来决定！

我们需要知道的是，认真地去了解、学习孩子成长的每一个阶段，以便于我们未雨绸缪，并且按照科学正确的方法去干预和影响。让他生活得更加快乐，更加开心！

从幼儿园开始，我们开始站在他身后，让他知道身后有强大的力量作为后盾，让他未来更有勇气去面临各种各样的挑战，这就是我们第一个阶段要送给孩子的礼物！

第六节 如何建立有效的家庭规则

俗话说，没有规矩不成方圆。那么，培养孩子的规则意识就显得非常重要。守规则的孩子长大以后，不管是学习、生活还是工作，都会按照规章制度办事，不会违法违纪。而且到了一个新的环境，更加容易受到别人的欢迎和认可。

家庭是孩子从小到大对他影响最为深远的环境，所以有效的家庭规则是培养孩子规则意识的关键。

我们作为家长，可以从以下几个方面来培养孩子的家庭规则意识。

第一，塑造好家长自身的形象，以身作则。

这是一个关键。我们经常听到这样一句话："子女是父母的影子。"父母的一言一行，一举一动都会受到孩子的模仿。作为家长，我们要给孩子可参照的标准。首先在家庭当中要建立良好的分工，包括孩子在成长和教育的过程当中，涉及的所有方面，究竟是由爸爸负责，还是由妈妈负责？孩子的学习方面由谁来负责？生活方面由谁来负责？

生活中的一些习惯养成，比如卫生习惯、礼貌习惯这些由谁来负责；孩子的各种品质、学习习惯、坚持性等，又由谁来负责……这些一定要做到分工明确。我们要学会从孩子很小的时候开始建立规范，比如到了吃饭的时间就要把电视关掉，专心地吃饭。需要别人帮忙的时候就一定要说："你好，请帮我一个忙，可以吗？"这些生活中一些微小的细节，随着孩子年龄慢慢地长大，会刻画在他的骨髓里，一点一点地让他养成这样的习惯。我们还要告诉孩子一些社会生活中的规则知识，比如交通规则、社会公共道德、团队精神，这些都是帮助孩子未来更好地融入社会的关键品质。

记得在2017年的一天，一位妈妈带着孩子找到我做心理咨询。由于父母都在国外工作，这个孩子在3岁以前都是一个人在国内由外公外婆抚养长大的。3岁以后，父母结束了国外的工作，回到了国内，可是却发现孩子身上的问题很多，最严重的就是以自我为中心。于是他们想解决这个问题，但又不知从何下手，因为三年时间里他们并没有陪伴孩子，和孩子之间的感情基础并不深厚。

当我彻底了解完他们的家庭成长背景，以及孩子在3岁以前经历了一些事情之后，我给了他们一个最简单的建议。隔代喂养带来的问题就是孩子变得自我。3岁之前的生活环境让他缺失了学会与别人相处需要遵守规则的能力，这就需要父母从平时生活中一点一点的细节开始抓起，重新让孩子学会这种能力。

咨询过后的一段时间里，这一对父母非常注重平时用一言一行去影响孩子，建立规则意识。两个月以后，他的妈妈非常高兴地给我打来电话，向我汇报孩子最近一段时间的进步。

她给我描述了这样一个细节：有一次为了更好地跟孩子建立情感链接，她带着孩子去爬长城。当时孩子才6岁，到了长城以后和妈妈一起玩得非常开心。当他们爬到了第三个烽火台的时候，忽然看到几个穿着红色衣服的人在长城的墙外侧来回地穿梭，孩子就问妈妈："妈妈，这些人为什么要翻墙出去？多危险啊！他们在干什么？"妈妈看见这几个人是志愿者，他们每天在长城附近捡拾游客随手丢下的垃圾，维护长城的卫生环境。

于是妈妈就蹲下来跟6岁大的儿子说："这几位叔叔阿姨是非常有爱心的人，他们觉得长城是世界非常著名的一个奇迹，他们努力地爱护长城，保护长城。可是有很多人在长城游玩的时候没有公德心，把自己吃剩下的果皮以及塑料包装盒随手丢在了长城的附近。如果每个人都这样做的话，长城就渐渐地失去了往日的光彩，就会被一大堆垃圾包围了。你想想看，如果我们今天爬的长城到处都是垃圾，你还有兴趣爬下去吗？"

孩子听到这里用力地点了点头："是的，我们不能往长城上丢垃圾，这样太没有公德心了。我也要像那几个叔叔阿姨一样，我要加入他们的行列。"妈妈看着孩子非常真诚地说出这番话，她很开心。因为经过三年左右的陪伴，他已经渐渐地让孩子意识到了自己和身边世界的关系。孩子已经慢慢地开始改变，不再把自己看作是世界的中心，开始考虑别人的感受了。于是她就蹲下来握着孩子的手说："妈妈答应你，以后我们每两个星期来一次长城，我们就像那些叔叔阿姨一样，他们在长城的墙外捡垃圾，我们可能没有办法跑到墙外去，但是我们两个可以负责长城里面每一节台阶上的垃圾。以后我们在爬长城的时候，就来比比看看谁捡的垃圾更多。"孩子非常高兴地答应了。

当她在电话里跟我分享这一段经历的时候，我明显感觉到这位妈妈是非常自豪的。所以当我们想要让孩子熟悉理解规则意识时，身为家长，我们自己首先就必须是一个规则的捍卫者和执行者，用我们的一言一行潜移默化地去影响孩子，这才是最有力量的。

第二，培养孩子学习方面的细节。

每天学习的时间不一定要很长，但是每天必须要学习，我们要规定出学习的时间，并按照提前规划好的时间表进行学习内容的安排。比如每天放学之后晚饭之前的一个小时就是用来学习的，一个小时之外孩子可以做一些自己感兴趣的事情，比如看感兴趣的图书，父母可以陪伴孩子一起阅读。包括休闲娱乐的时间，孩子回家以后完成了作业，吃完晚饭以后看电视是可以被允许的，但是该看多长时间也要经过长期的磨合，制定出相应的规则。

有一次，一位妈妈给我打电话，向我描述了一个让她非常头疼的问题。她觉得自己的孩子每天放学回家以后，总是不愿意马上写作业，老是谈条件。一回家就看电视，一看就一个多小时。等到开始写作业已经很晚了，每天都要写到十一二点。她总是不停地督促孩子，有的时候甚至会控制不住自己的脾气，朝孩子发火。可是她发现越是这样，孩子做作业越慢。有的时候强行要求他关掉电视，进书房做作业，但发现孩子做作业时变得异常得慢。即便没有看电视，当天做作业也一定要拖到十一二点钟，这让她觉得非常头疼。

于是她邀请我到他们家里去做客，与孩子简单地聊一聊，帮她解决这个困扰。当天下午，我来到了他们家，家里的环境非常好，宽敞明亮，装修时尚高档，坐在客厅的沙发上，这位母亲开始向我倾诉。我坐在沙发上，看着对面的一面墙，我就问她："你能告诉我这一面墙是什么吗？"这个家长有些得意地跟我说："李老师，这是两个月前我们刚刚装的一个超级大的电视墙，这面墙你看起来是一面墙，实际上当打开开关的时候，这面墙就是一个巨大的宽幕电视。观影体验非常的好，音响配备得非常顶级，非常的震撼。"

我接着说："你跟我说每天孩子放学回家以后，都要先看一会电视，对吗？"

"是啊！我想尽办法让他去书房写作业，他都不去！"

"对呀！你看！现在我坐在沙发上没有别的选择，只能面对着这堵墙。而这堵墙就是一堵电视墙，每天放学回家以后，孩子第一直观的反应就是看电视，他怎么能控制得住自己呢？"

当我说到这里的时候，她好像明白了我的用意。

"李老师，那我该怎么办呢？"

我说，"你的家装修得非常高档、豪华。可是为了改变孩子的这个习惯，可能你还要花一点点钱来做装修。首先，你要把这面电视墙拆掉，然后把这里换成一个巨大的书架。让孩子回到家以后，坐在客厅的沙发上，映入眼帘的第一件事物是一个巨大的书架，上面摆放着各种各样的图书。如果你非常喜欢看电视，就把你的电视转移到你和你爱人的主卧里，不要把它放在客厅。这样孩子回家以后，他所看到的事物，感觉到的所有氛围都与学习有关，那么他就不会像以往那样难以自控了。"

某些规则建立之初，我们就一定要思考清楚，我们到底有没有给孩子营造一个良好的氛围和环境呢？反过来想，我们要求孩子到书房里去学习，自己却坐在客厅沙发上，舒舒服服地看着宽荧幕的电视，享受着超级顶尖震撼的音响，孩子心里会平衡吗？这就是他一定要写作业拖两个小时的原因啊！所以有问题的不是这组电视墙，而是我们作为家长在建立这个规则的时候，没有给孩子创造相适应的合适环境。

第三，让孩子做有限的选择。

所谓有限的选择就是一种帮助孩子建立规则意识非常有效的手段。如果我们想让孩子尽快地行动起来，那么我们就给他两个选择，比如，他是选择现在看书，还是选择现在先吃饭？而不是告诉孩子现在我们来做点什么呢，这种漫无边际的选择完全没有规则意识，会让孩子学不到规则，学不到边界意识。

我们要做的就是把他现在要做的事情定一个范围，制定一个规则，在这个范围内给他几个可选择的方向，不管他选择的是什么，他的行为都在规则之中，他就自然而然地接受规则了。这种方法通常我们叫做"2选1法则"。当你和孩子互动的过程当中，你要明确地发出指令，告诉孩子以下有两件事情可以做，他选择先做哪一个？

两件事情都在我们的规则范围之内，孩子体验到了自己有选择的权利，他在接受的程度上就会更加的容易。由此，我们就能慢慢地帮助孩子培养出遵守规则的意识。

以上三点在培养孩子规则意识方面都非常重要，希望我们每一位家长都能够学会制定家中的规则，让孩子从小成为一个遵守规则的人。

第七节 营造良好家庭氛围的八个要诀

人是情感动物，在孩子不断成长的过程中，他所习得的最重要的一个能力，就是与自己的情绪和谐相处，也就是学会正确管理自己情绪的能力。

作为家长，这是最重要的一个职责。

在很多家庭里，各个成员之间的和谐相处是通过彼此的忍让实现的。当忍让达到了一定的极限，就会打破这种和谐相处的氛围。

所谓EQ家庭，就是所有的成员把看待问题的焦点放在彼此的情绪与感受上，面对彼此的问题，承认自己的不完美，站在对方的角度思考，这样才能创造出真正的和谐。

那么，如何正确建立EQ家庭呢？共有以下八个要诀。

第一个，让个人的信念价值观有一点弹性。我经常对家长说这样一句话："家庭不是法庭，强调对与错是没有意义的。"在家庭中，如果过多地强调谁是对的，谁是错的，甚至过多地去强调家长是对的，孩子是错的，就会使我们与孩子之间的距离变得越来越疏远。我们应该知道在家庭中，包容才是最重要的。让每个人的个人信念和价值观都能有一点点弹性，是解决这个问题最好用的一个方式。

比如，有的人非常喜欢吃榴莲，认为榴莲非常美味、可口，而有的人却极度讨厌吃榴莲。这个世界上永远同时存在着两类人，喜欢吃榴莲的人和讨厌吃榴莲的人。我们应该让家庭中每一个人都有属于自己的个人爱好与取向，并且彼此之间保留一点点弹性。喜欢吃榴莲没有错，不喜欢吃榴莲也没有错。

第二个，家庭成员之间，第一属性向应是朋友关系。想想看，平时我们在跟朋友相处的时候，是以什么方式交流的？我们一定是非常客观、公正，而且能够时刻站在对方角度思考问题的。可是在家庭里，很多家长每一次跟孩子沟通的时候，都是采用居高临下的沟通方式。假如我们想要跟一个5岁的孩子沟通，首先要做的一件事情就是让自己变成一个5岁的孩子，否则我们是没有办法走进他的内心世界。

第三个，先处理情绪，再有效地处理问题。我们需要知道一点，这个世界上所有的问题都是关于情绪的问题。当一个人的情绪被解决了，也就意味着所有的问题全部都被解决了。而我们作为家长，在和孩子沟通的时候，最容易犯的一个错误就是我们自己本身也是一个很难控制情绪的人。

不少家长问我："李老师，我到底该如何才能控制好自己的情绪呢？"这确实是我们作为家长必须要学习的一门必修课。因为假如每一次我们与孩子互动的时候，是带有情绪的，那孩子就完全体会不到我们到底是为了什么要与他沟通。他只能学会一件事情，那就是情绪化地去看待问题。久而久之，我们的孩子就会变成一个非常情绪化的人。

第四个，坚信亲人是可以分享自己感受的人。在一个家庭里，爸爸妈妈与孩子之间应该是亲密无间的，可是我们却看到很多家庭彼此之间很难把自己的心事分享给别人。孩子最常说的一句话是："我不愿意告诉我的爸爸妈妈，那是因为我说了他也不会懂，也不会理解。"这是一个强烈的信号，这个信号代表着在家庭里，我们很少站在对方的角度去接纳他的感受。

分享一个简单有用的工具叫做家庭留言板。假如我们每天很少有互相分享感受的机会，那么我们可以在卧室门上贴一个家庭留言板，每个人都可以在上面畅所欲言，写下自己的感受，分享自己对一件事情的看法。留言板上建立一个规则，那就是不许评判别人讲的话。父母可以把自己的想法写在孩子房间的留言板上，孩子也可以把自己的看法写在父母房间的留言板上，用这样一种方式，慢慢地让家庭中每一个成员都能知晓彼此之间的感受,并接纳这种有效的沟通模式。

第五个,认真从对方的角度看问题。作为父母,我们最常对孩子说的一句话,就是:"不听老人言,吃亏在眼前。"我们太容易用自己的经验去教育孩子,希望他能按照我们的方式去做人做事。可是我们都知道,每个人只能独自面对自己的人生,我们的经验未必一定适用于孩子,所以还是要重新回到家庭成员中,学会公正、客观、中立地站在对方的角度看问题。孩子身上发生的所有事,我们都要学会站在孩子的角度去看待。无论这件事情是什么,哪怕我们已经明显看出这是一件错事,也要记住,必须让孩子自己去学会体验错误带给他的感受。所以家庭中要减少对彼此之间的判断与评价,多去站在对方的角度接纳对方。

第六个,坦白诚恳,无事不谈。世界上没有任何一种关系会比父母和孩子之间的关系更加亲密的,所以我们有大量的机会可以向孩子去分享。很多家庭,彼此坐在一起谈的都是一些琐事。尤其是当我们和孩子坐在一起聊天时,聊得最多的就是孩子的问题。每当我们基于问题去解决问题的时候,就会发现我们彼此之间的立场变得越来越远了。孩子越来越觉得我们不理解他,所以根本没有机会向我们坦白诚恳地去谈一件事情。

坦白与诚恳,依靠的是长期的信任,以及彼此间的包容,这样才能做到真正地无事不谈。一个家庭中如果孩子发生的所有事情第一时间都选择向我们倾诉,那就代表着我们的家庭氛围非常和谐。

第七个,制造无压力的相处时刻。无压力的相处时刻有助于孩子把内心真实的感受分享出来。我们在前文已经分享过一个非常有用的工具,叫做"太空时间"。就是经常安排不带任何的身份与姿态,没有爸爸妈妈的角色的谈话,在这样的氛围中,大家的角色都是平等的,可以无话不谈,没有任何约束。这样孩子就有了一个无压力的相处时刻,他也就能够及时地把情绪分享给我们,我们也能够给他最直接的支持。

第八个,给每一个家庭成员充分发挥的机会。不要因为孩子小,就不给他发挥自己能力的机会。反过来说,一个孩子成长的过程中拥有了自己充分发挥的机会,对于他的独立性、自我管理能力的培养,都有非常至关重要的作用。

因此,在家庭中,应多给孩子提供发挥自己能力的机会,这对于孩子个人独立能力的培养显得弥足珍贵。这样的活动多了,孩子就会变得更加积极、更加主动、更有责任感。

第八节　过于强势的母亲是家庭的灾难

中国自古就有一个哲学理念，世界的万事都是由阴阳两极组成，阴阳两极相生相克。在一个物体里，阴阳两极只有保持相同的质量和相对的效应，才能让这个物体变得更加稳定。

在一个家庭里同样也存在着阴阳两极。母亲代表阴极，父亲代表阳极。

一个家庭想要健康存续，家庭关系是根本。那么，良好的家庭关系是由什么构成的呢？其实就是由父亲和母亲这两个阴阳两极相互协调，互相作用构成的。

假如一个家庭只有阴极，那么就会导致这个家庭陷入一种病态的扭曲中。当关系扭曲了，无论是夫妻关系还是亲子关系，都会受到巨大的影响。因此，夫妻两个人只有各自扮演好自己的角色，才能给孩子营造出最好、最充分的和谐环境。

一个孩子从小到大吸收到最大的精神养分来自于哪里？就来自于他的原生家庭。而在一个家庭里，母亲应该扮演什么样的角色呢？

我们常常说母亲就像水一样，水利万物而不争。那么作为一个水的角色，母亲带给家庭的应该是包容与温暖。但是，假如一位妈妈在平时的生活中表现得过于强势，那么家庭就会失去温度，而变得冰冷。

有一次，我接到一位妈妈的电话咨询。她在电话中跟我讲述了这样一件事情。

她是一个企业的老板，平时工作风格雷厉风行，慢慢地也成了别人口中的女强人性格，她的下属都对她言听计从，内心也挺害怕她的。可是，她的孩子却处处跟她唱反调，特别的叛逆。最近她们发生了口角，孩子竟然脱口而出说："我恨你！我恨妈妈！"当时把她吓着了，她非常伤心和愤怒。虽说自己有时候工作很忙，没有太多的时间陪伴孩子，可是只要有了时间，她还是愿意把精力放在孩子身上的，可是孩子为什么还是对她满怀恨意呢？

这位妈妈很不解，为什么她对公司员工的要求都很高，却没有员工说恨她，可是为什么到了自己家里，孩子就不能像公司的这些员工一样理解自己的苦心呢？其实，这位妈妈需要明白：在一个家庭里，她要扮演的角色和在企业里扮演的角色完全是两个概念。

在家庭里，她应该扮演的是温暖、包容的角色，而过于强势的她实际上是把在公司的做事风格带回家里了，这就没有办法让孩子在心灵上接受到来自母性的那份温暖。强势让她做事非常强硬，是非分明，导致孩子没有一个乐于倾诉的对象。而这种强势的性格又影响到夫妻关系，因为妻子过于强势，所以她的丈夫在家里几乎是透明的。无论丈夫做什么，都会受到妻子的干扰，所以他便不再有所作为。时间久了，父亲的角色就会严重缺席，父亲的品质就无法影响孩子。

如果一位妈妈在家庭里既负责当妈，又负责当爸，这就造成了家长关系的严重扭曲！当她把工作中的做事风格和风气带回家以后，孩子的成长就会受到巨大的影响。

我们身边并不缺少这样的强势母亲，她们的家庭关系和亲子关系一般也并不好。假如我们既是一位妈妈，又是一个公司里的高管，要想扭转自己的家庭状态，就要做到以下几点：

第一，学会示弱。告诉孩子，有些事情我是做不到的，必须你帮忙才能做到。要记住，在工作中做一个女强人是毋庸置疑的，但是在家庭里展现女强人的形象是完全没有意义的。所以当家里有一些体力活的时候，聪明的妈妈应该学会向孩子求助，让孩子找到一种男孩的自信，他会发现妈妈并不是一直这么强势，她也有很多事情干不了，做不到。

同时，你还要让孩子时刻感受到妈妈非常地在乎自己。现在有很多父母的陪伴方式是"保姆式陪伴"。孩子所有的事情都已经被安排好，孩子坐在那里等着，按妈妈的要求去做就好了。这种保姆式的陪伴会让孩子感觉到自己是无能的，所以他会用很强烈的情绪外露告诉家长，他不喜欢这样。所以，孩子会显得叛逆，烦躁。

在企业里，作为一个成功的管理者，他必须要驾驭全盘工作，但在家庭里不一样。孩子唯一不需要的就是被控制和驾驭。如果我们总是想着去控制和驾驭孩子，就会发现结果永远是失败的，我们没有办法控制孩子，只能用行为去影响他。

第二，在孩子面前尊重自己的另一半。让孩子感觉到家庭有温暖、有能量的最重要一点是什么呢？妈妈要随时随地地在孩子面前烘托父亲的形象！请记住，父亲对孩子产生的榜样力量是母亲无法替代的。所以，我们常说，最爱孩子的行为就是让孩子感觉到妈妈爱爸爸，爸爸爱妈妈，只有这样的家庭才能培养出性格温和的孩子。

母亲过度强势的家庭里，父亲几乎会长期缺席。原因是妈妈根本不会给他表现的机会，妈妈对爸爸所做的一切都信不过，孩子所有的事情都要妈妈亲自管理。所以，渐渐地父亲的角色就缺失了。

我观察到很多的母亲过于强势的家庭带给孩子最大的影响是什么？就是孩子会娇纵狂躁，没有办法融入新的环境，他会变得非常自我。很多人会认为，母亲强势就会让孩子顺从，可是恰恰却没有。孩子非但不会顺从，反而会让他性格中生长出一些非常反叛的特质。这就是这种家庭带给孩子最糟糕的影响。

第三，我们要学会向孩子表达爱与感谢。当孩子对我们表达自己的情感时，或者孩子帮我们做了一件事情时，作为父母，我们一定要表达出对他的爱和感谢。妈妈千万不要把工作中强势的风格带回家，家庭不是企业，你在工作中的状态和形象一定要和家庭区分开。回到家就做生活中的贤妻良母，成为孩子心底最柔软、最能接纳他的那一部分，把母性的光辉在家庭里充分地放射出来，扮演好自己的角色。

作为孩子未来的最大影响者，我们要牢记家庭不是企业，不需要把工作中的作风带到家庭里来，家庭也不是法庭，没有意义去争论谁对谁错。母亲本来就是世界上最伟大最温暖的角色，每一个妈妈都应该学会扮演好自己的角色，只有让家庭这棵参天大树健康生长，我们的孩子才会受益。

第九节　隔代喂养：娇纵与蛮横的原罪

"隔代喂养"已经成为时下关于家庭教育最为热点的词汇。

所谓隔代喂养，就是指孩子在0到3岁期间，家庭中除了父母陪伴着孩子，同时还有隔代的老人，如爷爷奶奶或者外公外婆一起负责培养着孩子。隔代喂养对孩子最容易产生不好的影响主要表现在两个方面：一是过分的关注，二是无限的原谅。

过分的关注。隔代喂养对孩子产生的第一大影响，就是过分关注。当我们过分地去关注孩子时，就没有办法支持他，我们把太多的焦点放在了他应该正确地做事上，却没有了解到孩子一定会犯错！而很多的老人几乎不给孩子犯错的机会，总是喜欢自己去代劳，这种过分关注，就无法培养孩子的独立能力。这样的行为，也就是我们通常讲的"溺爱"。

所谓溺爱就是所有事情都不需要孩子去做，老人会完全代劳。这导致现在很多的孩子到了十几岁，还不会自己独立洗澡，不会自己洗衣服，甚至没有办法解决自己力所能及的事情。这样对孩子的独立能力培养是一种巨大的伤害，隔代喂养的第一大原罪就是过分关注，导致孩子的独立能力久久没有办法培养起来。

无限的原谅。所谓无限的原谅，就是指老人在带孩子的时候，常常由于过度宠爱，不管孩子做错了什么样的事情，都会轻易地获得老人的原谅。长此以往，孩子就没有办法学习规则是什么？边界是什么？没有办法知道自己做的每一件事，到底是对的还是错的。他也不会去想，因为结果不需要他来承担，不管做成什么样子，他都会获得老人的原谅。

举一个生活中常见的例子，有很多老人带孩子的时候，孩子在前面跑，不小心摔倒了，摔倒以后伤心地哭泣。这时，老人的做法往往是跑过去，第一时间把孩子抱在怀里，然后紧接着做了一件不该做但很多人都会做的事情——推卸责任。为了想让孩子停止哭泣，赶快笑起来。很多老人会说："唉呦，我看看是什么绊倒了我孙子，唉呦，就是这个讨厌的砖头。讨厌的砖头，看我打它、打它。来，孩子跟我一起打它，就是这个砖头绊的，你打他，坏砖头，坏砖头！"最后把责任全部推给了无辜的砖头，一切都是砖头的错，孩子是无辜的。类似的事情对孩子的影响非常糟糕。一旦孩子习惯了这种处理问题的方式，那么他就会看不见自己的责任与原因——总是有人替他收拾残局！

其实孩子在这个阶段很容易正确引导。当孩子被砖头绊倒以后，孩子趴在那里伤心地哭泣，不要马上把他扶起来，而是蹲在他的身边，先问一下孩子的感觉："怎么了？刚才是怎么摔倒的呀？"孩子就会说："就是这个砖头把我给绊倒了。"这时候我们再把他扶起来，慢慢地安抚他的情绪，跟他说："你看呀，你被砖头绊倒了，你现在感觉很疼，那你说砖头疼不疼啊？"我们这一句话就把孩子的注意力转移了，从哭泣转移到了对事情的思考。孩子就会问，"砖头也会疼吗？""对呀，砖头、桌子、椅子、地板，身边的小动物，它们都是有感觉的，那么我们绊在它的身上，把它们也绊疼了，我们是不是应该先跟它说一句对不起呢？"

当我们这样去做的时候，孩子会觉得身边的万事万物都是有生命的，是自己先绊到它们，自己疼，被绊的物体也会疼，错在自己，而不是物体。这样我们就避免了隔代喂养带来的第二大影响——无限的原谅。如果一个孩子从小无限被原谅，那么未来他和别人交往，在社交方面会显得非常无能，他没有办法看到自身的责任，就会过度地去把责任推给别人。

基于此，我给大家一个建议叫做："双手拥抱，单手拉起！"什么叫"双手拥抱，单手拉起"？当孩子需要我们安抚的时候，我们一定要双手给他拥抱。但是孩子需要从地上站起来的时候，请记住，一定要单手把他拉起来，告诉他，这件事情除了我们要给他帮助以外，他自己还要用力。通过这些生活中的细节就会使孩子渐渐地明白，做错任何事情，该是自己的责任，自己就需要勇于承担。分享给大家一句话叫做"我是源头，创造一切可能性"。当一个孩子体验到这句话的时候，他就会知道做任何事情自己都是事情的源头，这样的孩子就不会因为过度地溺爱，而无法正常与别人交往。

假如您的家庭正好处于这个时期，而您的家里确实有老人喂养孩子这样的现象，那么给大家几个建议。

第一，学会和老人站在相同的角度看待孩子的教育问题。一些家庭因为孩子教育的问题，两代人矛盾不断升级，原因还是因为彼此不理解、不接纳，老人与年轻家长的教育理念有代沟。其实这种代沟的本质是什么？是一种相互之间的不理解和不认同。老人有很多老辈的教育方式，但这些教育方式并不一定都是坏的。年轻人有很多年轻人的教育方式，但这些教育方式也未必都是好的。所以两代人要学会经常沟通。如果我们避免不了，比如工作繁忙，必须要由老人来帮助我们，协助我们带孩子，那么我们就要做好这方面的协调工作。

第二，引导老人和我们一起学习。我们可以邀请带孩子的老人陪我们一起学习家庭育儿教育知识。多学习知识，在面对孩子教育问题上就知道该如何去做了。

第三，经常转发教育孩子的文章。老人往往更喜欢相信哪些事情呢？有一个很有意思的现象：许多老人更愿意相信微信朋友圈的文章，所以这样的文章对老人理念上的改变是有影响的。我们可以经常去转发一些关于教育孩子的文章，转发给陪我们一起照顾孩子的老人。

第四，常怀感恩之心。老人帮我们带孩子，我们要有一种感恩之心。由于我们工作繁忙，没有时间百分百地陪伴孩子，老人的协助让我们的生活不至于有太大的压力。所以我们要用一颗感恩之心来看待，不要凡事老是看老人的不好，要多看老人帮助我们的地方。

第五，我们对待老人的方式，就是孩子对待我们的方式。所谓上行下效，就是我们对待老人宽容、理解、支持和孝顺，那么孩子对我们也会如此，这在潜移默化中就对孩子产生了一个正向的榜样作用。

第六，尽可能地给予孩子充足的陪伴。不管有多忙，还是要建议大家一定要挤出时间多陪伴孩子，哪怕我们因为白天上班没有办法陪他，晚上回到家以后，即便只有一个小时的时间，也要跟孩子充足地互动，避免隔代喂养给孩子心理上带来的亲情缺乏。

婴儿

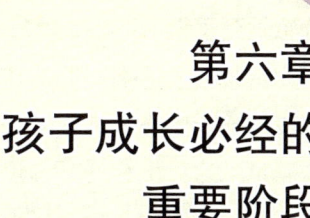

第六章
孩子成长必经的重要阶段

一岁

三岁

第一节 口欲期：孩子的这几种行为在表达什么

"口欲期"这个理论来自于西方的心理学家弗洛伊德。弗洛伊德认为，孩子在0到6岁会经历心理发展成长的三个时期：分别是口欲期、肛欲期和俄狄浦斯期。口欲期发生在孩子0到1岁期间，肛欲期发生在孩子1到2岁期间，俄狄浦斯期发生在孩子3到6岁期间。

孩子刚刚来到这个世界上，他的心理成长所经历的第一个时期就是口欲期。所谓口欲期指的就是婴儿处于一种完全不能自立的状态，完全依赖父母和其他养育者，基本没有自主的行为能力。在这一个阶段，口是婴儿生活和兴趣的中心。他做任何事情都依赖于口，吃奶用口；饥饿或者不舒服的时候用口哭叫；愤怒或者感觉到恐惧的时候，用口去咬母亲的乳头；他抓到的所有东西都会先往嘴里塞，因为这是他当下唯一的认知手段。来自父母和外部世界所有的关爱，都能使这个阶段的孩子内心充满安全感。所以，他所有的期待都源自于对口欲期安全感的基本满足。这种生存的基本焦虑得到了缓解，孩子就会内心充满富足感与安全感。假如缺少足够的关爱，孩子内心就会充满了焦虑和恐惧。

这个阶段的孩子，伴随他成长的矛盾是信任与不信任。孩子来自一个绝对信任的空间，就是它的母体。当孩子生活在母体时，他体验到的是绝对的安全与信任，以及随时随地的回应，不管他有任何的需求，在这个空间中都会及时地被满足。所以孩子刚刚来到这个世界上时，他是极其不适应的。每个孩子来到这个世界上都会哭泣，那是因为他没有别的方法释放信号。在这一个阶段，孩子所有的情绪都靠哭泣去表达，他的基本需求是饿了就要被喂食物，害怕、受惊就要受到安抚和拥抱，哭泣就要得到别人的照料。如果在这一个阶段，孩子的需求能够被满足，那么他的性格就会变得阳光、开朗和自信。

假如在这个阶段，他的这些需求没有被满足，就会导致孩子安全感严重缺失，他需要别人的照料，拼命地寻找可依赖的对象，但总是有一种被人遗弃的感觉，使他不相信任何人。这样会导致孩子成长以后，性格偏执，过分地需要被夸奖，只有在别人的称赞声中才能找到自己的存在感。

口欲期最大的满足来自于原生家庭的父母对她的关爱，尤其是妈妈。孩子在口欲期所有的欲望都是恒定的，所以请我们所有的家长在口欲期尽可能地满足孩子一切的需求。

孩子在0到1岁期间，我们会发现他在表达自己情感的时候会有以下的几种行为：

一是频繁地吃手、吃脚。这样的行为到底意味着什么呢？这样的行为意味着，孩子能够通过口去探索身边的世界，只是他所探索的范围仅仅局限于手和脚。如果他的这部分需求得到了满足，孩子内心会有一种非常强烈的安全感。再加上我们的拥抱、抚触以及亲吻，就能够让他产生被爱的愉悦，顺利地度过口欲期。如果在这个阶段没有充分地满足这种欲望，这种行为反而会通过一种无限延长来得以实现。

有很多父母，每当孩子吃手的时候，第一反应都会去阻止。他们会觉得这样很不卫生，而且在外人看来，孩子吃手是一个不好的习惯，仿佛让人觉得自己的孩子没有规矩。到底应不应该阻止呢？试想一下，一个小婴儿在这个阶段，能够缓解焦虑的方式只有吃手，但每次都会被人为地打断，那么这种需求就会一直存在。

曾经有一位妈妈为了孩子吃手的事情非常焦虑。她的孩子今年已经8岁了，但是孩子仍然改不了吃手的毛病。这导致孩子的指甲从来都没有剪过，指甲一直都是被自己咬掉的。妈妈看到这种行为觉得非常焦心，她想尽了办法，甚至在孩子指甲上涂抹红花油和花露水，但孩子依然没有办法改掉这个毛病。其实，还有年龄更大的孩子依然被这个行为困扰着，甚至连孩子自己都觉得这个行为不好，却没有办法控制。甚至有的人到了二三十岁，依然没有办法改掉吃手的毛病。这个时候我们必须意识到这是一个问题！

而对于0到1岁期间的孩子，吃手并不是问题，这是一个再正常不过的行为。如果我们不想让吃手这个行为对他以后产生影响，就要注意以下的几点。

其一，不要恶意打断孩子吃手吃脚的行为。不要再说"别吃手了"或者直接拉扯孩子的小手，更有甚者一上来就轻扇孩子的嘴巴或者小手，用暴力的语言和行为警告孩子。长此以往，孩子不但改不了吃手的行为，还会产生心理创伤。其实，我们只需要及时地把孩子的指甲清理干净，勤剪指甲，经常给他洗手、洗脚，让孩子的手指保持安全卫生即可。

其二，注意力转移法。如果孩子吃手时间过长，可以采用其他的方式转移他的注意力。比如跟孩子一起做一些简单的手指游戏。当孩子发现还有比吃手更有意思的事情，他自然会乐意和你一起做游戏。每当孩子吃手行为无法停止下来时，不要暴躁和焦虑，换种方式和心情，引导孩子和你一起玩一个跟手指有关的游戏。

其三，保持干净的环境。当孩子慢慢长大，可以伸手拿到身边的玩具时，父母们又开始担心，孩子每天拿那么多玩具，还老是吃手，太不干净了。其实，我们只需要保证玩具、衣服，还有身边所有可以拿到的书本等东西的清洁，只要做到不要让孩子把脏东西放到嘴里，那么这个行为就不会对孩子产生特别不好的影响。

其四，牙咬胶替代手指。孩子在一岁左右，还会经历一个牙齿生长的周期，在这个阶段孩子吃手的行为会显得尤为显著。吃手不仅仅是源自于孩子内心的安全感，还源自于牙齿生长使他觉得牙床有些痒痒难耐，甚至有时会发生肿痛。所以孩子喜欢把手放进去，摸一摸自己刚刚长出来的牙齿。那么在这个阶段我们要记住，当孩子有这样的行为时，我们可以买一些牙咬胶代替手指，让孩子每当牙齿不舒服时，可以用牙咬胶来代替自己的手指，避免孩子的牙齿畸形生长。

其五，避免危险物品。孩子开始长牙之后，总是喜欢把所有东西都放到自己的嘴里。这时我们要记住，避免孩子接触小颗粒食物和玩具，如坚果、弹珠等要绝对禁止，避免孩子吞咽异物带来的危险。

二是哭泣。在这个阶段，孩子所有的需求都来自于对妈妈的需求。0到1岁期间，孩子对妈妈是完全的需要，在他的概念里还不知道爸爸的存在。因此，一岁左右的孩子，他每天做任何事情只有一个动机，就是和妈妈在一起。除去本能地吃喝以外，他所有的行为需求都在传递一个强烈的信号——妈妈要和我在一起。一岁左右的孩子仍然觉得自己和母亲是一体的，这种共生的状态与需求的关系，能让孩子体验到充足的安全感。

我们可以试想一下，孩子从妈妈温暖的子宫脱离以后，他仍然觉得自己和妈妈是一体的，因为只有在这样的环境下，他才是安全的。孩子在这一阶段会体验到明显的孤独感与恐惧感，这种孤独和恐惧的情绪需要得到安慰。最好的安慰方式就是妈妈在他的身边。这个阶段的孩子是没有办法区分自己和妈妈是完全不同的两个人的。这种对母亲的绝对需要，一直持续到1岁以后，他才渐渐地发现原来自己和妈妈不是一个人。所以在这一阶段，他认为妈妈只属于自己，甚至属于自己身体的一部分。作为妈妈，我们要记住，时时刻刻都要陪在孩子的身边，并且及时地给他回应。孩子哭泣的时候，就代表着他释放一个信号——寻求妈妈的安慰。我们要在这个时候立刻过去抱抱他，安抚他。

关于这一点有许多家庭认识上也是不同的。有很多家长认为，这个时候不应该每一次都去抱孩子，这很容易让孩子产生依赖感，以后只要孩子哭就得抱。其实在我看来，抱与不抱，问题要看孩子真正的需求是什么？孩子虽然出生了，但是他有口却不会说话，有腿却不会走路。他唯一能够表达的方式只有哭。

饿了会哭，困了会哭，尿布湿了会哭，无聊了也会哭。如果孩子饿了，我们去抱他，他就会停止哭泣吗？如果是尿布湿了，我们去抱他，他就能不哭吗？答案当然是否定的。但如果放任孩子去哭，认为是孩子在淘气，那就大错特错了。在这个阶段，孩子所有的需求都应该被看见，所有的情绪都应该及时被安抚。

三是咬人。伴随着口欲期，孩子的私有欲望也开始发展。其中一个最明显的标志就是妈妈只属于他，不属于任何人，任何人想跟他争抢妈妈都是不被允许的。如果这些信号没有被我们发现和观察到，那么孩子就会用更极端的方式提醒你，比如咬人！

0到1岁左右的孩子，经常会用咬人的方式来表达自己心里各种各样的想法。这是在口欲期他的需求没有被满足的一个明显信号。由于各种各样的原因，妈妈没有给孩子特别充足的陪伴，没有在他每一次释放出信号的时候都及时给他回应，所以他就会采用一种相对更加极端的方式来告诉妈妈，他是需要妈妈的！

孩子由于生气或者愤怒，甚至过度兴奋的时候，都会有咬人的行为发生。这是孩子把不好的情绪或能量发泄出来的方式，如果孩子没有发泄情绪和能量的渠道，那对他的成长是有影响的。

在这个阶段，孩子的语言表达能力不是很强大，所以很多事情没有办法说清楚的时候，他会因为着急而发生咬人的行为。

孩子在一些特定的环境和场景中，由于恐惧和害怕，会导致他的安全感缺失。在这个阶段，他对身边的环境显得较为敏感，这种安全恒定的环境一旦被打破，出于本能的保护作用，他会对认为有敌意的人先发制人，从而发生咬人的现象。

孩子咬人也很有可能是来自于挫败与报复，把咬人当作一个武器来使用，这是一种社会化经验的习得性产物。每当他的需求没有被满足时，一种报复心理会让他把咬人当作一种武器。那我们判断这个行为的标准其实很简单，就是看他脸上的表情是怎样的。挑衅的表情和充满敌意的表情，这是完全不同的两种方式。

孩子咬人可能出于好奇地模仿。孩子在这个阶段模仿能力是很强的，当他看到身边有其他人咬人时，会觉得这是一件新奇的事情。比如有些家长在逗自己的孩子时，由于过分地亲密，也会有类似于咬人的动作出现，孩子就会模仿这样的行为。所以作为家长还要注意，不要用这样的方式去跟孩子互动。

咬人也有可能是因为缺乏别人的关注。明明知道这样做不对，但是他却发现只有当他这样做的时候，父母才会关注他，尤其是自己的妈妈。所以他就用这种明显的错误行为来提醒家长，该关注自己了。因为这个事件一发生，家长的关注点就会转到他的身上，就算得到的是爸爸妈妈的责备，也好过被他们忽略。

有些孩子自制力比较弱，紧张的时候会无意识地咬人，以此来缓解紧张、焦虑的情绪。孩子咬人，可能是身边陪伴他的人太少，他没有学会正常的交往方式，也不知道该怎样去解决，于是情急之下就会以咬人来作为发泄。有的孩子咬人，父母觉得很好玩，没有及时地去干预，还拿孩子开玩笑，反过来甚至从负面强化了它的这种咬人的行为。

在0到1岁期间，孩子所有的行为都是源自于内心的安全感。

看见即是治愈！在这个阶段我们要让孩子知道，我们一直陪伴着他，他的所有需求我们都看见了，我们要经常对孩子说："宝贝，我知道你饿了，我知道你困了，我知道你想我了，妈妈来了。"这样的互动，有助于孩子顺利度过口欲期。

在当今这个时代，每一个人的生活节奏都很快，尤其是家长群体。可是我还是要强烈地建议各位家长朋友们，孩子刚刚来到这个世界上，它是一块天然的美玉，在他身上所有的塑造都源自于这个基本的起始阶段。

我们在这个阶段，一定要尽量地抽时间给孩子最充足的陪伴，要让孩子知道他释放出来的所有信号都能第一时间收到回应。有了这样一个好的前提，孩子才能更有安全感、更加自信、更加阳光、更加积极上进，才能更有勇气去面对这个未知的世界。让我们一起陪伴自己的孩子顺利度过他人生中的第一站——口欲期吧。

第二节 肛欲期：尿不湿该摘不摘，后患无穷

肛欲期主要指的是1到2岁期间，孩子成长经历的特定心理成长期。1到2岁左右的孩子，他开始慢慢拥有了作为人类的基本特征，比如开始学会简单的语言，学会直立行走……在这个阶段，孩子的能力一点点地增长，社交属性开始变得越来越强烈。他开始探索身边更大区域的世界，以及如何跟这个世界和平相处。

在这个时期，孩子主要通过粪便的保留和排除来获得快感。许多父母不知道，孩子学习排便是他人生中第一次接触到学习带给自己的成就感与快感，所以排便这个行为对于孩子来说有着非常重要的意义。这个阶段也是父母训练孩子规律排便的时期，我们会有意或者无意地要求和引导孩子控制自己的排便。因此，孩子也第一次体验到自己的身体是可以控制的，并且可以深深地感受到，自己能否控制排便对父母的影响非常大。因此，肛欲期的发展对于后面的精神发育有着非常广泛的影响。比如，有的孩子在肛欲期，父母的陪伴以及引导方式不正确，就会塑造出"强迫人格"。于是我们通常也把"强迫人格"称为"肛欲性格"。

1岁以后的孩子通常开始接受父母关于大小便的训练，父母对这件事情表现出强烈的期待，孩子继而也会产生强烈的意愿，伴随着括约肌的不断发育，孩子开始在一定程度上控制自己的大小便。

举个例子，一家三口开车带孩子去玩，在高速公路上，一个一岁半左右的孩子忽然间跟妈妈说："妈妈，我想小便。"而这时，在高速公路上没办法停车，于是妈妈就对孩子说："宝宝，你能不能忍耐一下？五分钟以后我们找一个服务区停下来，你就可以下去小便了。"孩子马上点点头说："我能忍住。"五分钟后到了服务区，妈妈带孩子去洗手间，小便结束后回来，我们会发现孩子的神情显得非常开心、兴奋。往往有时也伴随着家长的一些赞美和鼓励："我的宝宝真棒，真厉害，都能自己忍住了，能够管理自己了"。孩子这时就体验到了非常强烈的成就感。

从生理角度来说，这一阶段当大小便通过孩子的肛门时，他的身体黏膜会产生强烈的刺激感，也会给他带来比较强烈的感觉，这种感觉我们也可以把它理解成一种快感。生活中，我们会观察到很多这个阶段的孩子在排便之后，会回过头看看自己排出的大便，并且觉得非常得意。通过排便，他可以表达自己对环境的

积极服从或者征服。尤其是当孩子忍住自己的大小便时，则表达了自己对环境绝对地不肯屈从，这就逐渐发展出孩子的规则意识以及自我管理能力。

从主客体的关系上来看，大小便某种意义上成为了孩子与父母或成年人之间保持关系的某种工具。这个阶段孩子的心理在慢慢地发生改变，他们能强烈地感觉到，在一定程度上他可以影响身边的人和环境。于是母子二元关系逐渐开始解体，孩子开始留意这个世界的五彩斑斓。这个时期，孩子学会了走路，能用简单的词语交流，开始体会到了自主性，他们开始学会观察环境、探索环境、摆弄玩具，寻找过渡性客体，如毛绒动物、自己枕头、妈妈的头发等。而在这个阶段，如果父母的陪伴不充足，会使孩子无法脱离这种过渡性的客体。

比如有很多孩子到了七八岁，每晚睡觉时仍然要摸着妈妈的头发，或者必须抱着某一个枕头，甚至去旅游，也还要带着这个枕头，否则他就不睡觉。这都是主客体没有顺利过渡的现象，这些现象说明在这个阶段，父母给予孩子的爱不够充足。孩子把爱转移到了某个物件上，没有办法摆脱这物体对自己产生的强烈影响。

在这个阶段，孩子开始学会控制自己的生理机能，留意自己身体的能力和限制。他迫切地需要得到家长及时的尊重、肯定以及鼓励。在肛欲期，孩子最大的需求是得到家长的肯定、鼓励和尊重。如果他的需求得到了满足，那么他就会充满了自主能力，感觉对这个世界是有影响力的。如果这种需求没有得到满足，他就得不到足够的鼓励和肯定，产生惭愧的感觉，觉得自己无用、不可爱，不相信自己存在的理由，或者经常做不恰当的道歉。长大以后，孩子会不知道自己想要什么，甚至没有办法拒绝别人的要求，害怕全新的尝试，更害怕面对别人的愤怒，没有办法正确地处理与别人之间的关系。因此，在这个阶段的成长关键词就是：控制与独立。

生活中我们还会发现很多有意思的现象。比如孩子开始学会控制自己大小便时，他会将自己的尿渍或排泄物尽量地扩大，这就有点像小狗到处撒尿占地盘一样。有一种军事统治者享受开疆拓土、攻城略地的快感，而孩子的大小便就是他创造出来的第一件"艺术品"。

如果在这个阶段，父母强迫自己的孩子去做一件事情，过度地控制会使孩子在这个阶段产生非常强烈的反叛。在这个阶段有一种行为对孩子的影响极其糟糕，这种行为就叫做唠叨。

所谓唠叨，就是我们发现孩子渐渐地学会讲话，便习惯性地给他讲道理。我们总是喜欢在孩子做出一个行为以后，不断地唠唠叨叨评论他，不断地长篇大论讲道理。唠叨对孩子的巨大伤害在于：唠叨是一种暗示，也是一种催眠。如果我们一直在告诉孩子："你是一个不能照顾自己，不能为自己负责的人，你是离不开我的。"或者不断重复："因为你不能照顾好自己，所以你必须听我的话，按照我说的去做。"孩子就很容易在肛欲期与我们形成对立面，因为他发现自己既依赖于父母，但自己又有了一点点的独立能力，至于要不要听父母的话，他的内心会显得非常纠结。因此，依赖性人格往往是在肛欲期这个特定时期形成的。我们作为父母过多地去代替孩子做决定，就会导致孩子在这个阶段产生强烈的依赖。

曾有一个妈妈向我分享这样一件事情。

她说自己的宝宝在经历肛欲期时，由于自己和老公对他的训练不到位，导致孩子出现了一系列让她非常担忧的行为。其中一个最重要的表现是，孩子今年已经7岁了，每天晚上仍然无法自己独立上厕所。如果不给他准备尿不湿，他仍然会尿床。孩子马上要上小学了，一个小学生竟然还会每晚尿床，并且还必须准备尿不湿，这让她觉得非常无奈。

而这个原因是什么引起的呢？就是因为孩子在两岁左右经历肛欲期的时候，父母对他的训练不够。父母觉得让孩子在这个阶段突然把尿不湿摘掉，怕孩子控制不住自己，晚上睡觉尿床，导致全家人不得安宁。于是，他们不敢放手，让孩子穿尿不湿一直持续到3岁或更大，结果就错过了训练孩子独立能力与规则意识的黄金时期。3岁以后，当他们再想摘掉尿不湿时，为时已晚，孩子已经无法学会控制自己的大小便，而这也会衍生出孩子内在的羞愧感。一个孩子七八岁了，仍然没有办法摆脱这样的事情，对孩子自身而言也是一件非常难以启齿的羞愧。而作为父母，再想去调整，这就需要一个漫长的时间和过程。

因此在这个阶段，我们作为父母一定要告诉孩子，有些事情需要自己去完成，不要怕孩子犯错。规则意识的形成，需要身边有一个最为信任的人来帮助他，确认这条路是否行得通。在这个阶段，父母应该告诉孩子什么可以做，什么不能做，哪些事情是他一定要自己独立完成的。鼓励孩子的探索，不要代替他成长，哪怕他搞砸了，也没有关系，把焦点放在做这件事情的感觉和体验上，而抛弃对与错本身。

毋庸讳言，孩子体验到事情是有对错两面的。作为家长该如何引导孩子是非观的判断呢？

不要对孩子强硬地灌输事情的对错，我们应该让孩子自己去完成一件事情，让他自己去体验承担结果的感觉。

比如，孩子总是喜欢洗完澡以后把湿漉漉的毛巾丢到床上，有很多妈妈就会大发雷霆："你把毛巾丢到床上，待会床湿了，你晚上要不要睡觉了？"每当我们这样说的时候，发现孩子并没有接纳到任何有用的信息，他反而会越发地跟我们对立，他仍然没有办法控制自己，每次都会把湿毛巾丢到床上。其实这个时候我们要做的就是，不要用情绪化的语言训斥，而是正面直接地告诉孩子："湿毛巾放在床上，会让床变湿。"就把这句话直接告诉孩子，让他自己去判断这件事情会对自己产生怎样的影响。当他接纳这个没有情绪化的话语时，他会知道湿毛巾放在床上会把床弄湿。

我们很多家长错误在于，总是在训练孩子道歉。尤其是当着外人的面时，我们总是喜欢让孩子说对不起。当他做错的时候，仿佛一句对不起，就可以把所有的事情抹平了。真实的世界并不是这样，一件事情并不是说了对不起就能够完全解决。让孩子说对不起没有错，但是我们更应该让孩子知道，因为做错了什么，造成什么样的结果才说对不起。所以这种道歉教育是悲哀的，我们应该让孩子更多地体验到自己承担结果的感受。

肛欲期是一个孩子建立规则意识的黄金时期，希望所有的父母在这个阶段知道如何更好地去引导孩子，告诉他哪些事情可做，哪些事情不可做，这样我们的孩子才能健康快乐地成长。

第三节　俄狄浦斯期："妈宝"是怎样炼成的

近几年，"妈宝男"可能是公共话语中最被嫌弃的称呼之一。我们不难看到很多人在相亲、恋爱中明确提及，无法接受自己的男友是"妈宝男"。关于"妈宝男"的各种奇葩故事也是时不时地出现在网络文章里，围绕着"妈宝男"掀起了一场又一场的"网络战争"。而根据亲子关系矩阵划分，衍生了一系列的相关词汇，"妈宝女""爹宝女""爹宝男"等。这些称呼的背后，实则折射着家庭教育的问题。"妈宝"是怎样炼成的？怎样才能避免？那就请父母们抓住孩子3到6岁这个重要时期，这个时期我们称之为"俄狄浦斯期"。

俄狄浦斯期——孩子3到6岁期间必然会经历的一个心理成长时期，我们通常又称俄狄浦斯情结或恋母情结。俄狄浦斯期是孩子从心理上开始区分男女的时期，是性身份的自我意识形成时期，对于性器官的区别、稳定时期。这个时期大概需要两到三年的时间，此期间是儿童性教育的最好阶段。但在中国的许多家庭里，关于儿童性教育这方面是较为缺失的。这和我们中国几千年来的传统有关，我们通常会认为"性"是讳莫如深的话题，没有勇气直接跟孩子讲述"性"。比如在这个阶段，很多孩子会问妈妈："我从哪里来的呢？"好多父母为了蒙骗过去这个问题，想了各种各样的借口，甚至很多父母都会说："你是我从垃圾堆旁边捡来的，你是我充话费送来的。"孩子听到这样的回答会非常困惑。在这个时期，如果作为父母没有认真地讲明白，那么以后当他自己去探索时，带来的麻烦会更多。

孩子从这个时期开始，对异性产生了兴趣。我们会发现一个非常显著的现象，女孩喜欢和自己的爸爸在一起了，而男孩第一次发现了爸爸的存在。在3岁以前，男孩的眼中只有妈妈，而从3岁左右开始，男孩开始崇拜自己的父亲、欣赏自己的父亲，发展到后期，甚至嫉妒自己的父亲。

为什么会这样？因为两岁以前，在孩子的眼里只有妈妈，没有爸爸。3岁以后的孩子，爸爸成为他最感兴趣一个对象。因为通常这个时期，孩子会发现爸爸的能力非常强，爸爸的出现是非比寻常的，"爸爸"这个词汇代表了异性或者是同性中最强大的人。在男孩的心目中，世界上最美的永远是妈妈，女孩的心目中，世界上最帅的永远是爸爸，这是两个超自然的现象。而我们要做的就是在"俄狄浦斯期"，保持孩子的这种发自内心的想法，永远让他知道妈妈是最美的，永远让她觉得爸爸是最帅的。

在这个时期，家有男孩，爸爸就和儿子产生了亲密的关系。当儿子想靠近爸爸时，却发现爸爸最感兴趣的人不是自己，而是妈妈。这个时候孩子会沮丧，会唤起对爸爸的攻击，爱不了就产生了嫉妒。

在这个阶段，父亲一定要及时地介入孩子的生活，要让孩子有机会与父亲进行一次正面的交流和对抗。无论是爱父亲还是攻击父亲，都对孩子以后的性心理成熟有非常关键的影响。男孩要认同父亲，父亲的存在就显得很重要。如果父亲一直是缺位的，从来不关注孩子，甚至是非常蛮横、强势的，一交流就是打骂，那么就会引发孩子的焦虑感，孩子就缺少做男人的自信心，显得性格较为阴柔。男孩跟父亲之间的矛盾几乎是伴随着两个人一生的矛盾，他既爱着这个人，又嫉妒这个人，有时又会对他产生深深的失望。

史蒂夫·乔布斯就曾经分享过一个自己对父亲失望的瞬间。有一次乔布斯父亲给他带回来一个钟表，乔布斯对这个钟表产生了巨大的兴趣。于是他每天摆弄这个钟表，忽然有一天他发现这个钟表不动了，于是他就把钟表拿到爸爸的身边，让爸爸帮他修理。在他当时的概念里，爸爸是一个无所不能的人，这点小事一定难不倒他。然而爸爸左搞右搞，搞了半个小时，仍然没有修好，最后无奈地摊摊手对他说："唉！对不起儿子，我做不到。"在那一刻，一个完美的父亲形象在乔布斯心中崩塌了。

其实每一个家庭，父亲和儿子之间的关系都存在着这样的瞬间。这标志着男孩真正地长大了，他开始想要超越自己的父亲。因此，在这个阶段，父亲和孩子之间的互动显得非常关键，父亲一定要及时地参与和孩子之间的互动游戏，对他产生相应的正面影响。

在女孩的生命中，3岁以后，妈妈对她的影响越来越深远。女孩的成长中共分三个阶段。

第一阶段，她的能力低于妈妈，所以她羡慕和模仿自己的妈妈。我们会发现女孩在这个阶段，总是喜欢偷偷地用妈妈的化妆品，把自己打扮得非常的漂亮，妈妈干什么她就干什么，羡慕得五体投地。

第二阶段，当觉得自己和妈妈差不多相等时，她觉得妈妈漂亮，自己也很漂亮的，两个人就会产生竞争关系。这时，会出现一个有趣的现象：女儿开始吃妈妈的醋，因为她想要跟妈妈争夺自己的父亲。

第三阶段，超过妈妈。女儿渐渐发现妈妈也不是特别漂亮，能力也没有那么强大。这时，她又会产生一种非常强烈的心理投射，叫做反普效应。她会反过来可怜和怜悯，学会主动照顾妈妈。女儿开始出现频繁的照顾行为，比如照顾自己家人，照顾自己年幼的弟弟，照顾身边的人，这都和这个时期她的性心理发展成熟有关。

女孩和父亲的关系是一种绝对的性吸引关系，就是我们通常说的"恋父情结"。女孩在这个阶段会渐渐地靠近父亲，远离母亲。如果孩子在两岁以内没有得到母亲充足的爱时,就会导致她没有安全感,她会本能地寻找母亲的爱。而两岁以后,很多女孩不再寻找这种感觉了。在俄狄浦斯情结的影响下,她会更加关注自己的父亲,她甚至不需要母亲,而是更加黏在父亲的身边,这是一个女孩社会化的过程。

如果在女孩成长的过程中,家里没有父亲,或者父亲的陪伴非常少,这时,女孩就会缺失一种能力——与异性之间的吸引力。这会使女孩缺少自信,觉得自己不够漂亮,不是最好的,缺失了这种认可,孩子就没有能力继续向前。另外,父爱的缺失,会导致她对情感的处理产生偏差,无法信任别人。在家庭里,她会觉得母亲是一个非常悲哀的人,因此她长大后对于情感的处理方式也会受到巨大的影响。反过来,如果女儿对父亲特别沉迷时,有的父亲因为沟通方式不正确,不让自己的女儿靠近,那么就会让孩子产生自卑心理,这对孩子会产生非常糟糕的影响。

我们需要做的是,让父亲喜欢女儿,也给予女儿喜欢父亲的机会。这样女儿才能逐渐地体验到父女之间相互吸引带来的内心充盈的感觉,长大以后她才能轻易地离开父亲,走向其他的男生。为什么现在社会上会出现一大批剩女的现象?所谓剩女,就是小时候父亲对她过度地溺爱,也或者是父爱严重缺失,导致长大以后没有办法走进婚姻。因为她不是在选择自己的伴侣,而是在选择一个心目中完美的父亲!

俄狄浦斯期对于孩子的性心理成熟影响很大,我们作为父母一定要扮演好自己应该扮演的角色,同时在这个阶段重视性教育。中国关于这方面也有一些约定俗成的民间谚语,比如"3岁分床,5岁分房",这是很有道理的。3岁的孩子就应该自己独立在小床上睡觉,5岁就应该在自己的房间单独睡觉。性别上要做好区分,3岁以后妈妈就不能带自己的儿子一起洗澡,要注意保护孩子的隐私部位,要让他知道男女之间的差异。

另外,父母之间的爱也会影响孩子长大以后对情感问题的处理方式。父母之间的爱是否当着孩子的面表达出来?有许多家庭非但不表达爱,反而会当着孩子的面否定自己的另一半。长此以往,孩子会与异性的关系渐行渐远,他长大以后的婚恋观会产生畸形的发展。

人有两次出生,一次是自然分娩,一次就是恋爱和婚姻。自然分娩时,我们无法选择自己的原生家庭,所以原生家庭在我们身上产生的所有负面烙印,我们都希望在下一段新生家庭中得到改变，恋爱和婚姻是我们自己可以选择的。

因此，不管是过度地亲密，还是过度地疏远，都会对孩子的未来产生很大的影响，所谓的"妈宝男"和"妈宝女"就是一种病态的共生。我们说孩子在1岁以内与母亲一定是共生的，这种共生是健康、正确的。而3岁以后，过度地依赖就是病态的共生，这绝对不是孩子的问题，而是我们作为父母放不下自己的孩子。作为父母，我们认真地感受一下：是不是我们有些时候不会放手呢？是不是这种不愿放手的爱衍生成了病态的控制，以及孩子对我们的依赖呢？

我们亲手把孩子培养成一个离不开妈妈的巨婴！在俄狄浦斯期，孩子没有办法离开同性，走向异性，没有办法走向更加广阔的空间，对他的一生都会产生不好的影响。

因此，我要提醒广大的爸爸们，假如我们非常希望自己的孩子未来能够成为一个健康快乐的人，那么在3岁以后就要介入了。请大家记住一句话："男孩归爸爸，女孩归妈妈。"我们一定要做好自己的角色，将独立和责任感带到孩子的生活中，让他和我们一起体验独立带来的自由与快乐。

俄狄浦斯期是0到3岁孩子经历的最后一个时期，也是关乎孩子一生幸福的重要时期，希望所有父母能够知道自己如何去调整自己的行为和状态，让孩子在这个阶段更加快乐和开心地成长。

第四节　感知模式：江山易改，本性难移

"感知模式"这个词来自于过去十年时间里，我做亲子研究时最主要的一个理论依据——NLP理论。NLP翻译成中文叫做神经语言程序学。简单地说，这是一门研究人的语言模式和行为模式的学问。每个人在他来到这个世界上的时候，就伴随着一定的生命密码，所以每个人与生俱来身上就有区别于他人的品质。最初塑造这种品质的因素是一个人的感知模式。

我们生活在这个世界上，感受这个世界的时候，可以通过五个途径来获取世界传递给我们的信息，分别是形、色、声、味、嗅，这也就是我们常说的五感。通过我们的感官获取的信息，传导进我们的大脑皮层时，由我们的大脑皮层开始快速地进行处理并存储，大脑会有各式各样的指令，告诉我们该如何反馈信息。

我们的大脑皮层在存储信息时，会存储为三类信息：第一类，内视觉信息；第二类，内听觉信息；第三类，内感觉信息。

什么叫做内视觉信息？比如我们在脑海中想象一个特别喜欢的人，或者是一个偶像。闭上眼睛，是否可以在脑海中看到他？答案是可以的。虽然我们没有真正用眼睛看到他，但是在我们的脑海中可以看到，这种感觉就叫内视觉。

内感觉，就是在我们的脑海中，我们和他握了一下手，拥抱了一下，虽然没有真正去做，但是依然在我们的内感官中可以被感觉到。

内视觉、内听觉、内感觉在大脑中总有一个最为发达，这也就导致世界上天然存在着三种不同类型的人。

第一种类型，他的内视觉感官最发达，内听觉和内感觉处于次要位置，这种人我们称之为"视觉型"。第二种类型，他的内听觉感官最发达，内视觉和内感觉这两个感官相对处于次要位置，我们称之为"听觉型"。第三种类型，他的内感觉最发达，内视觉和内听觉处于次要位置，我们称之为"感觉型"。

由此，这三类人在行为处事的时候就会有截然不同的表现。

视觉型：视觉型的人，他的内视觉最为发达，他最喜欢处理的一种信息就是内视信息。那么视觉型的人有什么特点？一个字，"快"。不管做什么事情，视觉型都显得非常的快。他讲话会很快，说话"嗒嗒嗒"像机关枪一样；做事也是风风火火、雷厉风行，想到什么事情马上就想去做。

视觉型的人性格特点偏于感性，因为他的情感比较外露，他在做事、讲话的时候，他的呼吸喜欢用胸部的上半部分，因此这一类的人非常容易调动自己的情绪，相反也很容易被自己的情绪所影响。因此，我们看到视觉型的人在描述一件事情的时候，总是带着非常浓重的个人色彩。喜欢的事情他一瞬间就能学会，而且极有激情。不喜欢的事情，你无论怎么强迫他，他都没有兴趣去做。他讲话喜欢开门见山，不喜欢绕弯子，喜欢直接表达自己内心的想法，喜欢形象直观地去表述以及理解身边的所有事物和人。他的性格就是，有需求就必须马上得到，所以是一个着实的急性子。

视觉型的优点：思维敏捷。他仿佛比普通人的思想快半拍，理解事情速度极快。有时别人刚说了一半，他就已经知道答案了；想象力丰富。他总是很善于做天马行空的联想；情感丰富。因为他是一个比较感性的人，他的感情非常丰富，情感比较外露。

视觉型的弱点：马虎和粗心。由于视觉型的思维不是线性的，是跳跃性的，他喜欢同时兼顾几件事情，既做着这个又干着那个。比如一个孩子写作业的时候，在旁边放着iPad，看会儿电视，写会儿作业，在旁边再放一个其他的玩具，过去再玩会儿玩具；做事三分钟热度。事情刚开始时，他会非常地投入，可是没多一会他的精力就不知道跑到哪去了；他的跳跃性思维让他的专注力又转移到了别的地方，所以总是给人一种虎头蛇尾的感觉；专注力差。他没有办法太长时间集中精力去做同一件事情，而且他也是三种类型里坚持性、持之以恒的能力最弱的。他做任何事情都有一个非常强烈的出发点，那就是自己的喜好，可是当他做这件事情的时候，体验到枯燥甚至无聊的时候，他就对这件事情彻底失去兴趣。

视觉型案例：

有一天我接到一个妈妈的电话，这位妈妈在电话里显得非常着急，她说："我的孩子最近得了一种怪病！"

我问："什么病？"

她说："他得了听神经紊乱。"

我问："你是在哪个医院做的鉴定？哪个医生给做的？我没听说过这种病啊！"

她说："没人做鉴定，是我自己做的鉴定。"

我当时在电话里就笑了，我说："那你为什么这么说？"

她给我讲述了事情的缘由。

她的孩子从小就属于学习很好、非常聪明的孩子，从小到大在班里的成绩一直是稳居前三名，各个学科学得都很好。老师也经常说这个孩子特别聪明，一点就透。就有一个唯一的问题，有的时候容易马虎，粗心。最近的一次英语考试，考试里边第一次加入了英语听力测试，孩子考完试拿着卷子回来以后，妈妈非常生气，因为这张试卷满分是一百分，笔试部分是70分，这孩子笔试部分得了68分，只有两分丢了，而听力部分占了30分，结果这30分一分没有得到。

妈妈生气地批评这个孩子说："你看看你，第一次加听力考试你不能用心一点吗？你肯定当时走神了，没有认真听！"

孩子说："不是，我当时听得很认真，我现在都知道那个录音的短文是什么意思，我还记得！"

妈妈问："那你怎么一个都没答对？"

孩子说:"不知道。"

妈妈说:"要么就是你涂错答题卡了!"

他说:"没有,我绝对没有!我很认真地涂了!"

妈妈说:"那难道是你的听力出问题了?那我们来做个测试吧。"

于是他妈妈就拿了一张白纸,让孩子坐在这张白纸面前,他站在孩子身后,然后忽然间去提问他一些简单的问题,让他一瞬间给出答案。比如8+3等于几,不许思考,马上说出答案。

结果这孩子每次都说错,他妈妈问一次,他就说错一次,结果他妈妈越考就越生气,最后说:"你是不是在捣乱!不认真听!"

孩子显得很委屈:"我没有捣乱!我很认真听啊!"

他妈妈说:"那你可能就是听神经紊乱了。"

得出这个结论以后,妈妈觉得很焦虑,于是就想办法联系到了我,想让我给孩子做一次心理疏导。于是我见到了这个孩子,这个孩子给我的印象非常深刻。

他在跟我聊天的时候,他的身体一直在动,他的左手拿着一支笔,疯狂地在转,"呼呼呼"转得特别快;右手拿着一块橡皮,一会捏扁,一会松开;右脚底下踩着一个矿泉水瓶子,不停地来回搓。伴随着跟我的聊天,他浑身上下都在来回地扭动。只有一个地方不动,就是他的眼球不动,眼睛盯着我看。

他的诸多表现和行为都充分地体现了视觉型的特点:同时兼顾几件事情,而且没有办法稳定,专注力比较差。我跟他聊天的时候,只要是谈到他喜欢的话题,就能感觉到他的眼睛里一下子放射出光芒,可是没到三分钟,这种光芒就消失了,他的注意力就不在我这儿了。由此可以判定他是一个典型的视觉型。

紧接着我就采用了一种全新的聊天方式,这种聊天方式是基于视觉型特点。什么特点?就是每当我发现他对我所说的话题感兴趣时,我就会基于他喜欢的方向换新的话题。孩子跟我越聊越起劲,他仿佛像接受了一种挑战,我们两个人在比拼谁的思维更快。

聊了半个小时左右,孩子说:"老师,我给你倒杯水吧。"

他倒了一杯水给我后,就看着我坏笑。

我询问他:"你笑什么?"

他说:"老师我觉得你真有意思,你跟我以前见过的所有老师都不太一样!"

"是吗?那你觉得老师哪里不一样了?"

"我觉得,你这次跟我聊天绝对是有目的的!"

"什么目的?"

"一定是我妈妈让你过来跟我聊的!"

"嗯,对,你说对了。"

视觉型的特点就是心直口快,千万不要跟他要绕弯子。

我说:"是,因为你妈妈觉得你需要支持,所以就邀请我过来跟你聊。"

他说:"我知道我妈妈说什么,她说我得了听神经紊乱。"

"那你觉得你有这种病吗?"

"我觉得我没有,我很健康,但是我真的不是故意的,每次我听来的东西我就很容易出错。"

"这样吧,我们还原一下你妈妈带你做的那个实验。"

我在他面前放好一张白纸,给了他一支笔,然后我跟他说:"我还是问你一些简单的数学题吧,但是这次你不要说出答案,把你认为正确的答案写在纸上。"

孩子说:"可以。"

我们按这样的练习,孩子几乎是百发百中,没有一次出错!

孩子自己觉得很奇怪,说:"老师这是为什么?为什么我一说出来就错了,我写出来就不错?"

我说:"以后你在做英语听力题的时候,不要让自己脑子里的杂念影响了自己听到的内容,梗概写在一张纸上,第二遍再听的时候再来答题,不要一边思考一边答题,这样你就容易出错。"

聊完之后,他的触动很大,我和他妈妈交流了一下,告诉他视觉型的孩子应该怎么去培养。其实作为视觉型的孩子,我们只要抓住一点,就是他的"快"来做文章。这样的孩子他喜欢什么样的人,他喜欢在聊天的过程中,让他不断地找到成就感和快感的人。换句话讲,三种类型里,视觉型的人是时刻需要别人肯定的,他做任何事情都是为了博得别人的关注。

那么在家庭里,我们作为家长跟视觉型的孩子相处时,首先,要经常鼓励他。其次,要把注意力放在他的优势上,不要老是盯着他的缺点。只要我们采用视觉型的学习方式来培养他,马虎、粗心这些小问题是可以解决的。

听觉型。如果说视觉型是一种绝对的感情动物,感性的人,那么听觉型就是一个绝对理性的人,这是三种类型里最理性的,他得出所有的结论全依靠自己的思考和总结。他接收信息主要靠听，然后在脑海中迅速地还原成画面，做系统的分析，因此他的大脑逻辑能力非常强。这类人非常重视逻辑，他跟别人交流的时候，喜欢听到有逻辑的描述，喜欢做分析、做总结。

听觉型的优点：缜密的逻辑思维。他有一套属于自己的方法论，无论是学习还是跟别人社交，他都有属于自己的一套方法，而且认为自己的方法是最好、最完美的。对自己、对外界、对家庭、对身边的每个人，有时都能提出很多非常独到的见解。自律能力强。视觉型是因为聪明，理解能力强，所以接受能力强，而听觉型是非常的稳定扎实，他学习依靠自己总结的一套方法，所以轻易不会受到平时的喜好和环境的影响，他有很强的自律能力。所以听觉型的孩子从小到大在父母和老师的眼中，都是比较优秀的孩子！甚至大部分听觉型的孩子都会成为领导，他的领导力很强。

听觉型的弱点：过于完美主义。他是一种不但要求自己，同时也要求别人的一种人。他对别人的要求有时甚至过于苛刻，相对来说也比较固执，不太愿意接受别人的建议，甚至他会把自己的情感隐藏起来。他不像视觉型那样心直口快，他喜欢把它藏在心里，谁也不说，他认为过度流露自己的情感是非常不安全的一种表现。

听觉型案例：

有一位母亲跟我讲述过她女儿的事情。她的女儿从小到大一直都是别人眼中非常优秀的学霸小天才，她从来没有在孩子的学习上费过心思，孩子一直表现得很棒。可是最近一段时间，她观察到孩子的情绪有点不稳定，但是每次她想跟孩子聊天时，孩子一直都抗拒，不愿意跟她聊，她也就没太在意。

有一次她回到家，想要去看看家里的监控，然而监控却拍下这样一组画面。某天早上，孩子和妈妈纷纷离开家上学、上班，可是没到半个小时，孩子突然折返回家，回到自己的卧室。在床上伤心地哭泣起来。她觉得特别奇怪，于是她就赶紧看了监控里的时间，随即赶紧给学校老师打电话："那一天有没有观察到我的女儿有什么不一样？"老师说："当天很正常，而且当天下午还进行了演讲比赛，你的女儿还上台演讲，获得了优胜。"

紧接着每隔三五天，她发现她的女儿就有这么一天，趁父母走后，折返回家，在自己的卧室里痛哭。她特别担心，于是她就寻找女儿卧室里的蛛丝马迹，在孩子的抽屉里发现了一本上锁的日记，她打开了这本日记……

看完这几天孩子的日记，她心里越来越害怕，因为这个日记里面写的全部都是非常消极的词语，她想象不到平时阳光乐观的孩子为什么会有这样一面。

听完这位母亲的描述，我们基本上可以判定这个孩子是一个偏执型的、听觉型的孩子。为什么说她偏执型？其实这就是听觉型最大的特点。听觉型的孩子由于过度要求自己，一定要保持完美的形象，所以她总是有太多的情感没有机会倾诉。时间久了，一个人的内心情感、消极情绪积累得太多，就会在她做事的时候受到干扰。而她又找不到一个出口去倾诉，因为她觉得这样不安全，所以这种情绪就会反过来伤害自己，我们在心理学上叫做反噬。

这个孩子需要的不是别的，只是找一个信任的人来倾诉。我在给她做心理疏导时，就是坐在她对面，因为我是第三方，完全中立客观，并且让她感觉到有安全感，所以她愿意向我倾诉。当她把这些情绪倾诉完以后，她的问题自己就解决了，听觉型的人很善于解决自己的问题。

假如我们的孩子是一个听觉型的孩子，她在3到6岁这一阶段表现还不明显，但到6岁以后的孩子就开始进入了一个敏感期，她对很多事情非常敏感，又轻易不会告诉我们，所以这个时候我们就要记住，跟听觉型的孩子一定要成为朋友。从小要让她感觉到我们之间的关系是平等的，是朋友间的关系，她可以向我们求助，我们也会帮助她。

另外，在听觉型孩子面前父母要学会示弱，尤其是妈妈。不要在孩子面前扮演一个刻意的完美形象，因为她就是一个完美主义者，所以我们在她面前要显得稍微弱一点。

感觉型。感觉型最大的特点就是"慢"，不管做任何事情他都显得很慢，稳重迟缓，做任何事情都不着急。感觉型的人环境对他的影响非常小，他活在自己的世界里，并且自得其乐。

感觉型优点：善于照顾自己。他相对来说比较自我，他只强调自己的感受，从来不管周边的环境。感觉型的人绝对不会做伤害自己的行为，他很善于照顾自己，从不纠结。对任何事情都看得开，云淡风轻，心态特别好，时刻都尊重自己内心真实的需求。其实这样的孩子更接近本真，可是在很多家长看来慢性子是不好的。很多孩子活在自己的世界里，家长会觉得太封闭了，太内向了。其实，这是我们一种极其错误的认识。恰恰我认为感觉型的孩子才是最接近自己本真的最快乐的孩子，因为他不在乎别人的看法和感受，所以他的内心是充实的，也是非常开心喜悦的。

感觉型弱点：拖延，做事没有激情，而且心口不一。很多家长会对他们的做事稳重有误解，觉得孩子的慢性子需要改变。其实不需要改变，我们要明白，感觉型的人在做事情时所寻找的根源是什么？是内心深处的喜悦！这是多难得的一种状态。我们只需要通过慢慢地陪伴，让孩子随着年龄的增长，一点一点地学会自控，学会自律，渐渐地他就会融入这个世界，作为父母不用太过担心。

如果你发现自己的孩子就是我分享的这三种感知模式中的一种，千万不要硬性地去改变孩子，这是孩子的本真。请记住这样一句话："在我们的眼中，任何孩子都没有缺点，这只是他的特点。"既然是特点就有优势也有不足，我们只要帮助他发展优势，慢慢地改变弱势，这样的孩子就一定会变得更加优秀。

第五节　父母必须抓住孩子必经的 24 个敏感期

当孩子成长到 3 到 6 岁时，会频繁经历几个敏感期。

孩子成长过程中，某些时间范围内，他会对环境中的某一项特征非常专心，而拒绝接受其他特征的事物。

他还会不需要特定的理由，而对某种行为产生强烈的兴趣，不厌其烦地重复，直到突然爆发出某种新的动机为止。

在孩子生命的前六年，是由许多的敏感期组成的。

那么，孩子各个年龄段都会有哪些典型的敏感期呢？

3-4 岁的年龄段

第一个，执拗秩序的敏感期。很多父母谈起自己的孩子时都会说到一个共同的问题："孩子特别任性，不讲理，什么事情都要按照他们的意愿去做。如果得不到满足，就会大哭大闹、不依不饶。"其实，这是 3 到 4 岁孩子们共有的特点，这个阶段的孩子好像总是会没有任何理由地胡闹，对于成人所有的干涉都表现出极大的抗拒和不满。这个时候如果我们不了解孩子的话，一场战争就在所难免了。

实际上这是孩子处于执拗秩序敏感期的一种表现。这个时候的孩子正在使用他的自我意识，也就是说他想要完全按照自己的意愿支配自己的生活以及周围的人和事。这个时候的孩子自然会表现出非常的自我，什么事情都要按他自己的意愿去做，借以证明他已经使用了自己的全部力量，而突出自我就成为了这一阶段最重要的一件事情，其他事情就显得没有意义了。

第二个，诅咒的敏感期。我们会发现孩子到了3岁左右，总是喜欢说一些非常狠的话，比如经常会说："打死你，把你踢回去，把你踩死。"这些听上去既不文明，又有一些可怕的言辞，总是出自这个年龄段孩子的嘴里。

有一天，我刚走进办公室，一个小朋友就笑着对我说："臭老师回来了！"他正在用这种诅咒的语言向我问候，我笑着说："我不是臭老师，是香老师。"他也笑了，因为孩子在这个时候语言是有力量的，而最能表现力量的语言就是诅咒。如果我们在听到孩子这样说的时候反应越强烈，他就越会想要再次尝试。这是他在经历诅咒敏感期，所以这个阶段的孩子说不好听的话是非常正常的。

第三个，追求完美的敏感期。对于完整性的审美发展到对事物完美的追求，这个发展过程使孩子在审美上有了很大的提高。执拗和追求完美的敏感期，总是会同时降临在孩子身上。3到4岁年龄段，这是一个在成人眼里有些不可理喻的年龄。比如，幼儿园的一个小朋友摔倒了，但是谁抱他都不起来，他会一直哭，到楼上找到平时经常带他的老师，再把他带到刚才摔倒的地方，重新摔了一次，让这位老师把他抱了起来，这时他的哭声才会停住。作为成年人也许很难理解。其实这个时候的表现正是强烈的使用自我意识，对凡事都追求自己的认知，追求完美的敏感期。

第四个，垒高的敏感期。也就是空间敏感期。他总是喜欢把物体一个一个叠得很高，即便他的玩具不是积木，他也喜欢叠得很高，然后再推倒再重新来叠。这是他不断地在自己的概念里建立三维空间感。

第五个，色彩敏感期。他开始对各种色彩产生了感觉和认知，开始在生活中不断地寻找不同的色彩。人类认知的发展正是从这些感觉训练开始的。我们会发现3岁左右的孩子开始注意到物体的颜色，当他有意向你描述一件东西时，他会先说是什么颜色的，这就是色彩敏感期。

第六个，语言敏感期。在三岁半左右，他开始对句子的表达产生了兴趣，表现出重复或模仿他人说话，这时他总是把大人说的话一遍一遍地使用在恰当的语境中。有一次，一个孩子对我说："老师，等春暖花开的时候我们就可以出去玩了。"我回答他："是的，那你知道什么叫春暖花开吗？"孩子说："就是天气暖和的时候。因为妈妈说春暖花开，我就可以吃冰淇淋了。"他用这样的一个词来理解这个季节。

第七个，逻辑思维敏感期。孩子开始频繁地发问，为什么天会黑？为什么会下雨？为什么树叶是绿色的……这些问题总是会让家长应接不暇，可是孩子却不管不顾地打破砂锅问到底。当我们一次一次地给孩子解答的时候，他就开始出现了逻辑思维。他正是通过这样的一问一答来认知客观世界，同时也发展了自己的思维能力。所以到了3到4岁，孩子会变成十万个为什么。

第八个，动手敏感期。孩子这个时候开始有意识地使用工具，这是大多数孩子建构专注品格的最好机会。那么，训练孩子专注力的最好方式就是做手工。我们要给孩子提供充分的材料，准备安全的剪刀、纸、胶水，经常带孩子一起训练一下小手的肌肉和手眼协调，这是这个阶段不容错失的黄金时间。

第九个，藏和占有的敏感期。孩子开始强烈地感觉到占有支配自己所属物的快乐，孩子只有在完全拥有物质并且可以自由支配的时候，才会去探索物质背后的精神，才可能超越对物质的占有。所以物权在这一刻开始觉醒，交换也因此而开始，与此同时也拉开了孩子人际关系的序幕。我们会发现这一阶段的孩子经常把爸爸的手表藏起来，把妈妈的口红藏起来，然后你找不到，问到他的时候，他显得很得意，从一个非常杂乱的玩具堆里给你拿出来。孩子为什么要这样做？是因为他在获取自己占有和支配一件东西所带来的快乐。

4到5岁年龄段

第一个，出生困惑的敏感期。这个时候孩子会开始询问他从哪里来，并且一遍一遍地问。我们作为家长一定要把握住这个最好的儿童性教育的机会。因为孩子安全感最早的来源就是思考自己从哪里来。如果我们的孩子到了这个敏感期，我建议家长一定要把握住孩子提问的时机，把生命形成的全部过程讲给孩子听。如果我们现在不讲给他听，以后他类似的困惑会越来越多。在经历俄狄浦斯期的时候，会对他对异性的把握以及异性之间性别差异产生一系列的影响。

第二个，情感的敏感期。四五岁的孩子基本上已经适应了幼儿园的生活，并且可以理解并接纳和妈妈的分离了，他的成熟分离能力已经培养起来。但是在这个敏感期，孩子好像忽然又变得非常脆弱了，一点点小事就会哭得很伤心。甚至有些孩子到了这个阶段，原本已经适应了幼儿园的生活，可现在又开始无法和妈妈分离了。很多妈妈都说："这个时候孩子一下子变得很黏人，并且会关注别人是否爱他，对父母的情绪反应非常敏感。"这是这个阶段的孩子在敏感地体察别人对自己的感受。

第三个，人际关系的敏感期。从一对一的交换玩具和食物开始，他开始寻找相同兴趣的伙伴，并互相依恋。在幼儿园里，他总是有几个每天都要在一起玩的伙伴，他们的关系最好。孩子在经历人际交往的最初过程，这种交往往往是帮助孩子未来发展出健全的人际交往能力的非常关键的一个阶段。

第四个，婚姻敏感期。在人际关系敏感期以后，孩子便真正地展开了婚姻的敏感期。最早的时候，孩子会想要和爸爸妈妈结婚。等到孩子到了这个阶段，他才会开始欣赏或者爱上自己身边的小伙伴，比如只给自己喜欢的小伙伴分享零食，经常和喜欢的小伙伴一起玩等。这是孩子在用自己的世界观模拟成人的婚姻关系。

第五个，审美敏感期。和前一个年龄段不同，这个时期的审美是孩子对自己的形象有了审美标准，尤其是一些小女孩对自己的衣服有了浓厚的兴趣。幼儿园的孩子到了审美敏感期时，总是喜欢打扮自己。当然在成人眼里这些打扮显得很离谱，但是他们却总是热情不减，并且总是在人们面前走来走去的展示，直到得到大人们的夸奖，他们才带着满足的眼神离开，转而又到别的地方去找各种各样的东西装饰自己。审美敏感期是非常宝贵的，我们一定要把握住这个时期，培养孩子的审美。首先要做的第一点就是尊重孩子，多问一问他："你今天想穿哪一件衣服，你想怎样搭配。"让他自己支配，从而训练自己的审美。

第六个，身份确认的敏感期。这时候的孩子会喜欢扮演各种各样的角色，比如在玩游戏的时候，一会儿扮警察，一会儿扮小偷，一会儿扮白雪公主，一会儿又扮起了王子。孩子会给自己一个又一个的身份，因为他开始了崇拜，他对于某一个特类的形象产生了崇拜，这种角色扮演是帮助孩子进一步在认知和感觉方面得到提升的一种训练。

第七个，性别敏感期。这个时候的孩子开始重视谁是男孩，谁是女孩。如果有人去洗手间，他们一定会跟着去，原因是想观察一下，到底他是男孩还是女孩。同时开始对自己的身体进行探索认识。这时候是我们对孩子进行性教育的很好时间段。性教育做得越早，对孩子来说，在未来他经历一些事情的时候，对他产生的保护作用就越好。

第八个，数字数学敏感期。到了4岁半左右，孩子开始喜欢问这是几，现在是几点，有几个人……这说明他们对数字产生了浓厚的兴趣。这一阶段是培养孩子数学能力的黄金阶段。

第九个，认字敏感期。这是孩子第一次接触符号，我们的方法是给孩子一些文字卡片，把动作和看到的文字配合起来。比如现在我们有一些互动游戏也是如此，出现四个卡片，让孩子去认其中一个字是什么？开始的时候，孩子可能还不会写这个字，但是时间久了，通过这种训练他就认识了。

第十个，绘画与音乐的敏感期。绘画、音乐是决定一个人未来生活品质非常重要的两个特长。绘画是孩子最会使用的语言。他们从涂鸦开始一直到可以表达自己的感受，整个过程都是一种天性自然的展现。音乐也是一样，音乐是人类通用的语言。孩子天生就具有高级的艺术欣赏能力，孩子的艺术鉴别能力是非常强的。所以在这个敏感期，我们要提供一个高品质的环境，帮助他发展自己的爱好和特长。

5到6岁年龄段

第一个，延续婚姻的敏感期。在4岁左右的时候，孩子经历了第一个敏感期——婚姻敏感期，开始和身边的伙伴有了模拟婚姻的行为。那么，5岁以后这个敏感期是前一个敏感期的延续，这个时候孩子选择伙伴的倾向性更加明显，并且知道了一些简单的婚姻规则。比如只有相爱的人才能结婚。我们看到幼儿园里会有很多孩子开始讨论婚姻的问题。

第二个，社会性兴趣发展的敏感期。孩子0到6岁期间的发展是一个宏观发展的微观缩影，到6岁他们就开始积极地了解自己和他人的基本权利，遵守建立规则，形成合作意识。比如选举班长、自我管理、监督，上课的时候谁没有进教室，谁没有洗手，这些就是社会性的兴趣发展。这个时候老师往往在课堂上就会在这方面对孩子有更多的引导。

第三个，认识符号、书写符号的敏感期。孩子开始对文字、拼音、偏旁部首产生兴趣，并且能够书写。在之前他只是对文字有兴趣，但还不会写，现在他喜欢开始去尝试，喜欢把一些简单的文字描绘出来，锻炼自己的手眼协调能力。

第四个，数学逻辑的敏感期。在4岁左右，孩子经历了一个数字敏感期，但当时还不具备数学逻辑。数学逻辑敏感期和数字敏感期是有区别的。孩子在完成了对数字的认识后，就会对数的序列概念产生兴趣。所以通过一些基本的数学教具，可以帮助孩子学会加减乘除，在这个阶段孩子学习这个是非常轻松、有兴趣的。

第五个，动植物科学实验收集的敏感期。孩子开始热烈地吸收来自自然界的知识，对于自然的探索比我们想象的要强烈很多。这一阶段我们要引导孩子多去做户外的研学旅行。

每个孩子的特质不同，所以在敏感期出现的时间上或许会有一些偏差。有的敏感期出现后就会消失了，而有些敏感期却一直伴随着孩子的发展。我们通常把这种敏感期称为螺旋式的敏感期。所谓螺旋式敏感期是指每个年龄段都会出现，比如绘画、音乐、语言、审美、空间认知、人际关系、秩序、自我认识、婚姻等敏感期，这些敏感期在每一个年龄段都会有不同层次的表现，它不会经历以后就消失。所以人类的童年就是这样由一个又一个敏感期构成，而这些敏感期的特征如此的鲜明，也是我们生命的本质所在。

所以父母一定要了解孩子在不同阶段经历的敏感期，让孩子在每一个阶段都得到相应的锻炼，通过敏感期知识的学习，让我们知道在每个敏感期里应该如何正确地陪伴孩子。